前言

如今,智能网联汽车已成为一门热门的新兴技术。该技术是车联网与智能车的有机结合,通过搭载先进的车载传感器、控制器、执行器等装置,融合现代通信与网络技术,实现车与人、车、路、后台等智能信息的交换共享,可显著提升交通安全等级,提高通行效率,促进节能减排。智能网联汽车主要由感知、决策、控制三部分组成。本书重点关注决策模块,该模块利用感知模块提供的信息,决定智能车将要执行的动作以及执行这个动作时无人车需要行驶的轨迹。

智能车行为决策是一个较新颖的领域,对多数人来说比较陌生,并且目前市面上关于智能车行为决策的书不多,大部分初学者需要借助检索到的论文和期刊进行学习,因此本书作者萌生了编写一本通俗易懂的关于无人驾驶车辆智能行为决策专著的想法。

本书作者结合团队研究成果,系统化地阐述了智能车行为决策研究背景与现状、仿真建模、数据采集与处理以及具体场景下多种决策实例展示和分析,期望给读者搭建一个完整的无人驾驶车辆智能行为决策知识框架,帮助读者理解和掌握一些决策分析实例,在自己的学习研究中加以运用和拓展,为智能车的发展助力。本书共分6章,第1章无人驾驶汽车智能行为决策的发展背景及现状,重点分析了国内外研究智能车的科研单位和企业的相关进展。第2章联合仿真平台构建,介绍了用于智能车建模的仿真软件以及对典型城市环境的模型和仿真平台搭建。第3章数据采集与预处理,介绍了数据采集的三种方法及数据采集实例,并简要介绍了数据预处理方法和实例。第4章基于规则及强化学习的换道决策建模,详细介绍了换道场景下利用基于规则和强化学习的方法分析换道行为并建立换道决策模型。第5章基于LSPI的环境自适应汇入策略建模,详细介绍了基于LSPI方法搭建汇入场景下决策模型的全过程。第6章城市道路交叉口穿越行为决策建模,以城市道路交叉口场景为例介绍了智能车左转行为决策模型的搭建,主要包含周围车辆轨迹预测和基于冲突消解的左转决策过程。

  编者在本书的编写过程中引用了一些资料和图片以及参考文献的部分内容，特向提供以上资料的作者表示深切谢意。由于智能网联汽车是一个新兴内容，加之编者学识有限，书中不足之处在所难免，恳盼读者指正。

编　者

目录

第1章 无人驾驶汽车智能行为决策的发展背景及现状／1
- 1.1 无人驾驶系统概述／2
- 1.2 国外无人驾驶技术研究现状／4
  - 1.2.1 科研单位／4
  - 1.2.2 企业／6
- 1.3 国内无人驾驶技术研究现状／9
  - 1.3.1 科研单位／9
  - 1.3.2 企业／11
- 1.4 无人驾驶汽车行为决策研究现状／13
  - 1.4.1 基于方法的行为决策研究／13
  - 1.4.2 基于驾驶行为的决策研究／16
- 参考文献／20

第2章 联合仿真平台构建／23
- 2.1 仿真软件简介及建模流程／23
  - 2.1.1 PreScan 简介及建模流程／23
  - 2.1.2 Vissim 简介／26
  - 2.1.3 其他仿真软件简介／29
- 2.2 联合仿真平台／32
  - 2.2.1 Matlab/Simulink + PreScan 联合仿真平台／32
  - 2.2.2 Vissim + PreScan 联合仿真平台／37
- 2.3 仿真场景搭建实例／39
  - 2.3.1 换道场景搭建实例／39
  - 2.3.2 汇入场景搭建实例／41
  - 2.3.3 交叉口场景搭建实例／43
- 参考文献／45

第3章 数据采集与预处理／47
- 3.1 基于路基的数据采集方法／47
  - 3.1.1 采集原理／47
  - 3.1.2 采集步骤／49
- 3.2 基于实车采集平台的数据采集方法／54
  - 3.2.1 实车采集平台搭建／54
  - 3.2.2 动态要素检测、跟踪与定位／55
- 3.3 基于虚拟仿真环境的试验数据采集方法／58

3.3.1　虚拟驾驶试验前准备 / 58
　　　3.3.2　仿真试验数据采集 / 59
　3.4　实际场景数据采集实例 / 60
　　　3.4.1　北京市西三环花园桥地铁站附近的汇入路口数据采集 / 60
　　　3.4.2　北京市北三环西路辅路汇入北三环主路数据采集 / 60
　　　3.4.3　北京市魏公村路交叉口数据采集 / 61
　　　3.4.4　上海市长宁区剑河路和仙霞西路交叉口数据采集 / 62
　3.5　数据预处理方法简介 / 64
　　　3.5.1　指数加权移动平均法 / 64
　　　3.5.2　对称指数移动平均法 / 65
　　　3.5.3　卡尔曼滤波 / 65
　　　3.5.4　粗糙集 / 65
　3.6　数据预处理实例 / 67
　　　3.6.1　北京市西三环花园桥地铁站附近汇入路口数据预处理 / 67
　　　3.6.2　北京市北三环西路辅路汇入北三环主路数据预处理 / 68
　　　3.6.3　NGSIM US101 数据集预处理 / 68
　　　3.6.4　北京市三环内汇入口仿真试验数据预处理 / 71
　　　3.6.5　北京市魏公村路交叉口数据预处理 / 73
　　　3.6.6　上海市长宁区剑河路和仙霞西路交叉口数据预处理 / 77

参考文献 / 82

第4章　基于规则及强化学习的换道决策建模 / 83
　4.1　基于粗糙集的换道决策规则提取 / 83
　　　4.1.1　驾驶员仿真换道行为数据获取及预处理 / 83
　　　4.1.2　换道行为特性分析 / 85
　　　4.1.3　换道行为决策规则提取 / 86
　4.2　基于安全阈值的驾驶员速度选择策略 / 92
　　　4.2.1　驾驶员纵向控制行为特性及影响因素分析 / 92

4.2.2　基于安全阈值的驾驶员速度选择策略构建／94
　　　4.2.3　基于安全阈值的驾驶员速度选择策略验证／95
　4.3　基于间隙可接受理论的自由换道决策模型／96
　　　4.3.1　换道决策基本条件／96
　　　4.3.2　自由换道决策模型／96
　　　4.3.3　仿生换道决策模型验证／99
　4.4　基于Q-Learning的换道决策模型／101
　　　4.4.1　强化学习／101
　　　4.4.2　换道行为决策下的Q-Learning相关
　　　　　　参数设定／102
　　　4.4.3　基于Q-Learning的换道行为决策结果／105
参考文献／107

第5章　基于LSPI的环境自适应汇入策略建模／109
　5.1　城市快速路汇入问题分析／109
　　　5.1.1　汇入类别分析／109
　　　5.1.2　城市环境汇入策略二阶段求解／110
　　　5.1.3　基于粗糙集与间隙可接受理论的汇入
　　　　　　时机判定／113
　　　5.1.4　规划决策算法／114
　5.2　强化学习概述／114
　　　5.2.1　马尔科夫决策过程／114
　　　5.2.2　免模型强化学习／115
　　　5.2.3　值函数近似／117
　5.3　基于LSPI算法的汇入策略建模／119
　5.4　无人驾驶车辆换道轨迹规划与路径跟踪／124
　　　5.4.1　基于五次多项式曲线的换道轨迹规划／125
　　　5.4.2　基于运动学模型的轨迹跟踪控制／127
　　　5.4.3　轨迹跟踪算法验证／131
参考文献／133

第6章　城市道路交叉口穿越行为决策建模／135
　6.1　城市道路交叉口左转驾驶行为分析／135
　　　6.1.1　城市道路交叉口车辆通行特点和冲突分析／135
　　　6.1.2　基于轨迹预测的决策框架／137

6.2 基于运动模式识别的城市道路交叉口周边车辆轨迹预测方法 / 138
    6.2.1 城市道路交叉口场景建模数据处理 / 138
    6.2.2 基于高斯混合模型的目标运动模式识别模型 / 141
    6.2.3 基于高斯过程回归的轨迹预测模型 / 145
    6.2.4 预测模型评价指标 / 151
    6.2.5 轨迹预测模型的试验验证及结果分析 / 152

6.3 基于冲突消解的城市道路交叉口无人驾驶车辆左转决策 / 162
    6.3.1 城市道路交叉口通行流程及冲突消解方法 / 163
    6.3.2 状态转移模型和决策流程 / 164
    6.3.3 动作选择标准 / 167
    6.3.4 决策模型仿真试验及结果分析 / 173

6.4 基于NQL（Neural Q-Learning）的城市道路交叉口通行决策 / 186
    6.4.1 Q-Learning算法与Neural Q-Learning算法分析 / 186
    6.4.2 基于NQL的城市道路交叉口穿越行为分析 / 189
    6.4.3 基于强化学习算法的试验结果分析与验证 / 196

参考文献 / 205

第 1 章

无人驾驶汽车智能行为决策的发展背景及现状

智能车是智能交通的重要组成部分，智能车与网络相连便成为智能网联汽车。它的初级阶段是具有先进的驾驶辅助系统（ADAS），过渡目标是自动驾驶汽车，终极目标为无人驾驶汽车。

随着汽车行业自动化系统技术的不断提升，关于自动驾驶技术的分级，不同组织都定义了相应分级标准。一些权威机构如 SAE（美国汽车工程师协会）、NHTSA（美国国家高速公路交通安全管理局）和 BASt（德国联邦公路研究所）按照汽车控制权所属不同，将自动驾驶技术划分为自动驾驶和辅助驾驶两个等级，便于开展试验和认证技术研究。其中分级最为详细的是 SAE 分级标准，将自动驾驶技术分为 L0 到 L5 级，分别对应传统无自动驾驶、辅助驾驶、部分自动驾驶、有条件自动驾驶、高度自动驾驶以及完全自动驾驶，如表 1-1 所示。L0 级属于传统驾驶，L1 级和 L2 级属于辅助驾驶，L1 级车辆开始介入制动与转向其中一项控制，分担驾驶员的工作，主要有自适应巡航（Adaptive Cruise Control，ACC）、车道保持辅助功能（Lane Keep Assist，LKA）紧急制动刹车（Automatic Emergency Braking，AEB）等功能。L2 级车辆开始接管纵向与横向的多个控制，驾驶操作由系统完成，但驾驶员注意力仍然要保持驾车状态，以便随时接管车辆。与 L1 级的不同在于，L2 的横向和纵向系统需要进行融合。L3~L5 级属于自动驾驶，需要更好的目标识别算法、视觉和雷达融合算法和规划控制算法。只有达到 L3 级和以上水平，才能说车辆具备自动驾驶功能；L4 和 L5 级的自动驾驶技术都可以称为完全自动驾驶技术。而真正的无人驾驶技术需要到达 L5 级,无人驾驶技术等级处于自动驾驶最高级,因此,按照自动驾驶技术等级划分,辅助驾驶＜自动驾驶＜无人驾驶。本书所涉及的内容为无人驾驶部分。

表 1-1 汽车自动驾驶定义等级

自动驾驶分级		名称（SAE）	SAE 定义	主体			系统作用域
NHTSA	SAE			驾驶操作	周边监控	支援	
L0	L0	无自动驾驶	由人类驾驶员全权操作汽车,在行驶过程中可以得到警告和保护系统的辅助	人类驾驶员	人类驾驶员	人类驾驶员	无
L1	L1	辅助驾驶	通过驾驶环境对方向盘和加减速中的一项操作提供驾驶支援,其他的驾驶动作都由人类驾驶员进行操作	人类驾驶员系统			部分
L2	L2	部分自动驾驶	通过驾驶环境对方向盘和加减速中的多项操作提供驾驶支援,其他的驾驶动作都由人类驾驶员进行操作	系统			
L3	L3	有条件自动驾驶	由无人驾驶系统完成所有的驾驶操作。根据系统请求,人类驾驶者提供适当的应答		系统	系统	
L4	L4	高度自动驾驶	由无人驾驶系统完成所有的驾驶操作。根据系统请求,人类驾驶员不一定需要对所有的系统请求作出应答,限定道路和环境条件等				
L5	L5	完全自动驾驶	由无人驾驶系统完成所有的驾驶操作。人类驾驶员在可能的情况下接管。在所有的道路和环境条件下驾驶				全域

2018 年,SAE 再次对参照标准进行了更新。新版 SAEJ3016（TM）涉及车辆在驾驶过程中的三个主要参与者:(人)用户、驾驶自动化系统、其他车辆系统和组件。参考这三个主要角色的驾驶自动化水平并通过执行动态驾驶任务 (Dynamic Driving Task,DDT) 或撤回 DDT 来定义,从无驱动自动化（L0 级）到全驱动自动化（L5 级）及其在道路上的操作都有详细定义。

1.1 无人驾驶系统概述

发展无人驾驶技术已成为全球共识,无人驾驶技术在解决交通安全和治理交通拥堵方面极具潜力,已成为未来交通发展的趋势。2013 年,欧盟实施了

"地平线2020计划",将智能化、安全化、绿色化列为交通领域的重点发展方向。作为解决此类问题的关键技术,无人驾驶技术受到了极大的重视。2014年,美国交通运输部提出《ITS战略计划2015—2019》,明确美国未来5年发展目标为汽车网联化与自动控制智能化。2015年,欧盟委员会提出《GEAR 2030战略》,重点关注和推动高度自动化和网联化驾驶等领域。2014年,日本内阁联合多个政府部门及丰田等主要汽车企业,提出"到2020年实现完全无人驾驶系统市场化"目标。可见,欧洲、美国、日本分别从国家战略规划层面推动无人驾驶和智能网联汽车技术的发展。在我国,车联网、无人驾驶相关政策相继出台,2015年,《中国制造2025》明确提出将无人驾驶作为汽车产业未来转型升级的重要方向之一;2016年,中国汽车工程学会发布《节能与新能源汽车技术路线图》,明确了中国智能网联汽车技术路线发展的短期、中期、长期目标;2017年,《国家车联网产业标准体系建设指南(智能网联汽车)》确立我国发展智能网联汽车将"以汽车为重点和智能化为主、兼顾网联化"的总体思路,建立智能网联汽车标准体系,并逐步形成统一、协调的体系架构;2018年,工业和信息化部印发《车联网(智能网联汽车)产业发展行动计划》。该计划制定了两阶段目标,第一阶段,要求智能道路基础设施水平明显提升;第二阶段,要求技术创新、标准体系、基础设施、应用服务和安全保障体系全面建成,高级别自动驾驶功能的智能网联汽车和5G-V2X逐步实现规模化商业应用,"人—车—路—云"实现高度协同。

无人驾驶车辆作为集环境感知与认知、动态规划与决策、行为控制与执行等多项功能于一体的综合智能平台,涵盖了机械、电子、人工智能、传感器技术、信号处理、自动控制和计算机技术等诸多学科。无人驾驶系统主要通过传感器从周围的道路交通环境进行知识获取,由计算机系统对收集到的数据进行知识表达,然后对车辆的行驶状况进行智能控制,从而完成许多高智能任务。

无人驾驶车辆研究的核心问题包括环境感知、行为决策、规划控制。无人驾驶系统架构如图1-1所示,为L4级无人驾驶系统硬件架构。针对环境感知和规划控制,各国研究学者和专家进行了大量而有成效的研究。作为三大关键问题之一的行为决策方面的研究,尤其是复杂动态环境下具备认知决策能力的相关研究较少。其原因在于,实际交通环境中,无人驾驶车辆所感知获取的是瞬息万变的复杂动态信息,交通要素变化的复杂、随机、不确定性等特点以及车辆对驾驶决策的实时性、鲁棒性、环境适应性等要求,使无人驾驶车辆的行为决策面临巨大的挑战。

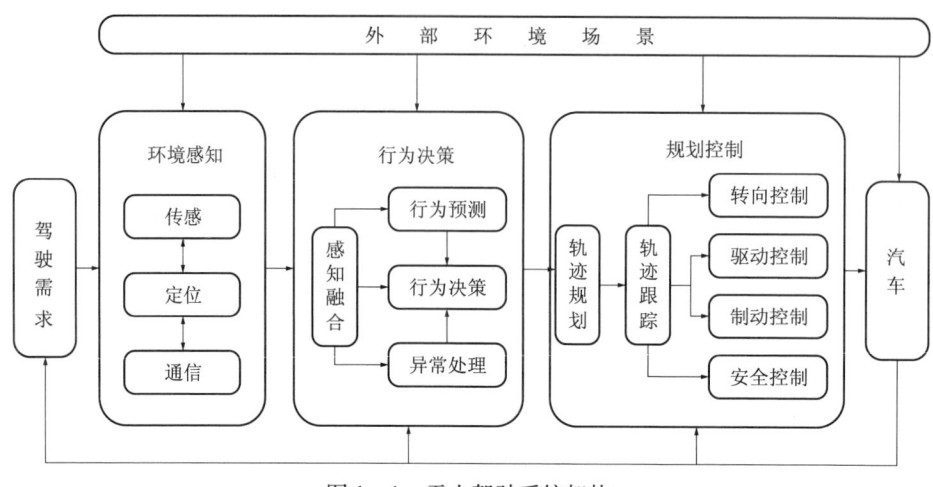

图1-1 无人驾驶系统架构

1.2 国外无人驾驶技术研究现状

欧美各国对无人驾驶技术的研发始于20世纪80年代。诸多高校、研究机构（如卡内基梅隆大学、斯坦福大学、麻省理工等科研院所）和企业（如Google、Waymo、Uber ATG、Cruise、特斯拉等高科技公司）都投入大量资金进行自动驾驶技术相关研发工作，致力于实现汽车的自动驾驶。

1.2.1 科研单位

20世纪80年代初期，美国国防部高级研究计划机构（DARPA）提出了战略计算计划（SCP），旨在采用高水平作战算法，以实现无人作战，减少战场伤亡。在计划中将无人地面车辆（Unmanned Ground Vehicle，UGV）作为重要的组成部分，其目的在于以智能驾驶车辆为平台，实现自主侦察战场的军事目标。美国国防部专门立项开展了地面无人作战平台的战略计划，开始大规模智能陆地作战车辆的研究。其中，DARPA支持的自主陆地车辆（Autonomous Land Vehicle，ALV）计划，在三场比赛中，已经完成了对恶劣环境路段和城市环境道路下的智能车辆驾驶测试。美国国家自动公路系统协会（NAHSC）提出了自动化高速公路系统计划（AHS）和智能车辆先导计划（IVI），旨在提高车辆运行安全性并减少交通拥堵状况。

早在1986年，加州大学伯克利分校、加利福尼亚州交通运输局和其他研究机构及企业联合启动"加州先进交通和高速公路伙伴计划"（Partners for Advanced

Transit and Highways，PATH），美国加州的 PATH 计划是所有智能交通系统中唯一一个在自动化公路上进行全面和长期投入的研究计划，于 2011 年与加州创新交通中心合并成为新的 PATH 计划。加州大学伯克利分校成立的 DeepDrive 深度学习自动驾驶产业联盟（BDD），是应用于汽车领域的计算机视觉和机器学习前沿技术的产业联盟，该联盟包括了英伟达、高通、福特等二十几家全球自动驾驶领域最为顶尖的企业，目前研究项目已经涵盖感知、规划决策、深度学习等自动驾驶关键领域。

斯坦福大学（Stanford University，SU）的无人车 Stanley 采用 GPS、多计算机信息处理等技术，实现了在包括河流、隧道、沙漠等恶劣环境下的动态避障、路径规划、决策控制等智能驾驶行为。2015 年，斯坦福大学在加州著名的雷山赛道公园（Thunderhill Raceway Park）完成了改良的奥迪 TTS 无人驾驶，速度超过有人驾驶。

卡内基梅隆大学（Carnegie Mellon University，CMU）也先后研制出了 NavLab 系列共计 11 种型号的智能车辆。NavLab11 是目前该系列无人驾驶车最新的平台。其研制的无人驾驶车辆在动态复杂的城市道路中没有人工辅助的情况下可以完成换道、超车、通过交叉路口等复杂驾驶行为，实现了避障、自动泊车、会车等功能，体现出了对环境感知能力强的特点。这也标志着无人驾驶车辆初步具有了在复杂动态环境下的认知决策能力。

麻省理工学院计算机科学与人工智能试验室的研究小组开发出一种新系统，使无人驾驶汽车能够实时阅读和预测驾驶环境，不再依赖高度详细的 3D 地图，能够自如地在没有明确路标的城市或公路环境下行驶，如丰田普锐斯就是由于配备该系统，因此成功地在马萨诸塞州多条乡村道路上行驶。

欧洲政府及高校也日益重视智能驾驶车辆研究，1986 年推出的欧洲高效安全道路交通系统计划（PROMETHEUS）主要通过研究先进的车辆控制与安全系统（AVCSS）提高车辆的智能驾驶水平。1987 年到 1995 年，欧洲研究协调局（EUropean REsearch Coordination Agency）的普罗米修斯计划（Prometheus Project）共投入了 7 亿 4900 万欧元用于智能车的研究。之后，1989 年的欧洲交通安全和道路系统计划（DRIVE）也着手推动智能车辆的发展。欧盟委员会资助的 PREVENT 从 2004 年开始到 2008 年共 4 年时间，通过开发示范主动安全技术与应用，从而促进道路安全。截至 2013 年，德国、波兰、瑞士、比利时等国连续举办了八届欧洲陆地机器人试验赛（European Land-Robot Trial，ELROB），旨在提高无人驾驶机器人在恶劣环境、自主导航、夜间、城区、非城区环境的行为决策。

20 世纪 80 年代早期，德国慕尼黑联邦国防军大学（Universität der Bunde-

swehr München，UBM）与奔驰汽车公司联合开发了两款基于视觉导航技术的智能车辆 VaMoRs 和 VAMP（VaMoRs-P），并进行长约 1 600km 的实车道路试验，验证智能车辆的车道保持、躲避障碍物和换道操作等功能。2014 年 3 月，意大利帕尔马大学开发的智能车辆 DEEVA，集成了相机和激光雷达等传感器设备，整体外观看着和普通汽车没有区别，但是可以实现 360°感知周围环境信息，完成了复杂工况中的自主驾驶试验。2015 年 2 月，英国首辆无人驾驶汽车 Lutz Pathfinder 正式投入使用，旨在帮助购物者、老年人、通勤人士等进行短途行驶。2015 年 10 月，法国无人驾驶汽车 Navya Arma 在里昂诞生，该车采用嵌入式计算系统，支持完全独立无人驾驶操控。Autonum Cab 致力于 Level 4 级（SAE）自动驾驶，该原型车没有方向盘、后视镜和刹车装置等。此外，法国政府计划2020 年至 2022 年实现在公共道路部署"高度自动化"汽车的目标。

20 世纪 90 年代，日本交通部推出了先进安全车辆（ASV）计划，通过对先进通信技术的推广、研究，以激发自动驾驶车辆的发展进度，同时，日本研制出的"新一代城市长途交通系统"，可以使得公共汽车在城市环境下实现无人驾驶。日本能源·产业技术综合开发机构（NEDO）成为全国首先将商用货车应用到实际生产中的企业之一，以达到减少车辆能源损耗的目的。日本主要汽车厂商（本田、日产、丰田等）制定了各自的无人车研发计划。2016 年，新加坡初创公司 NuTonomy 开始测试无人驾驶计程车，用户可通过当地的叫车 APP Grab 进行预约体验，这是全球第一个面向大众开发的无人驾驶测试专案。2019 年，新加坡交通部宣传，政府正在扩大测试场面积，超过 620 英里[①]的公共道路供企业进行测试。2022 年，政府将于榜鹅、登加以及裕廊等创新区引入无人驾驶巴士服务。为促进无人驾驶技术安全快速发展，韩国政府计划绘制全国各大主要城市地图，为无人驾驶车辆测试打造智能交通系统，帮助改善无人驾驶技术测试的安全性。2018 年，韩国电信运营商 KT 在仁川国际机场成功测试一辆自动驾驶巴士，该自动巴士时速能达到 30km，行驶路段里程为 2.2km。

1.2.2　企业

随着无人驾驶车辆技术的逐渐进步与完善，其发展前景也逐渐被各企业所认可。先进的视听觉认知方法与成熟的车辆线控技术有机结合，为打造更为智能和稳定的无人驾驶车辆提供了一种积极的产业化探索模式。互联网企业和传

---

① 1 英里 = 160 9.344 米。

统汽车企业纷纷投入无人驾驶技术的研发,越来越重视通过信息化、智能化技术发展智慧型汽车。

美国谷歌(Google)公司于2010年成立了无人驾驶车辆研究项目,其推出的无人驾驶系统已在多辆试验车上进行了测试。美国已有4个州(内华达州、佛罗里达州、加利福尼亚州、密歇根州)通过了"让无人驾驶车辆上路"的相关法律,使无人驾驶车辆上路合法化。自2012年以来,Google无人驾驶车辆已经拿到了上述4个州的上路测试许可证,其第一代与第二代无人驾驶车辆已安全行驶累计超过80万英里。2014年,Google官方公布了其第一辆全功能无人驾驶车辆的原型,该车搭载了高精度GPS、摄像头、激光雷达等设备,具有良好的目标追踪和避障能力,如图1-2所示。截至2016年年底,Google无人驾驶车辆已经在美国的4个城市完成了超过200万英里的道路测试。

图1-2　Google第一辆无人驾驶车辆

2016年,Google将无人驾驶项目拆到独立子公司中进行研究,Waymo公司从此诞生。2017年11月7日,Waymo公司宣布其无人驾驶汽车已达到L4级水平,即该车能够在事先经过地图绘制和测试的区域内实现完全的自动驾驶,如图1-3所示。截至2018年10月,Waymo无人驾驶车辆路测总里程已累计达到1 000万英里,是全球无人驾驶路测数据最高的公司。2018年年底,Waymo公司宣布在美国亚利桑那州的凤凰城推出首个商业化打车服务,成为首家无人驾驶车辆商业化落地的公司。此举标志着无人驾驶车辆将发展进入下一个全新阶段。

图1-3 Waymo无人驾驶车辆

特斯拉于2014年开始配置Autopilot系统。通过首代自动驾驶系统Autopilot，其已收集全球各种道路、天气条件下行驶超过13亿英里的数据，特斯拉基于该海量数据研发第二代Autopilot系统。2016年，特斯拉发布Autopilot2.0系统，该系统版本硬件包括8个摄像头、1个毫米波雷达、12个超声波雷达和NVIDIA Drive PX2计算平台。特斯拉已在所研发生产的所有车型上都配置该系统。2018年年初，特斯拉官方发布了最新的Autopilot2.5系统。该系统更新之后拥有更为强大的处理速度，向全自动驾驶又迈进了一步。

通用汽车公司于2016年1月成立专门的自动驾驶车辆研发团队，同月，向美国打车公司注资5亿美元，联合建立自动驾驶车辆综合网络，为用户提供专车服务；同年3月，通用汽车公司投入约10亿美元收购无人驾驶技术初创公司Cruise Automation，加速自动驾驶技术的研发力度。2017年，通用汽车向全世界发布一款自动驾驶汽车，并声称为第一款大规模量产的自动驾驶汽车。现在通用汽车公司大规模投入资金和人力在无人驾驶先进技术上，包括激光雷达、摄像头、传感器等来确保汽车自动驾驶的安全性。

宝马汽车公司于2014年1月7日至10日在美国拉斯维加斯举办的国际消费类电子产品展览会（CES）上，展示了基于影像识别科技的现代驾驶辅助系统和安全系统，如车道偏离警告系统，具备制动功能的碰撞警告和行人警告系统，交通堵塞辅助驾驶系统和具有自动起步停车功能的主动巡航控制系统。德尔福汽车股份有限公司（Delphi Automotive PLC，DLPH）展示了多种自动驾驶产品，包括360°感应、雷达探测视线的融合科技、路过交通灯提醒、碰撞避让以及其他一些减少交通事故的安全解决方案。

日本汽车巨头丰田汽车公司于2018年宣布与电装公司和爱信精机株式会社两大汽车零部件供应商共同成立公司TRI-AD（Toyota Research Institute Advanced Development），进行自动驾驶技术的先行研发，研发资金投入超过3 000亿日元。同年，本田汽车公司宣布与通用汽车公司合作研发无人驾驶汽车，本田汽车公司将向通用汽车公司旗下无人驾驶汽车公司Cruise先期投入7.5亿美元，后期陆续投入约20亿美元，共同研发用于"共乘"服务的无人驾驶专用车辆。

1.3 国内无人驾驶技术研究现状

1.3.1 科研单位

我国无人驾驶技术以及测试平台的研究始于1980年军方的"遥控驾驶的防核化侦察车"项目，国内多所大学以及研究机构参与了该平台的研制工作。

1992年，国防科技大学研制成功了我国第一辆真正意义上的自动驾驶汽车，该自动驾驶系统装配在国产面包车上，实现了人工智能驾驶性能。2000年，国防科技大学研制的第四代无人驾驶汽车试验成功，最高时速可达76 km/h，创下国内无人驾驶汽车最高时速的纪录。2007年，国防科技大学与中国第一汽车集团公司（以下简称"中国一汽"）联合研发的红旗旗舰无人驾驶轿车，其总体技术性能和指标已经达到世界先进水平。

2008年，国家自然科学基金委设立了大量关于无人驾驶车辆视听觉方面的重大研究计划，在开展视听觉认知计算理论研究的基础上，我国制定了"视听觉信息的认知计算"专项计划，并以无人驾驶车辆作为计算机视听觉认知研究为验证平台，2009年至2015年举行多届中国智能车未来挑战赛。该比赛有力地推动了无人驾驶、环境感知认知等一系列关键技术的研究以及应用。

中国人民解放军总参谋部[①]第六十一研究所的李德毅院士等提出了一个新的"驾驶脑"的概念，基于人类大脑处理信息过程来分析和形式化无人驾驶车辆对驾驶的认知，并确保准确性，以期获得接近或更好的人类驾驶能力，同时，李德毅院士还提出了路权雷达图的概念，根据路权决策车辆行驶状态，该无人驾驶车辆在实际交通流中的测试局限在简单的高速公路场景，在更复杂的

---

① 2016年1月，中国人民解放军总参谋部改名为中国人民解放军中央军事委员会联合参谋部。

场景中还未得到验证。

20世纪90年代，北京理工大学研发出中国第一辆具有自主识别功能的无人驾驶汽车。1999年至2001年，陈慧岩和龚建伟教授团队为某基地研制"无人遥控靶车"，实现了8 km范围内的遥控驾驶和规定环境的半自主行驶，获得部级科技进步二等奖。2009年，北京理工大学的BIT号无人驾驶汽车参加首届"中国智能车未来挑战赛"获得亚军和"环境感知"最佳技术奖。2013年，北京理工大学无人驾驶汽车Ray参加第五届"中国智能车未来挑战赛"获得总冠军。2014年6月，北京理工大学向北京市交通管理局正式提出无人驾驶汽车上路测试的申请，以期实现无人驾驶车辆上路测试的合法化，推动我国无人驾驶技术的发展。2016年，北京理工大学车队在黑龙江塔河参加"跨越险阻"无人车辆挑战赛并获佳绩。北京理工大学智能车辆环境感知、行为决策和路径规划等多个方向技术沉淀已颇为丰富，为实现相关科技成果转化落地提供基础。另外，北京理工大学孵化多家无人驾驶企业，如中云智车自主研发无人车辆通用线控底盘，全车规级设计，并通过百度Apollo车辆平台认证，现年产能已达到1 500台，其产品覆盖多种无人车辆应用场景。酷黑科技与百度联合研发全球首款自动驾驶套件Apollo-Kit，为无人驾驶技术的开发者提供试验测试平台，极大降低了自动驾驶研发的资金和技术门槛，加速自动驾驶研发进程。驭势科技现已形成可规模化部署的L3–L4级智能驾驶系统，2018年驭势科技携手上汽通用五菱完成L4级无人驾驶–智能泊车产品的落地交付，同年，与首汽GoFun出行、奇瑞新能源在汽车自动驾驶技术、共享汽车自动驾驶商业应用、共享汽车运营管理等领域展开深入合作，共同推动无人驾驶项目的大规模商业化量产。

香港科技大学自动化技术中心负责人李泽湘教授注重装备核心技术的研发，创办了第一家中国运动控制公司，从控制器、智能控制器、智能传感器、驱动器等方面着手，为汽车行业提供一体化智能制造的解决方案。2017年10月，李泽湘教授回乡创办了长沙智能驾驶研究院（也称CiDi、希迪智驾）。同年12月，希迪智驾与长沙市人民政府签订战略合作协议。2018年，湖南湘江新区智能系统测试区成为获工信部唯一授牌的"国家智能网联汽车（长沙）测试区"，至今，希迪智驾研发团队已达200余人。2019年3月，希迪智驾正式向内蒙古某矿场交付无人驾驶矿山卡车，通过自动驾驶+遥控驾驶共同完成矿区作业。

清华大学在国防科工委和国家"863计划"的资助下研制了THMR系列智能车辆系统，目前THMR系列已发展成THMR-V系列，能够在复杂城区、高速公路、乡村道路和越野环境进行自主行驶。吉林大学在国家自然科学基金、教育部博士基金等资助下研制了JLUIV系列四代视觉导航智能车辆系统,并与一汽大众合作开展新视觉导航物流运输装备AGV（自动引导运输车）的研制工作。西安交通大学人工智能研究所从2001年便开始展开了汽车辅助驾驶的合作研究。2005年,"思源1号"成功完成了校园道路环境测试,研发团队随即制定"新丝绸之路挑战"计划。2017年,西安交通大学"发现号"在第九届中国智能车未来挑战赛中荣获一等奖。

1.3.2 企业

与高校相比,国内自主企业在无人驾驶领域也取得了不错的成绩。他们将研究重点放在智能驾驶辅助系统的开发上,使相关技术能够快速落地和量产。

2016年11月,广汽传祺全球首发的智联电动概念车"凌云",其集成了自主研发的"智能交通系统""无人驾驶技术""无线充电"三大前瞻科技,将未来汽车电动化、智能化、网联化的发展趋势有机融合。2016年11月15日,奇瑞携手百度打造的EQ无人驾驶汽车在乌镇开始试运营。2017年10月,一汽解放"挚途"商用车L3级智能卡车在高速公路实测成功,这是中国商用车第一次在高速公路环境下完成的智能驾驶功能测试;2018年,中国一汽宣称L4级智能驾驶车辆一汽解放J7顺利完成自动装卸货物、行驶、转向等一系列动作,能全方位满足港口作业需求,目前一汽解放在智能卡车方面已经实现智能卡车的平台化、系列化布局。

2017年4月,百度对外宣布自主开发自动驾驶技术平台阿波罗(Apollo),这是全球自动驾驶技术的首次系统级开放;同年7月,发布Apollo1.0,主要开放的是完整的封闭场地循迹自动驾驶;2018年1月,发布Apollo2.0,增加障碍物行为标注数据、2D障碍物标注数据、日志提取仿真场景数据。2018年3月,首批获得自动驾驶路测号牌的百度Apollo自动驾驶汽车已在北京亦庄的开放道路进行了公开测试,标志着针对无人驾驶技术的法律法规的健全化,如图1-4所示。同年7月,Apollo3.0发布,该版本意在实现自动驾驶车的量产,并推出三个自动驾驶量产解决方案：自主泊车、无人作业小车、自动接驳巴士。图1-5是由百度和金龙客车联合打造的国内首辆商用无人驾驶微循环电动车——"阿波龙"号,其在福建平潭正式亮相。

上海汽车集团股份有限公司（以下简称"上汽集团"）于2014年与阿里巴巴集团跨界合作,宣布联合打造互联网汽车。2018年3月,上汽集团和蔚来汽车拿到了第一批智能网联汽车开放道路测试牌照。无人驾驶路试牌照的落实有效地推动了我国无人驾驶产业化的进展。

驭势科技（北京）有限公司（以下简称"驭势科技"）作为自动驾驶新生

图 1-4 百度自动驾驶汽车挂牌测试

图 1-5 "阿波龙"号无人驾驶电动车

态的赋能者，于 2016 年在北京市房山区设立无人驾驶示范运营区及研究基地。在 2018 年的世界移动大会上，驭势科技率先完成国内首个 5G 超远程自动驾驶实车演示，并与国内三大运营商和四大设备商在该领域开展合作。2019 年，驭势科技携手中国移动香港、香港应用科技研究院以及香港 Tekbotics，取得了香港特别行政区政府运输署颁发的自动驾驶路测牌照，并在香港科学园内完成了搭载驭势科技 U-Drive^{TM} 智能系统的汽车自动驾驶演示。

重庆长安汽车股份有限公司（以下简称"长安汽车"）投入 2 亿元资金研发自动驾驶技术，并全球布局研发团队，目前已实现 L1 级汽车量产化，并完成 2 000 km 的 L3 级公路测试，推出智能化"654"战略，计划到 2025 年将实现真正的自动驾驶，并实现产业化落地。北京汽车工业控股有限公司（以下简称"北汽集团"）已推出 EU2260 自动驾驶测试车型，并与百度达成战略合作，计划投入资金 20 亿元进行相关技术研发，在 2020 年至 2025 年实现 L3 级车型的量产。吉利汽车制定 G-Pilot 技术规划，已推出具备自动驾驶功能的沃尔沃 S90 车型，计划 2021 年和 2025 年分别实现高度自动驾驶和全自动驾驶。长城汽车目前 H8、H9 等车型已完成 L1 级的研发，计划 2025 年推出 i-Pilot 4.0 高级无人驾驶汽车。

近年来，我国智能网联汽车发展明显提速，同时，智能驾驶上路法规正在加紧拟定，智能化汽车产业发展成为必然趋势。随着智能化时代大背景的推动，无人驾驶汽车逐渐混入真实交通环境中，因此如何使无人驾驶汽车在复杂的真实交通环境中做出安全高效的行为决策成为当下智能网联汽车领域的一大研究热点。

1.4　无人驾驶汽车行为决策研究现状

无人驾驶汽车行为决策研究是无人驾驶技术发展及无人驾驶产品研发的难点。近年来，来自不同领域的诸多学者开展行为决策方法相关研究，从不同的行为决策方法上，大体可以分为基于规则的行为决策方法、基于机器学习的行为决策方法和基于效用/价值的行为决策方法。在众多有关于行为决策的研究中，根据驾驶行为进行决策研究分类，可以将其分为直行道路上的跟驰行为决策研究、车道间变道行为决策研究（包含超车和匝道处的汇入行为）以及道路交叉口通行行为决策研究，驾驶行为的研究不能一概而论，需要针对不同的驾驶场景（人—车—路）分别讨论，针对不同场景得出准确的结论。

1.4.1　基于方法的行为决策研究

1. 基于规则的行为决策

基于逻辑规则的模型能够对简单的场景进行更加直观的建模，同时，模型的可靠性较高。美国国防高级研究计划局（Defense Advanced Research Projects Agency，DARPA）举办的城市挑战赛在全球具有很大影响力，赛事冠军卡耐基梅隆大学的 BOSS 车队采用基于行为推理的决策系统，其行为决策流程如图

1-6所示，通过构建规定的知识及规则库实时推理相应的驾驶行为，执行了一系列人工定义的决策状态以实现准确的行为决策，包含"车道行驶""路口处理"和"特殊区域处理"三个模式。

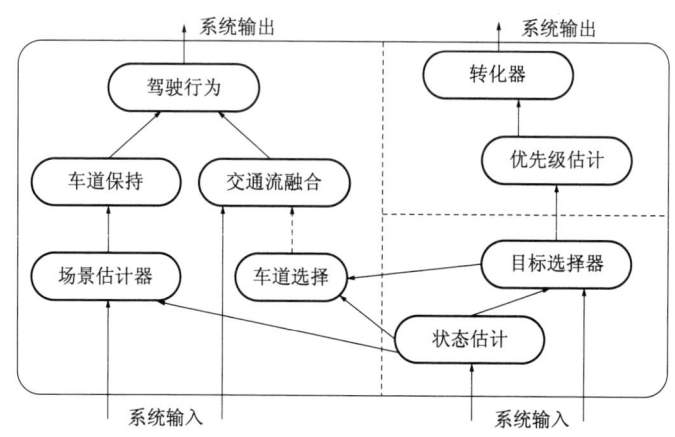

图1-6 BOSS行为决策流程

斯坦福大学的Junior车队建立基于有限状态机（Finite State Machine，FSM）模型的行为决策系统，如图1-7（a）所示，将驾驶行为分为13种状态：初始化、向前行驶、穿越交叉口、拥堵路段停车、U形弯停车、自主泊车、任务结束等。行为决策系统的不同状态之间通过有限状态机相互转换，该系统结构简单，控制逻辑明确，被众多无人驾驶汽车所采用。

但是FSM的结构会随着状态增多变得庞大，系统软件维护复杂。层次状态机（Hierarchical State Machine，HSM）模型把状态进行分类，很好地缓解了这一问题。2007年DAPRA比赛中的KnighFRider无人驾驶汽车设计了停车区域的层次状态机模型，如图1-7（b）所示，HSM把状态进行了分类，定义了高层次状态和低层次状态，该状态机在顶层状态被激活后开始工作，HSM包含两个高层状态：泊车状态和行驶状态，每个高层状态内部又包含一系列靠近、停车、完成等低层次状态。这种分层次状态的有机结合可以有效提高泊车效率。麻省理工学院的Annie Way车队和弗吉尼亚理工大学的Odin车队也采用HSM来进行行为决策，使用层次有限状态机区分不同的驾驶场景。

中科院合肥物质科学研究院陈佳佳等将驾驶行为进行抽象和分解，采用层次有限状态机的方法与多属性决策方法相结合建立无人驾驶车辆决策模型，然后使用层次分析法进行决策评判，选择最贴近理想值的决策为最优方案，解决了城市复杂交通场景下的类人决策问题。与此同时，杜明博等提出了基于决策树的驾驶行为决策模型，针对驾驶员的视觉注意力特点，建立了运动规划与视

第1章　无人驾驶汽车智能行为决策的发展背景及现状

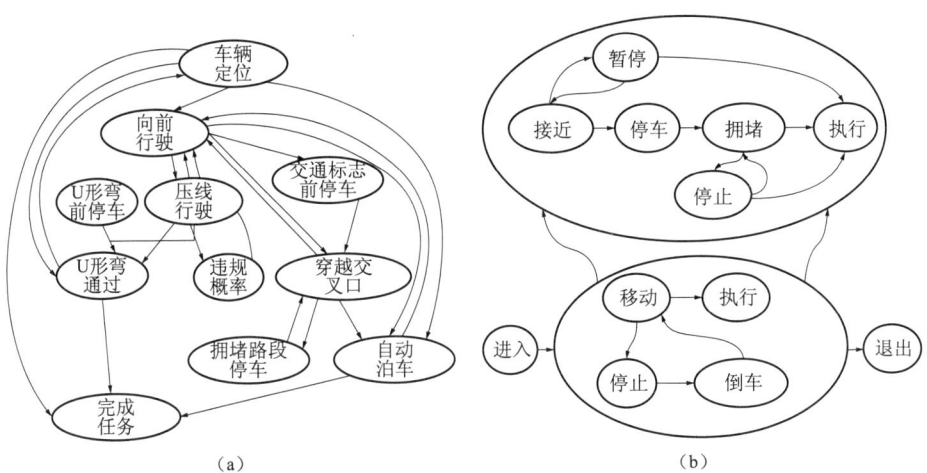

图 1-7　分层状态机模型
（a）有限状态机模型；（b）分层状态机模型

觉行为的联系，同时，利用有限状态机对多场景下的无人驾驶行为进行建模。

北京理工大学龚建伟等将人类驾驶员的驾驶经验转化为知识并通过离线学习建立相应的规则库，从而建立一种基于直觉的智能车辆决策方法，然后应用于智能车辆的行为决策中。陈雪梅、田赓等采用粗糙集、间隙可接受等理论，在考虑驾驶员因素的前提下，对影响复杂城市环境下的跟驰、换道行为决策的关键因素进行筛选，剔除了不相关、弱相关影响因子，并进一步改进了城市环境下的跟驰、换道模型。

基于规则的行为决策系统优点是实施性强、实现简单，但是忽略了环境中动态交通因素的复杂性和不确定性，相比于人类驾驶员过于保守、灵活性差、难以胜任有人与无人驾驶汽车共存的混合交通环境下的行为决策任务。

2. 基于机器学习的行为决策

近年来，随着计算机技术和机器智能技术的发展，深度学习（Deep Learning）和强化学习（Reinforcement Learning）越来越多地被应用到无人驾驶汽车的行为决策系统中，旨在使智能汽车具有更好的拟人性、自主性，能更加安全、高效地面对真实交通环境。

Brechtel 等采用部分可观测马尔科夫过程方法，针对交叉口盲区汽车不能被提早发现的问题（该问题被视为一个连续空间的驾驶问题），使用盲区汽车的位置及速度作为模型输入进行仿真研究，但是当其信念空间无穷大时，由于计算量大，计算效率难以满足真实道路环境下的更新需求。

此外，强化学习方法也被应用于真实环境下的无人驾驶汽车行为决策，进一步提高决策模型的环境自适应，Google无人驾驶汽车研究团队将这一研究成果发表在 Nature 上，得到了广泛关注。Sharifzadeh 等采用了相似的研究方法，实现了高速道路上换道超车，并仅在简单模拟环境中进行了验证。Tomoki Nishi 利用 Passive Actor Critic（PAC）算法提出了一种基于多策略决策的汇入方法。C. K. Tham 等采用模块化 Q-learning 算法对机器人的操纵任务进行分解，并进行了具体控制。

Huang 等提出一种连续批判学习的纵向速度控制模型，根据汽车当前状态在线学习，通过控制实际制动和油门跟踪期望速度。Wang 等提出一种新型自学习路径跟踪控制方法，利用自适应/近似动态规划（Adaptive/Approximate Dynamic Programming，ADP）进行优化控制。连传强等采用相似的研究方法实现了在不同的道路形状及车速条件下获得较高的控制精度。

该类模型具有较好的泛化能力和实时性，但是对先验驾驶知识和训练数据的依赖性较大，只有在训练数据足够充分的条件下才有意义。将映射关系固化到网络结构中，存在"黑箱"问题，其解释性较差，应用在实际系统中更是难以发现产生问题的根本原因。

3. 基于效用/价值的决策模型

上述行为决策方法大部分是通过基于状态转移、产生式规则、案例或者映射关系得到驾驶动作，采用启发式方法从先验驾驶知识中找到行驶策略，但是对驾驶策略的好坏程度缺乏定量评估。基于效用/价值的决策模型在进行决策方案选择时，根据最大效用理论，通过定义效用/价值函数，在多个备选方案中选择出最优的驾驶策略/动作。如无人驾驶汽车行为决策，一般通过行车安全、高效性及舒适性等多个准则属性定量地评估驾驶策略的好坏程度。

Bahram 等提出了一种预测反应的驾驶策略选择机制，通过对未来驾驶场景的预测，根据行车安全、交通规则及驾驶舒适性等多目标定量评估驾驶策略的好坏，获取汽车行驶的实时最优策略，并在仿真环境中得到验证。荷兰代尔夫特理工大学的 Wang Meng 等基于最优控制和动态博弈理论提出了一种适用于自动驾驶汽车的滚动时域控制法，通过预测确定汽车的期望车道序列和连续加速度使得自身收益函数最小化，求解均衡解给出车道变换和汽车跟驰综合控制的预测方法。结果表明，所提出的方法在满足安全性和舒适性要求的同时能够得到有效的换道策略，并将此应用于自动驾驶汽车。

1.4.2 基于驾驶行为的决策研究

1. 车道内驾驶行为决策研究

车道内行为决策主要是汽车跟驰行为，该行为决策主要受通车道前后车驾驶行为以及左右车道换道汽车驾驶行为影响。根据跟驰模型算法可以将跟驰模型的研究分为两大类：数学分析模型和人工智能模型。数学分析模型揭示汽车跟驰过程中速度、头车时局、加速度等参数之间的关系，如考虑了车头间距和跟驰车速度的 GHR 模型，引入驾驶员的驾驶偏好，考虑最大意愿加减速的 Gipps 模型，引入期望车头时距的 Helly 模型等。跟驰行为是多种因素作用影响的结果，若考虑多种特性的数学分析模型，则会变得非常复杂。

Helbing 等提出 IDM 模型，可以以统一形式同时描述车辆从自由流到拥堵流不同状态的跟车模型，但是 IDM 模型仅考虑了与车道内前车的跟驰行为，并未考虑侧向汽车驾驶行为的影响。同济大学孙剑等选用智能驾驶模型 IDM，考虑到 IDM 模型存在只考虑本车道前方直行汽车驾驶行为的影响，并未考虑侧向汇入汽车的问题，在其基础上提出 CF + 跟驰模型，该模型使在主线上的智能汽车不仅考虑了本车道前方跟驰汽车，还考虑了汇入段汇入汽车的位置及速度，使得智能汽车能够提前进行加减速操作，从而避免与汇入汽车产生冲突。

目前，大量学者将人为因素考虑到跟驰模型中进行研究，人工智能模型具有运算效率高、学习能力强等特点，被广泛应用于交通问题，其中包括汽车跟驰行为研究，在跟驰方面有基于前馈神经网络的一般状态和应急疏散状态的跟驰模型，以及引入特征聚类的改善神经网络跟驰模型等。陈雪梅等通过粗糙集对驾驶员行为数据和周围汽车运动数据进行预处理，提取影响决策的关键因素，通过神经网络学习跟车决策，为复杂动态环境下的汽车跟驰决策提供理论基础。驾驶员的驾驶习惯和偏好会影响汽车跟驰行为，驾驶员的记忆也会对驾驶行为产生影响，Xin 等通过引入速度记忆改进传统非线性模型；Pei 等将记忆效应以伽马分布的形式引入线性跟驰模型；孙倩等基于 LSTM 神经网络方法搭建汽车跟驰模型，该神经网络的车辆跟驰模型考虑了驾驶员的记忆效应影响时长，使仿真结果更接近实际驾驶行为。

2. **车道间驾驶行为决策研究**

车道间变道驾驶行为主要包括：超车和汇入行为。车道间的驾驶行为受到周边汽车环境、交通规则、强时空约束、安全因素等综合影响，已成为影响城市交通安全的突出因素。换道过程的决策行为主要包括纵向和横向运动。纵向运动发生在同一条车道线上，横向运动表现为换道的行为。在智能汽车决策过程中，横向和纵向的运动将会受到交通条件和运动算法的约束。

早期有关学者将相关汽车间的交互行为引入驾驶模型研究中，Hidas 等提出了一种概念换道模型，如图 1-8 所示，模型考虑换道过程可以通过与目标车道相关汽车之间的交互达到足够安全换道的间隙而实现换道。与 Gipps 模型相比，该模型更加符合人类驾驶行为习惯，克服了 Gipps 模型仅在足够安全的候选间隙才可以换道的缺陷，但是该模型不足之处是没有被现场数据验证过。

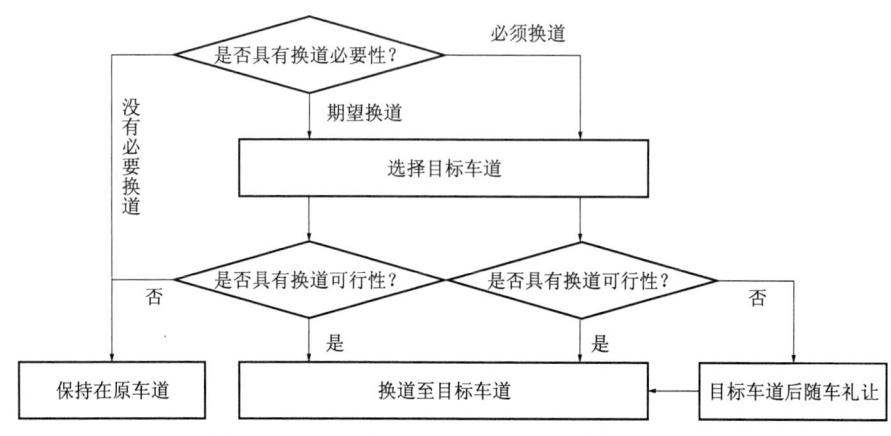

图 1-8　Hidas 等提出的 ARTEMIS 换道过程流程

Fotiades K 在智能汽车公路系统中提出了一种汽车快速换道算法，保证了在车辆换道过程中乘客的舒适性和汽车的稳定性。Nishiwaki Y 认为，换道的时间和轨迹是不确定的，根据统计学原理建立了基于隐马尔科夫的车道变换模型。Tomar R S 认为，车道变化是引起道路交通事故的一个主要原因，提出了基于神经网络的车道变换模型，考虑了汽车周围环境不确定性和换道驾驶员行为的因素。王畅建立了基于预瞄-跟随理论的智能汽车换道轨迹跟随模型，提出了自动换道跟随算法，该模型体现了真实的驾驶行为，提高了智能汽车的行驶稳定性。Tehrani 等比较了驾驶员和计算机生成的变换车道行为，开发了一种能够同时考虑横向和纵向运动的轨迹算法，与出租车驾驶员相比较，该算法能够使汽车具有更好的运动平滑性。Sun 等应用感知 LSTM 算法预测汽车执行车道变换的意图，利用汽车过去轨迹和其临近车道的当前状态预测变道时间，提高自动驾驶车辆的整体性能。

合流区作为交通瓶颈区，存在大量的车道变换行为，经常形成拥堵，交通事故频发。国外关于快速路合流区汇入研究较早，早期集中在分析合流区相关特征变量对汇入汽车换道行为的影响。Worrall 等认为主线车道与加速车道汽车之间的相对速度对汇入汽车汇入主线起重要决定作用。Wattleworth 等研究发现汇入汽车与加速车道末端的距离越小，则越倾向于选择较小的间隙。与国外相比，国内对合流区汇入的研究则起步较晚。Sun 等通过对瓶颈路段交通数据的分析，得出瓶颈区交通拥堵的原因，分析影响因素对瓶颈区智能车通行决策具有指导意义。陈海涛等分析了不同交通流量下四种匝道分布类型的通行效率。盘意伟等研究了匝道合流瓶颈区拥堵的产生、扩散到消散过程中的特性及机理。

上述换道行为研究主要是从传统的微观交通行为建模的角度出发，换道模型在无人驾驶汽车中的实用性和可靠性得不到有效保障，在复杂的交通环境中不能实现决策的自适应性，也不能很好地满足无人驾驶汽车对决策模型的鲁棒性和灵活性的要求。城市环境快速路汇入要求在短的时间和有限的空间等多约束条件下做出安全有效的决策，给无人驾驶汽车的决策系统提出了更高的要求。Yang提出了纵向的控制算法，引导无人车汇入主线并根据与目标间隙的距离提供速度策略。Liu等利用改进后的博弈论框架对高速公路匝道的汇入行为进行建模。Lu和Milan等针对自动高速公路系统的无人驾驶汽车汇入提出了纵向控制方法，并将全自动汇入操作的测试结果作为自动高速公路系统的一部分。Cao等提出了一种优化汇入路径的路径生成方法，对相关汽车的加速度使用模型预测控制（MPC）方法进行优化。

3. 交叉口通行决策研究

国内外许多学者对城市不同交通环境下的汽车通行状况进行了大量、系统的研究，从不同的研究角度提出了许多汽车通行模型。

Horiuchi等通过GM（General Motor）微观模型描述速度与流量之间的宏观关系。模型形式简单、物理意义明确，但其通用性能不高，不能随着交通环境和运行状态的改变而做出相应的改变，只能描述具体某段时间内的交通流行为，泛化能力太低；Evans等提出的线性模型，尽管考虑了通行过程中，头车制动对跟随车辆的影响，但与GM模型一样，对复杂多变的城市交叉口交通环境不能起很好的作用，只适用于单一、简单的环境。Liang等提出了在汽车通行过程中保持前车和跟随车间的安全距离的防撞模型（Collision Avoidance Models，CA），基于CA模型又演变出了SISTM、INTRAS和CARSIM等模型，CA模型会严格遵守"最小安全距离"的准则，但其在处理人—车—路（环境）多源融合信息时，反应的精准性和实时性远远不够。

基于人类生理和心理的研究，Roland Bremond基于眼动数据进行无信号道路交叉口驾驶员行为决策过程中的认知心理模式识别。研究表明，可以通过一个人的眼动轨迹来预测行为决策的认知过程。中科院心理研究所赵楠等提出驾驶员的视觉注意在驾驶场景中的聚焦和转移，研究中心视觉与周边视觉的划分、视觉注意聚焦的空间分布、视觉注意转移的模式和特征，获取不同视觉注意分配模式。Kayukawa等提出的模糊推理模型通过得到的模糊集的真实度，结合自身逻辑推理，做出相应的行为决策，但该模型具有很强的局部稳定性，其模型的实时决策和泛化能力得不到保证。

Nedevska 等对于不同的驾驶员特性（驾驶行为的一致性及相似性）提出了间隙接受理论的四种模型，通过测量不同汽车的接受间隙和最大拒绝间隙等参数，使用 Raff 方法、Ashworth 方法和极大似然估计法对临时间隙进行估计，综合入口车道数、左转车道比例、主路车速等因素给出决策。李玮等提出了一种新的换道轨迹函数，建立了一种高速公路车辆自由换道模型，解决了传统换道模型存在的侧向加速度过大或者曲率不连续的缺陷，但是研究的对象和汽车周围环境都比较单一和简单，不能适用于城市的复杂环境。王华东等提出了新的机动车微观模型，即相互作用模型。该模型能全面描述机动车的加减速不平衡性、驾驶决策的多样性、停车、起动、超车等行为。Claire D'Agostino 等根据决策树和线性逻辑分析的方法，构建了一种基于学习的自动识别驾驶行为模型，但是决策树对于连续的状态空间和高维度的决策过程也很难预测。

综上，国内外众多科研单位和企业都投入极大资金与人力进行无人驾驶汽车的行为决策研究，但面对交通环境信息的复杂性、随机性、不确定性等特点，如何对周边汽车状态、非机动车、行人进行准确理解并做出安全高效的决策成为无人驾驶汽车研究的重中之重。本书从无人驾驶汽车的数据采集入手，为行为决策提供数据支持，进而展开行为决策研究，基于模拟仿真软件为行为决策研究提供验证优化平台。

参 考 文 献

[1] Listed N. Horizon 2020 [J]. Nature Materials，2020，11（6）：477-477.
[2] Barbaresso J，Cordahi G，Garcia D，et al. USDOT's intelligent transportation systems（ITS）ITS strategic plan，2015-2019.[J]. intelligent transportation systems，2014.
[3] Japan. Department of IT strategy. Autonomous vehicle strategy in three-step [J]. 2014.
[4] 新华社. 国务院印发《中国制造2025》[J]. 现代企业，2015（5）：40.
[5] 龚建伟，叶春兰，姜岩，等. 多层感知器自监督在线学习非结构化道路识别 [J]. 北京理工大学学报，2014，34（03）：261-266.
[6] 张海鸣，龚建伟，陈建松，等. 非结构化环境下无人驾驶车辆跟驰方法 [J]. 北京理工大学学报，2019，39（11）：1126-1132.
[7] 陈雪梅，田赓，苗一松，等. 城市环境下无人驾驶车辆驾驶规则获取及决策算法 [J]. 北京理工大学学报，2017，37（05）：491-496.
[8] Chen，Wei，Du，et al. Study on crossing behavior decision-making model of unmanned vehicles [C]//南昌：第31届中国控制与决策会议，2019.
[9] 金敏. 城市环境下无人驾驶车辆环境自适应汇入策略研究 [D]. 北京：北京理工大学，2018.

[10] 成英. 有人与无人驾驶混合行驶条件下车辆交互避让决策研究 [D]. 北京：北京理工大学, 2019.

[11] 刘凯, 龚建伟, 陈舒平, 等. 高速无人驾驶车辆最优运动规划与控制的动力学建模分析 [J]. 机械工程学报, 2018 (14): 141-151.

[12] 陈佳佳. 城市环境下无人驾驶车辆决策系统研究 [D]. 合肥：中国科学技术大学, 2014.

[13] 杜明博. 基于人类驾驶行为的无人驾驶车辆行为决策与运动规划方法研究 [D]. 合肥：中国科学技术大学, 2016.

[14] Gong J, Yuan S, Yan J, et al. Intuitive decision-making modeling for self-driving vehicles [C]//Xi'an IEEE International Conference on Intelligent Transportation Systems, 2014.

[15] Chen X, Tian G, Chan C Y, et al. Bionic lane driving of autonomous vehicles in complex urban environments: Decision-making analysis [J]. Transportation Research Record Journal of the Transportation Research Board, 2016, 2559: 120-130.

[16] Brechtel S, Gindele T, Rüdiger Dillmann. Probabilistic decision-making under uncertainty for autonomous driving using continuous POMDPs [C]//Qingdao IEEE International Conference on Intelligent Transportation Systems, 2014.

[17] Sharifzadeh S, Chiotellis I, Triebel R, et al. Learning to drive using inverse reinforcement learning and deep Q-networks [C]//Nips Workshop on Deep Learning for Action & Interaction, 2016.

[18] Nishi T, Doshi P, Prokhorov D. Freeway merging in congested traffic based on multipolicy decision making with passive actor critic [C]//ICML Workshop on Machine Learning for Autonomous Vehicles, 2017.

[19] Huang Z, Xu X, Sun Z, et al. Speed tracking control via online continuous actor-critic learning [C]//2016 35th Chinese Control Conference (CCC). IEEE, 2016.

[20] Wang Jian, Xu Xin, Liu Daxue, et al. Self-learning cruise control using Kernel-based least squares policy iteration [J]. Control Systems Technology, 2014, 22 (3): 1078-1087.

[21] Bahram Mohammad, Wolf Anton, Aeberhard Michael, et al. A prediction-based reactive driving strategy for highly automated driving function on freeways [J]. IEEE, 2014: 400-406.

[22] Wang M, Hoogendoorn S P, Daamen W, et al. Game theoretic approach for predictive lanechanging and car-following control [J]. Transportation Research Part C, 2015, 58 (SEP. PT. A): 73-92.

[23] 孙剑, 黄润涵, 李霖, 等. 智能汽车环境感知与规划决策一体化仿真测试平台 [J]. 系统仿真学报, 2020, 32 (02): 92-102.

[24] 章军辉, 李庆, 陈大鹏. 基于BP神经网络的纵向避撞安全辅助算法 [J]. 西安交通大学学报, 2017, 51 (07): 140-147.

[25] Chen Xuemei, Jin Min, Miao Yisong, et al. Driving decision-making analysis of car-

following for autonomous vehicle under complex urban environment [J]. Journal of Central South University, 2017, 24 (6): 1476-1482.

[26] Xin Z, Xu J. Analysis of a Car-Following Model with Driver Memory Effect [J]. International Journal of Bifurcation & Chaos, 2015, 25 (04): 916.

[27] 田赓. 复杂动态城市环境下无人驾驶车辆仿生换道决策模型研究 [D]. 北京: 北京理工大学, 2016.

[28] Pei X, Pan Y, Wang H, et al. Empirical evidence and stability analysis of the linear car-following model with gamma-distributed memory effect [J]. Physica A Statistical Mechanics & Its Applications, 2016.

[29] 孙倩, 郭忠印. 基于长短期记忆神经网络方法的车辆跟驰模型 [J]. 吉林大学学报 (工学版), 2020 (4): 1380.

[30] Tehrani H, Muto K, Yoneda K, et al. Evaluating human & computer for expressway lane changing [C]//Intelligent Vehicles Symposium. IEEE, 2014.

[31] Sun J, Ma Z, Chen X. Some observed features of traffic flow phase transition at urban expressway diverge bottlenecks [J]. Transportmetrica B: Transport Dynamics, 2017: 1-12.

[32] 盘意伟. 快速路入口匝道合流区的瓶颈形成机理与特性研究 [D]. 南京: 东南大学, 2015.

[33] Cao W, Mukai M, Kawabe T, et al. Cooperative vehicle path generation during merging using model predictive control with real-time optimization [J]. Control Engineering Practice, 2015, 34: 98-105.

[34] Horiuchi M, Smith L, Maezawa I, et al. CX3CR1 ablation ameliorates motor and respiratory dysfunctions and improves survival of a Rett syndrome mouse model [J]. Brain Behavior and Immunity, 2016: 106.

[35] Liang J, Meng D, Wang X, et al. Modeling and optimization of head-collision of a flexible joint robot [C]//2017 36th Chinese Control Conference (CCC). IEEE, 2017.

[36] Kayukawa Y, Takahashi Y, Tsujimoto T, et al. Influence of emotional expression of real humanoid robot to human decision-making [C]//IEEE International Conference on Fuzzy Systems. IEEE, 2017.

[37] Nedevska I, Ognjenovic S, Murgul V. Methodology for analysing capacity and level of service for roundabouts with one lane (HCM 2000) [J]. Procedia Engineering, 2017, 187: 797-802.

[38] 孙强. 基于强化学习的无人驾驶车辆城市交叉口通行决策研究 [D]. 北京: 北京理工大学, 2018.

第 2 章

联合仿真平台构建

无人驾驶车辆从设计研发到量产上市，整个过程需要经历复杂而严苛的测试阶段。无人驾驶车辆在真实交通环境下的测试不但受到硬件设备条件影响和法律法规约束，而且会耗费大量的物力人力及时间成本，其中的安全隐患更不容忽视。所以无人驾驶车辆在真正实车路试前，必须经过大量的虚拟仿真测试。

虚拟仿真测试的优点包括：①有效降低实车测试带来的安全隐患，避免产生法律纠纷。②有效降低实车测试成本，缩短开发周期。

2.1 仿真软件简介及建模流程

2.1.1 PreScan 简介及建模流程

1. PreScan 简介

PreScan 是一款由荷兰开发的，用于先进驾驶辅助系统的开发，并对智能车辆进行仿真的建模软件。它可以快速搭建典型 3D 交通道路场景，并在 Simulink 中生成相应的车辆、行人、交通灯等控制模块，方便使用者对其进行相应的控制和操作。主要功能由 GUI 界面、Matlab/Simulink 两部分结合构成。

基于 GUI 界面的场景可以允许操纵者采用软件提供的道路基本元素进行道路网的搭建并灵活改变道路参数结构；可以将软件提供的道路、行人、汽车,以及搭建的静/动态交通参与者等元素进行仿真场景的搭建;可以将传感器、摄像头等加入场景中,并对动态元素如行人、车辆等进行行为轨迹和速度设定。基于 Matlab 中 Simulink 的设定,可以对环境中的参数进行更加精确的改进,如信号灯配时、车辆的动力学模型控制等。仿真平台利用 PreScan 作为无人驾驶车辆环境感知仿真工具,通过与 Matlab/Simulink 相连,实现规划决策算法,控制无人驾驶车辆识别周围环境,并执行决策操作,完成对规划决策算法的评估与选择,最终完成驾驶任务。

  PreScan 是一种模块化建模的仿真平台,其特点是①能快速且高度还原实际交通场景,提供与其他仿真软件通信的接口,能提供丰富的无人驾驶车辆传感器,利用这些模块,用户可以实现多种智能驾驶功能的开发与测试。②通过图形用户界面 GUI,能够快速地建立三维交通场景模型,选择合适的车辆模型及传感器,设置周围环境车辆的相关信息,并对其中的道路环境、天气条件等进行详细设定。③通过软件关联,用户还能够在 Matlab/Simulink 中添加车辆的控制系统,实现由决策算法到车辆行为控制的转化。其中的 Viewer 界面还能够显示逼真的 3D 场景,让用户能够在仿真过程中实时地多视角地观察仿真进程。④Sensor World 允许用户添加雷达和摄像头等传感器,能实时采集周围运行车辆的位置坐标、速度等信息。⑤通过连接驾驶模拟器,PreScan 还允许用户进行驾驶员在环模拟试验。PreScan 的系统组成及其与 Matlab/Simulink 的交互流程如图 2-1 所示。⑥PreScan 与其他软件有很好的兼容性。静态场景方面,可以与 OpenStreetMap、Photoshop、Google Sketch Up 等软件兼容,便于操纵者从其他软件构造好模型,并导入 PreScan 中。动态场景方面,可以灵活插入 Carsim 和 dSPACE ASM 等提供的动力学模型以及 ETAS、dSPACE 和 Vector 提供的控制器模块等硬件设备。

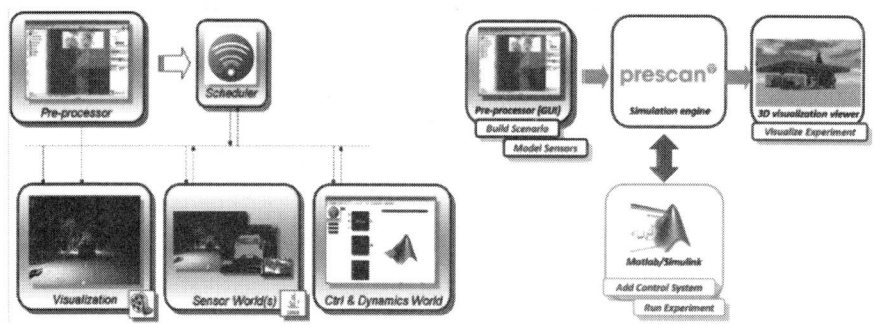

图 2-1 PreScan 的系统组成及其与 Matlab/Simulink 的交互流程

2. PreScan 软件建模流程

使用 PreScan 建模的工作流程如图 2-2 所示，其中主要包含了虚拟仿真场景的搭建、模型及控制算法的搭建以及后续的仿真验证环节。

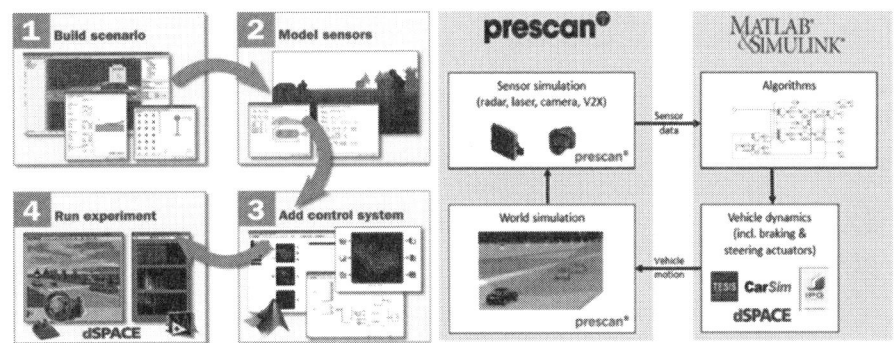

图 2-2　使用 PreScan 建模的工作流程

（1）场景搭建（Scenario Construction）。

PreScan 的场景搭建需要用户在软件的 GUI（图形用户界面）进行操作，对仿真场景中的可视化环境［包括道路、交通参与者、自然环境等要素进行设置（图 2-3）］。其中道路模型包含了多种基础预设形式并支持用户进行自定义；交通参与者包含了行人及各种车辆模型；自然环境设置则提供了天气、光照条件的设置选项。用户可以针对研究需要，快速建立高度逼真的交通场景。

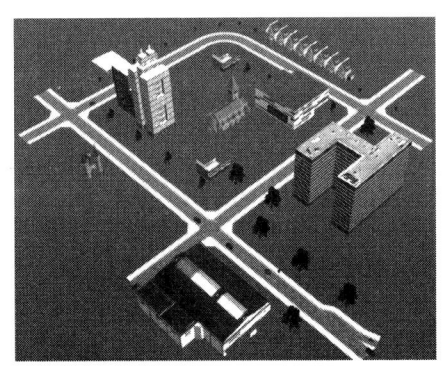

图 2-3　GUI 搭建的虚拟交通场景

（2）车辆平台及传感器搭建（Plataform and Sensors Construction）。

PreScan 中内置了多种真实车型可供选择，并提供了不同复杂程度的动力学模型，用户可通过修改相应参数直接调用内部模型。此外，用户还可以调用

Carsim、Labview 软件，加载其他自定义的动力学模型。在环境信息感知方面，PreScan 内置了 GPS、雷达等多种车载传感器模块，用户可直接将相关传感器加装到汽车模型上，获取并处理周边环境信息。此外，软件还提供了无线通信模块，允许用户以 V2X 的方式实现车与车、车与路之间的通信与交互。

（3）控制系统添加（Control System Addition）。

模型的运动控制算法是无人驾驶测试的核心。PreScan 通过调用 Simulink，可以将软件中设置的车辆模型及传感器模型以模块的形式呈现在 Simulink 界面中，用户可以直接在 Simulink 中编辑相关模块并添加控制算法，完成仿真模型搭建。本研究基于 Matlab/Simulink 搭建了无人驾驶车辆的决策算法模型。

（4）仿真试验运行（Experiment Running）。

搭建好完整的仿真模型后便可开始仿真的运行。仿真过程可以通过 Viewer 界面以逼真的 3D 视角实时查看，并可以对仿真过程进行视频录制。仿真的数据结果可以通过 Matlab/Simulink 保存到工作空间中或生成数据文件，方便用户进行数据处理和结果分析。

2.1.2 Vissim 简介

无人驾驶车辆驾驶行为与周边交通流环境密切相关，而目前大多数仿真测试较难提供真实的交通流场景，如城市环境下汇入瓶颈区高密度的交通流，这制约了规划决策算法在高逼真度仿真交通流场景下的有效性验证。本书环境自适应无人驾驶车辆行为策略方法需要智能体、无人驾驶车辆以及交通流环境频繁交互，因此需要交通仿真软件具有较开放的可操控性及拓展性，Vissim 可以通过 Driving Simulator 模块与 PreScan 实现快速互联，能够较好地满足此类需求。因此，本书中提到的仿真平台采用 Vissim 作为背景交通流快速生成工具。

无人驾驶车辆的跟驰、换道、汇入等行为关系到其他交通参与者，属于微观交通仿真。Vissim 可以较为真实地模拟不同交通流密度下的交通场景，与目前常用的微观交通仿真软件 Paramics、Aimsun2、TransModeler 和 CORSIM 相比，Vissim 的各类交通行为模型（如跟驰、换道等）能够更细致地反映真实交通行为。下面将介绍 Vissim 软件中交通仿真过程，如发车、驾驶行为等，以求更加精细地模拟无人驾驶车辆行为决策需要面临的交通环境。

1. 发车

车辆在进入路网的过程中，车身是逐步完全显示出来的，第一个车辆按照期望车速模型确定的速度行驶。在同一个发车点的若干车流中，车辆的发车遵从如下规律：

（1）车辆在每个车道上随机分配。

(2) 车辆在车道上随机分布,并且在时间上也服从均一分布。

车辆的车头时距大于或等于 t 的概率为:

$$P(h \geq t) = e^{-\frac{t}{T}} \quad (2-1)$$

式中,h 为车头时距,单位 s;T 为间隔概率分布,平均数为 $3600/q$,q 为交通量,单位辆/h。

随机数产生公式:

$$x = -T\ln(\mu) \quad (2-2)$$

2. 跟驰模型

Vissim 可以反映出交通流的随机性,其核心部分就是驾驶行为模型的选用,决定了交通仿真模型的精确性。本书不考虑目标车道后随车主动换道而发生的协同汇入情况,只介绍仿真试验中采用的 Wiedemann 生理-心理跟驰模型。

由于驾驶员的个体差异,不同驾驶特性的群体在心理以及生理上的期望速度和期望安全距离也存在相应差异。Wiedemann 模型综合考虑驾驶群体的上述差异,将驾驶员的跟驰过程分为四种状态,同时,给定了不同状态之间转换的阈值。四种状态分别为:

(1) 自由行驶状态。

该状态下,后方车辆不在前方车辆影响范围内,努力维持期望车速,但在实际过程中由于期望车速难以保持,因此表现为在期望车速上下摆动。

(2) 接近状态。

该状态下,驾驶员逼近前方车辆,为适应前车车速,满足心里接受的安全距离,从而减慢速度。

(3) 跟随状态。

该状态下,后方车辆保持跟驰,无意识反应给出加、减速。在实际过程中表现为后方车辆与前车车辆的距离保持在安全距离附近,同时,车速差在"0"上下摆动。

(4) 刹车状态。

相对间距小于心理接受的安全距离,此状态下,后方车辆采取刹车动作。在实际过程中,当前方车辆忽然减速,或者有第三辆车突然变道进入跟驰车辆前方时,容易进入刹车状态。

图 2-4 详尽地展示了驾驶员跟驰过程的四种状态。

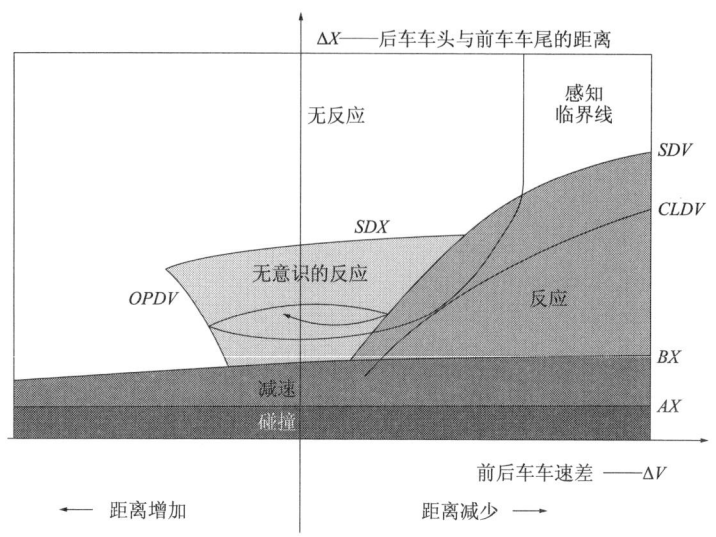

图 2-4 驾驶员跟驰过程的四种类型

其中，左上区域代表自由行驶状态，右下区域代表接近状态，中间区域代表跟随状态，底部区域代表刹车状态。曲线表示状态之间的转移阈值，计算公式如下：

① AX（车辆静止时的期望距离）。

$$AX = L_1 + AX_1 + AX_2 \times R_1 \qquad (2-3)$$

式中，L_1 表示前方车辆的车长；AX_1，AX_2，R_1 为模型参数。

② BX（较小速度差下的最小期望跟驰距离）。

$$BX = (BX_1 + BX_2 \times R_1) \times \sqrt{\min\{v_f(t), v_l(t)\}} \qquad (2-4)$$

式中，BX_1 和 BX_2 为模型参数。

$$ABX(t) = AX + BX \qquad (2-5)$$

③ SDV（距离较大时速度差的临界值）。

$$SDV(t) = \left\{ \frac{\Delta x(t) - L_1 - AX}{CX_0 \times [CX_1 + CX_2 \times (R_1 + R_2)]} \right\}^2 \qquad (2-6)$$

式中，CX_0，CX_1，CX_2，R_2 为模型参数。

④ SDX（最大跟驰距离临界值）。

$$SDX(t) = AX + BX \times EX \qquad (2-7)$$
$$EX = EX_1 + EX_2 \times (NR - R_2) \qquad (2-8)$$

式中，EX_1，EX_2，NR 为模型参数。

⑤ CLDV（减少的速度差阈值）、OPDV（增加的速度差阈值）。

$$CLDV(t) = SDV(t) \times EX^2 \quad (2-9)$$
$$OPDV(t) = CLDV(t) \times (-OPDV_1 - OPDV_2 \times NR) \quad (2-10)$$

式中，$OPDV_1$ 和 $OPDV_2$ 为模型参数。

⑥加速度、减速度的最小值 b_{null}。
$$b_{\text{null}} = BNULL_1 \times (R_3 + NR) \quad (2-11)$$

式中，$BNULL_1$ 和 R_3 为模型参数。

⑦车辆的最大加速度 $b_{\max}(t)$、最大减速度 $b_{\min}(t)$。
$$b_{\max}(t) = BMAX_1 \times \left[VMAX - v_f(t) \times \frac{VMAX}{VDES + F_1 \times (VMAX - VDES)} \right] \quad (2-12)$$

$$b_{\min}(t) = -BMIN_1 - BMIN_2 \times (R_4 - v_f(t)) \quad (2-13)$$

式中，$VMAX$ 和 $VDES$ 分别为后车的最大速度和期望速度；$BMAX_1$ 和 F_1 都是模型参数；$BMIN_1$，$BMIN_2$ 和 R_4 为模型参数。

由以上阈值的判定可以得到车辆的行驶状态，从而计算出 Wiedemann 模型的后方车辆加速度，计算模型如图 2-5 所示。

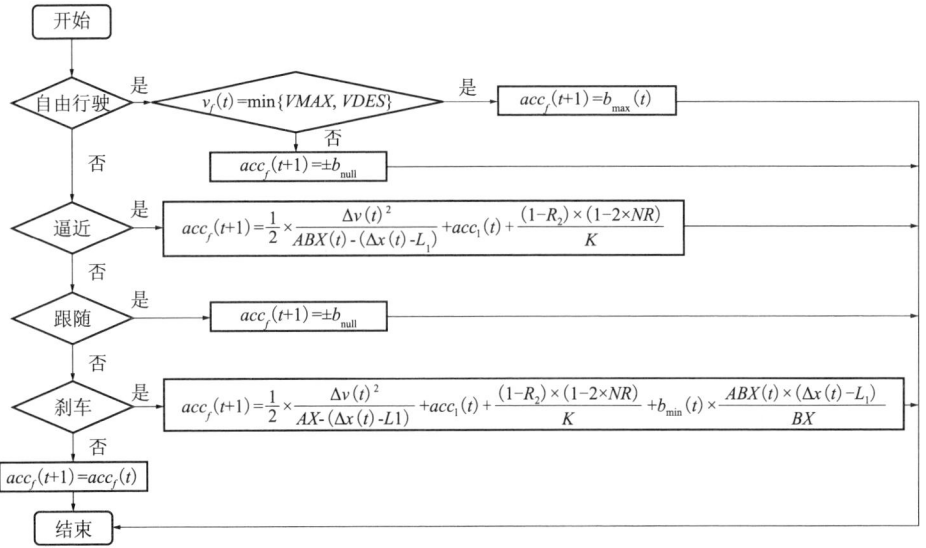

图 2-5 加速度计算模型

2.1.3 其他仿真软件简介

1. SUMO 平台简介

SUMO 平台是由德国宇航中心开发，实现微观、连续的道路交通仿真的开源平台,可以通过用户载入不同的路网和设定车流等,给道路交通研究者提供一个实现和评估算法的平台,能够较好地满足此类需求。

SUMO 中的交通控制接口(Traffic Control Interface,TraCI)就是实现这类互动的接口,可以获取 SUMO 交通模拟环境中的数据并实时进行修改和控制。目前,该接口支持多种主流语言,包括 Python、C++、.NET、Matlab、Java,其中 Python 版本的 TraCI 功能最全面。

当仿真有人与无人驾驶车辆混合行驶环境时,按照真实交通场景和真实车流模拟有人驾驶车辆,通过导入 NGSIM 的数据集模拟人类驾驶员行为;NGSIM(Next Generation Simulation)是美国交通部提供的公开交通数据集,其中的数据包括车辆类型、长度、速度、加速度、车间时距等。本书仿真选用 US101 部分交通数据。无人驾驶车辆在 SUMO 中定义,通过改变无人驾驶车辆的生成周期产生不同的车流密度,控制算法可以从 SUMO 获取实时交通信息,然后对其中的车辆状态等进行实时控制,模拟车辆的跟驰与换道行为。仿真场景是一段自定义的 2km 单向三车道路段场景,其效果如图 2-6 所示,其中深色代表有人驾驶车辆,浅色代表无人驾驶车辆。仿真试验所需的模型参数取值如表 2-1 所示。

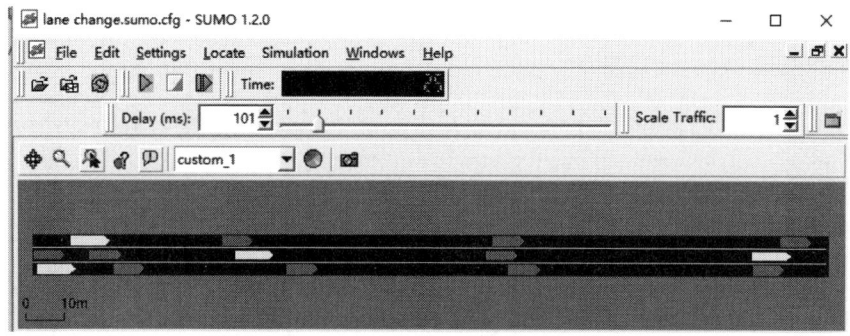

图 2-6 仿真试验场景

表 2-1 仿真试验所需参数设置

参数	取值	参数	取值
a_{max}	1.5 m/s²	δ	4.0
S_0	2.0 m	T	1.2 s
b	2.0 m/s²	l	4.0 m
P	[0 1]	Δa_{th}	0.3 m/s²
b_{safe}	4.0 m/s²	v_{max}	35.0 m/s²

2. OpenStreetMap 的道路网建模与 Google SketchUp 的静态视景搭建

OpenStreetMap（OSM）是网上提供的开源地图，允许根据需求导出需要道路信息。PreScan 不仅允许学者自己搭建交通场景，而且也允许学者采用 OpenStreetMap 提供的开源地图进行道路模板的导入。

本书利用 OpenStreetMap 提供的开源地图将真实路段的地图导入 PreScan 中。之后，利用 PreScan 中 GUI 的道路建模工具进行修改，形成基础的道路网结构，如图 2-7 所示。

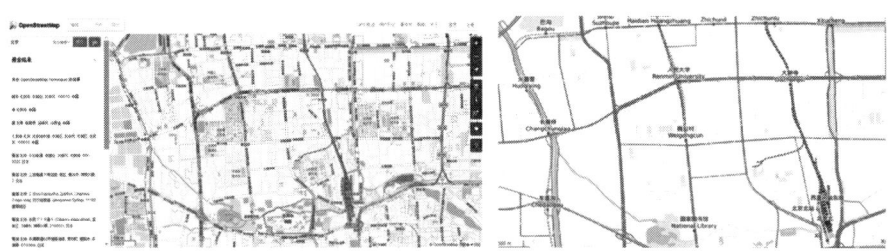

图 2-7　基于 OpenStreetMap 的道路网建模

SketchUp 是一款简单、高效的三维建筑设计软件，可以简单、快速地进行建筑物、天桥、花坛等静态视景的搭建。

为实现更加逼真的试验场景搭建，可以通过实地取景与百度地图、搜狗地图、OSM 等工具及网站相结合的方法，尽力获得所需静态视景的尺寸和形状等参数。实际建筑与搜狗地图效果对比如图 2-8 所示。

图 2-8　北三环建筑的实际与搜狗地图效果对比

基于百度地图、搜狗地图、OSM 等网站确定建筑的几何参数，在 SketchUp 中搭建几何模型；通过实际取景获取建筑物纹理结构，利用 Photoshop 工具进行纹理修改，导入 SketchUp 中进行纹理添加，最终生成较为逼真的静态建筑物，如图 2-9 所示。

以 OpenStreetMap 提供的基础道路线网为基础，以基于 Google SketchUp 的静态模型与基于 Matlab/Simulink 控制系统的动态模型为仿真场景元素并利用 PreScan 中的道路交通要素模块在场景中加入标志标线、信号灯、隔离带、地板、树木等辅助设施元素，最终形成较为真实的仿真试验场景（图2-10）。

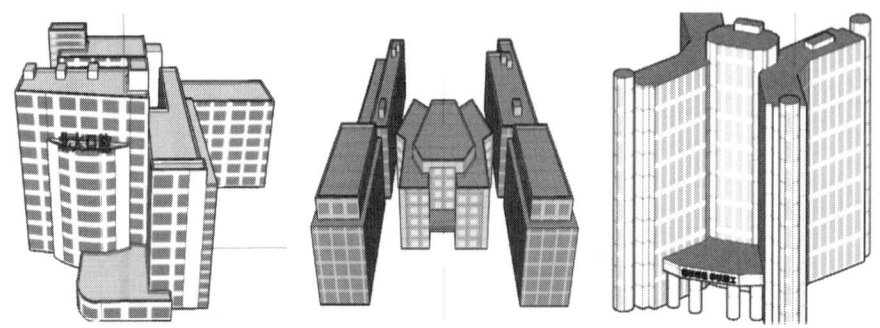

图2-9 SketchUp中生成的静态建筑物

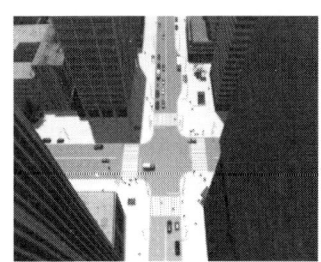

图2-10 虚拟仿真试验场景

2.2 联合仿真平台

2.2.1 Matlab/Simulink + PreScan 联合仿真平台

与普通软件开发过程中的V模型类似，基于PreScan & Matlab/Simulink 的联合仿真试验设计也可采用V模型表示。如图2-11所示，仿真试验可以大体分为前期的模型搭建和后期的试验分析。本书主要针对无人驾驶车辆真实城市环境决策研究重点，介绍仿真试验过程中的模型设计和场景设计（GUI建模）部分。

1. 模型设计

试验中的模型设计分为车辆模型、路径和跟踪算法设计和控制算法模型的设计。车辆模型作为试验中被控制的对象，需要对其自身状态信息、运动轨迹信息和动作执行信息进行一一设定，而算法模型则包括了环境车辆的轨迹预测算法及动作选择算法等。

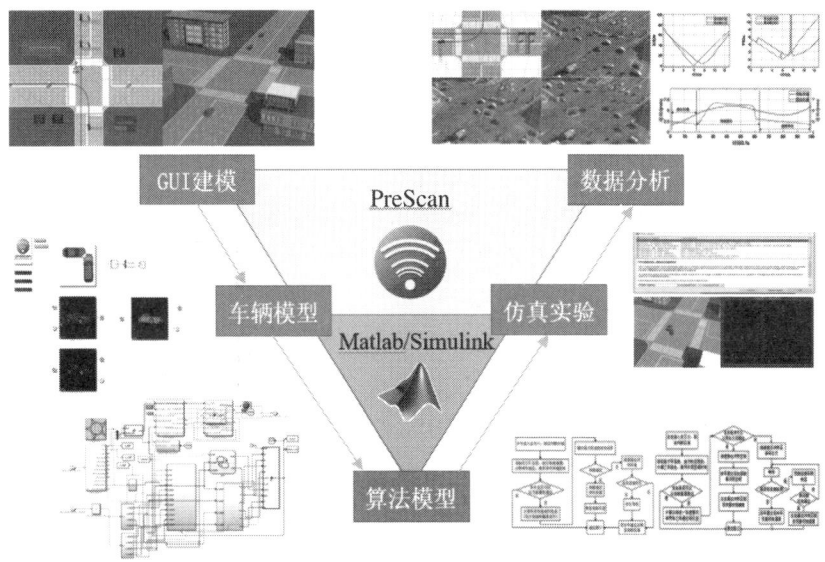

图 2-11 试验设计 V 模型

(1) 车辆模型及传感器模型。

车辆模型是仿真平台的基础。试验中选择软件中自带车型，车辆的相关参数已知，同时，环境中的所有车辆均采用软件内置的 2D Simple 模型。该模型对传统二自由度模型进行了改进，能够满足仿真过程中的动力学要求，如图 2-12 所示。

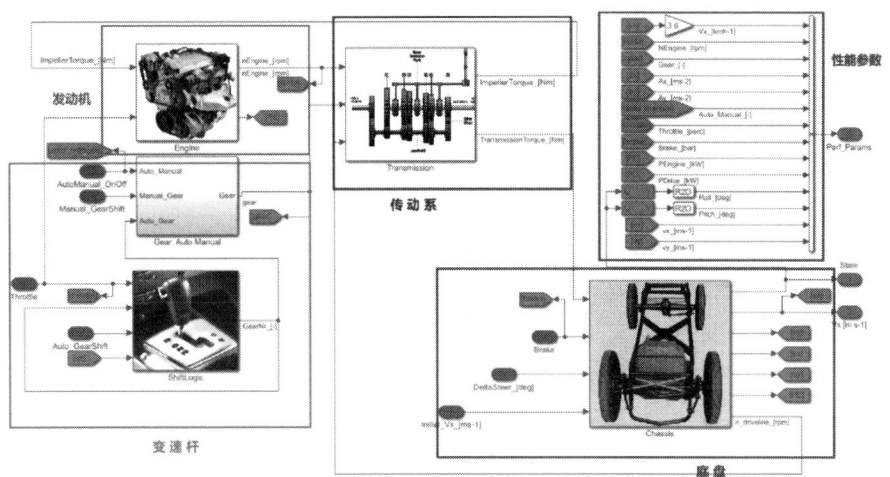

图 2-12 车辆动力学模型

无人驾驶车辆需要实时准确地获得周边车辆的状态信息,才能实现对环境车辆的轨迹预测,并做出合理决策。由于本书研究重点不在环境感知过程,故使用V2X模块作为通信手段。其中V2X包含信息接收器和发送器,无人驾驶车辆(左转车)搭载接收器,获取环境车辆信息,其他有人驾驶车辆搭载发送器,实时将自身的位置及速度等信息提供给左转车(对象直行车轨迹预测章节采用GPR+GMM预测除外)。设置V2X模块时,需要对信号的各个频道进行定义和选择才能获得无人驾驶车辆直接可以使用的信息。

(2) 车辆的横向运动控制模型。

车辆的运动轨迹融合了路径和速度信息。速度信息由决策算法给出,而路径信息则根据道路几何特点提前规划。由于车辆在车道内行驶时受到车道线约束,因此路段上的车辆路径设为车道中心线。当车辆进入交叉口后,没有车道线的约束,需要单独规划行驶路径。在进行路径规划时,需保证路径曲线连续光滑,本书使用三阶贝塞尔曲线规划无人驾驶车辆的左转路径,如式(2-14)。

$$B(t) = P_0(1-t)^3 + 3P_1 t(1-t)^2 + 3P_2 t^2(1-t) + P_3 t^3, t \in [0,1] \quad (2-14)$$

式中,$P_i = (x_i, y_i)$表示曲线在坐标平面内的四个控制点;P_0和P_3分别为曲线的起点和终点,为已知点;P_1和P_2的坐标范围已知,可通过调整二者的坐标生成不同的曲线,如图2-13(a)所示。

由于路径规划不是本书的研究重点,故在路径选择时主要考虑路径长度与冲突区域设置因素。如图2-13(a)所示,靠近左侧的曲线能够保证较短的通行距离,但车辆过早转向将使其提前进入对向直行车路径中,增大了冲突区域和决策难度。故本书选取图2-13(a)中实线作为左转车的路径。

车辆的转向路径跟踪即横向控制使用纯跟踪算法。该算法以车辆后轴为切点,纵向车身为切线,通过控制前轮偏角δ,车辆可以沿着经过预瞄点的圆弧行驶。其原理如图2-14所示,其中$S(x_v, y_v)$为车辆的后轴中心点,$G(x_G, y_G)$为期望位置,O为车辆此时的瞬时转向中心,l_0为车辆轴距,α为车辆航向与期望位置间的偏差,L为预瞄距离。

根据图中的几何关系可得:

$$\begin{cases} \delta = \arctan(l_0/R) \\ \alpha = \arcsin \dfrac{x_G - x_v}{L} \end{cases} \quad (2-15)$$

在三角形OSG内部中,存在如下几何关系:

第2章 联合仿真平台构建

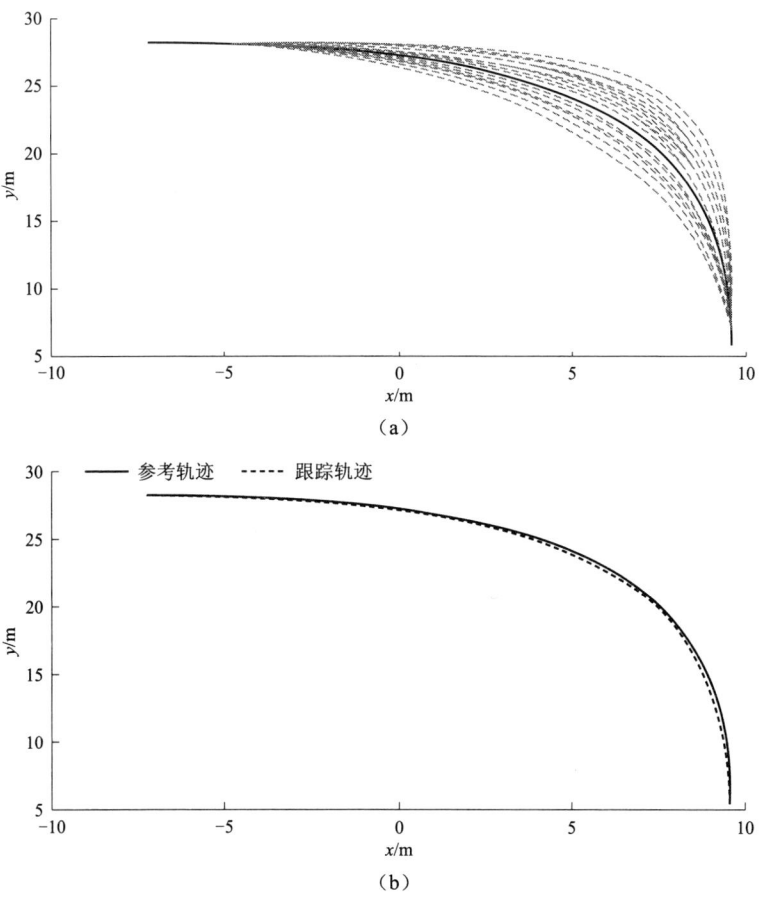

图 2-13 左转车辆路径
(a) 待选轨迹确定；(b) 参考轨迹与跟踪轨迹

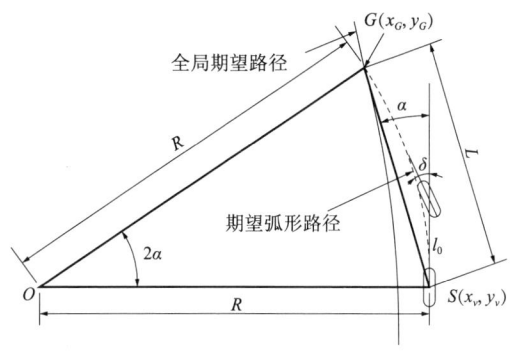

图 2-14 纯跟踪算法原理

$$\begin{cases} \angle GOS = 2\alpha \\ \alpha = \arcsin(L/2R) \end{cases} \quad (2-16)$$

联立式（2-15）和式（2-16）可得车辆前轮的转角控制量为：

$$\delta = \arctan[2l_0(x_G - x_v)/L^2] \quad (2-17)$$

本书直接选用车速大小作为预瞄距离，并对方向盘的最大转角速率进行限制。车辆的纵向控制利用软件内置的 PID 控制器将从决策模块传来的期望速度信息转化为车辆的运动参数，以控制车辆的运动。

（3）轨迹预测模型及动作选择模型。

基于高斯过程回归模型的轨迹预测模块接收并存储来自车辆通信模块的环境车辆运动信息，并在左转车驶入路口后对直行车的未来轨迹进行预测，计算其通过冲突区域的时间，如图 2-15（a）所示。动作选择模块输入的是来自轨迹预测模块的计算结果，在该模块内部计算出不同待选动作的总收益值，选取最佳动作并输出，如图 2-15（b）所示。距离和 TTC 模块则需要输入本车与环境车辆的运动状态和位姿信息，实时给出计算结果，如图 2-15（c）所示。

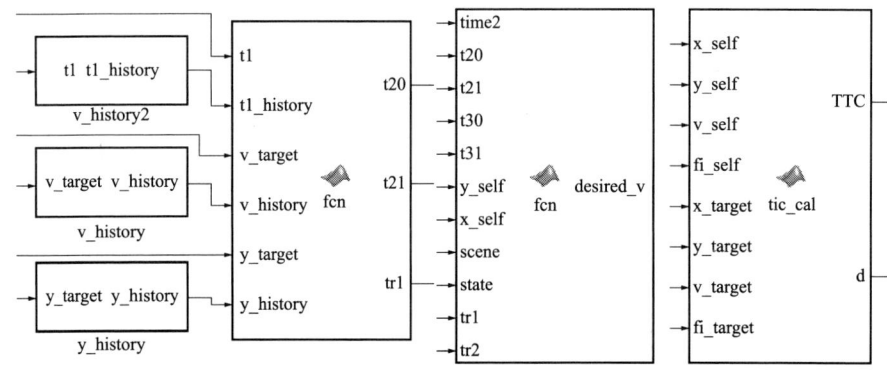

图 2-15 相关模块
(a) 轨迹预测模块；(b) 动作选择模块；(c) 距离和 TTC 模块

2. GUI 设计

此处给出城市交叉口环境下行为决策场景设计，仿真试验搭建的 GUI 场景如图 2-16 所示。仿真前，对仿真过程中用到的参数进行设置（注：其中左转车辆与直行车辆的长度分别为 4.79 m 和 5.2 m；V2X 模块的通信范围为 300 m；仿真步长为 0.05 s）。

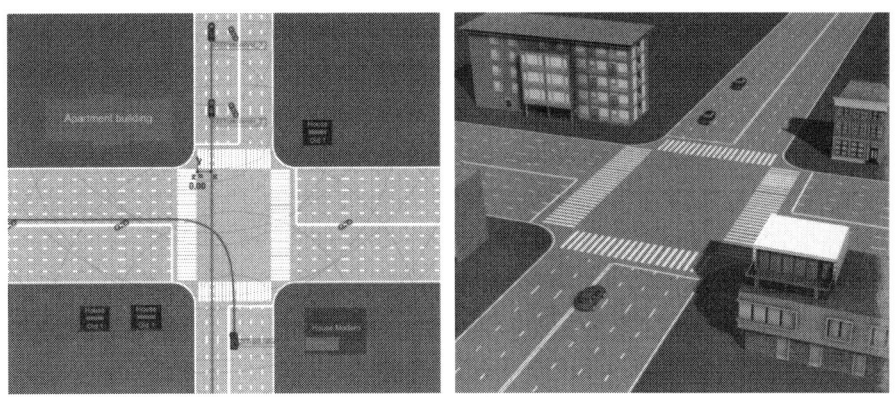

图 2-16　仿真试验搭建的 GUI 场景

此外,为了能够从多个角度观察仿真进程,试验中还添加了交叉口上方的俯视视角及车内驾驶员视角。俯视视角可以直观地看到无人驾驶车辆在不同场景下采取的驾驶动作,而车内视角可以从驾驶员角度观察本车与直行车辆交互时,二者的相对位置关系。设置好的不同观察视角可以在 3D Viewer 中查看,如图 2-17 所示。

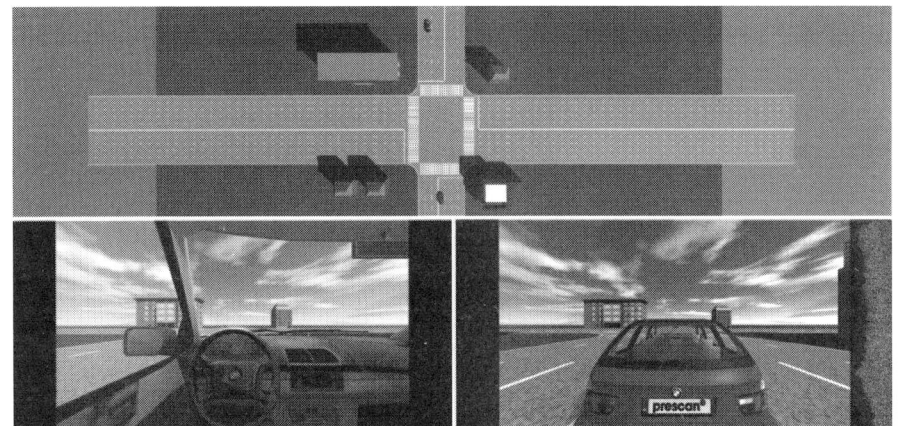

图 2-17　在 3D Viewer 中查看设置好的不同观察视角

2.2.2　Vissim + PreScan 联合仿真平台

1. Vissim + PreScan 联合仿真平台搭建原理

无人驾驶车辆环境自适应行为策略方法仿真验证平台由 PreScan 软件及 Vissim 软件联合构建。其中,PreScan 软件提供环境感知仿真与规划决策开发工具箱 Matlab/Simulink；Vissim 负责弥补 PreScan 车流添加、轨迹设计的单一化，实现动态交通流的快速生成，同时，还能满足车辆之间的驾驶行为交互。

Vissim + PreScan 联合仿真平台主要是利用 Matlab 的 Simulink 模块，实现车辆信息的交互，Vissim 获取 PreScan 的无人驾驶车辆信息，周边环境车辆即可对无人驾驶车辆的驾驶行为做出实时反馈，同样，PreScan 的无人驾驶车辆可以通过传感器感知周边交通环境，利用规划决策算法控制车辆实现自主驾驶。Vissim + PreScan 测试平台的搭建原理如图 2 – 18 所示。

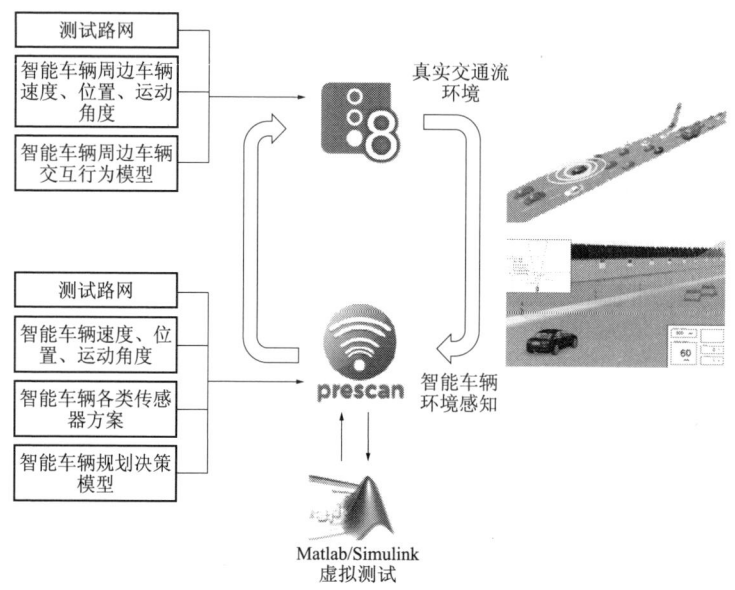

图 2 – 18　Vissim + PreScan 测试平台搭建原理

2. Vissim + PreScan 联合仿真平台搭建流程

Vissim + PreScan 联合仿真平台搭建流程如下：

①安装 Matlab、PreScan 和 Vissim。其中，Matlab 必须配置 Simulink 模块，Vissim 必须配置 Driving simulator 模块。

②在 PreScan 插件模块中，添加文件夹，存储 Vissim 的导入信息。

③在 PreScan 中设置智能车辆的类型及其周边显示的 Vissim 各类车辆的数量。

④在 PreScan 和 Vissim 中搭建完全一致的路网模型。

⑤在 PreScan 的无人驾驶车辆上布置传感器，同时，在生成的 Simulink 文件中实现规划决策算法建模。

⑥在 Vissim 中设置环境车流参数，包括流量和车型等。

⑦统一 PreScan 与 Vissim 的仿真频率。

⑧在 PreScan 界面单击连接 Vissim 运行的按键,同时,启动 Vissim 中的 Driving Simulator 模块,则 Matlab/Simulink 模块即开始双向传输 PreScan 与 Vissim 的信息。

PreScan 读入 Vissim 提供的智能车辆周边环境中的车辆信息后生成的虚拟仿真场景,如图 2-19 所示。

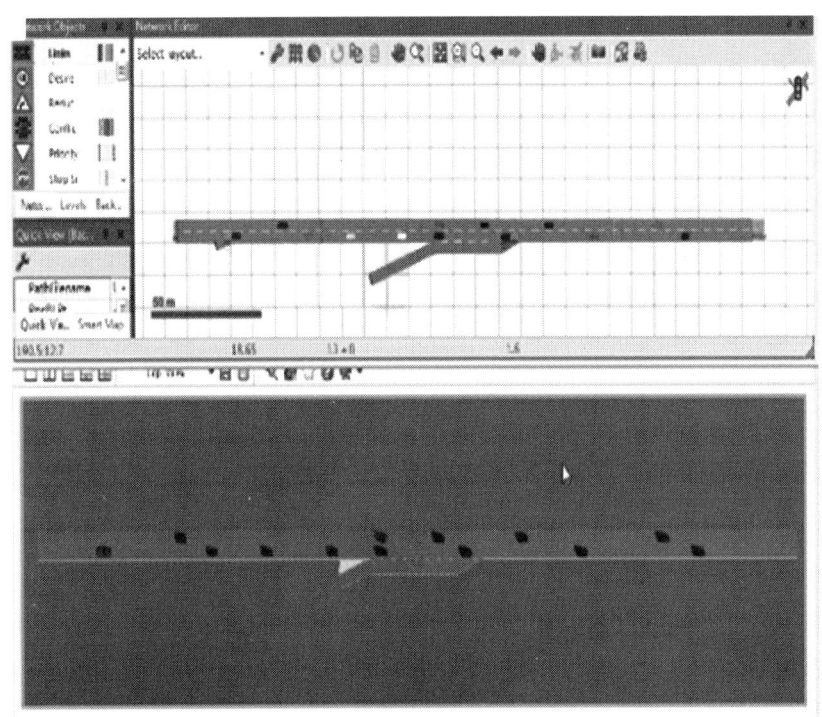

图 2-19　PreScan 读入 Vissim 提供的智能车辆周边环境中的车辆信息后生成的虚拟仿真场景

2.3　仿真场景搭建实例

2.3.1　换道场景搭建实例

在实际道路行驶过程中,人类驾驶员不仅受到实时交通路况的影响以及周围车辆的制约,还会受到天气因素、车辆性能、道路类型以及驾驶员驾驶特性的影响,因此进行虚拟仿真驾驶时,应该充分考虑各种可能影响驾驶决策的因素。为提高虚拟视景仿真中的逼真效果,在搭建三维虚拟视景的同时,也要导入道路周围的建筑物、标志标线等辅助设施设备,使驾驶员具有更真实的视觉效果。

将 OSM 的开源地图的道路模型和 Google SketchUp 软件搭建的 3D 建筑模型导入 PreScan 中,形成最基础的道路线网,然后结合道路的具体信息,利用软件中的基本道路交通要素模块建立道路的标志标线、信号灯以及相应的隔离栏等辅助设施设备,采集信号灯的实际配时并在 Simulink 中编写代码对信号灯进行控制,形成较为真实的交通虚拟场景,如图 2-20 所示。

图 2-20 换道虚拟仿真交通场景

PreScan 中的车辆模型可以设定驾驶模式和动力学模型,本试验主车采用 3D Simple Dynamics Model 车辆动力学模型,驾驶员输入模式为 Man – in – the – Loop (Force Feedback Wheel – Automatic Shift),采用了罗技 G27、排挡和踏板;其余车辆则采用正常模式,并对其路径和速度模型进行了相应的控制。车辆动力学模型的设定如图 2-21 所示。

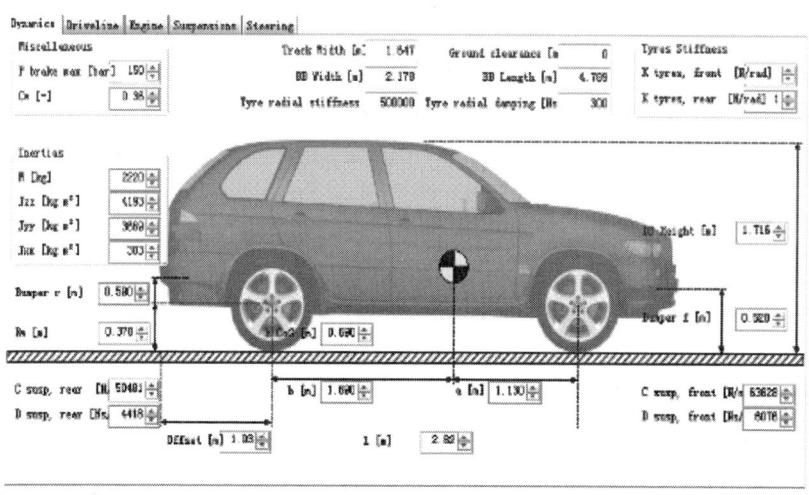

图 2-21 车辆动力学模型的设定

2.3.2　汇入场景搭建实例

基于上述流程，结合本书的无人驾驶车辆环境自适应汇入策略研究，搭建了算法仿真测试平台，本书主要分为三部分进行详细说明。

1. PreScan 软件建模

（1）路网搭建。

根据上文观测的北京市北三环快速路汇入场景进行路网搭建，其中包括道路线形设计、限速设计、宏观交通流参数等，如图 2-22 所示。

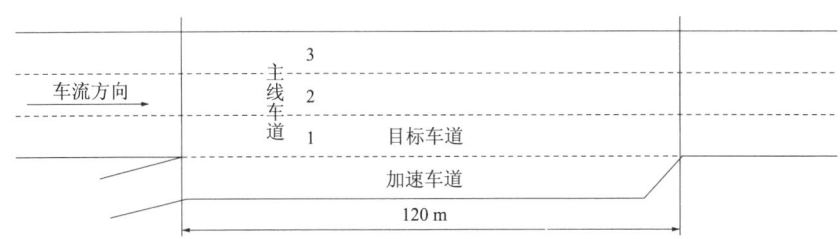

图 2-22　汇入场景的几何线性示意图

（2）无人驾驶车辆模型。

无人驾驶车辆模型选用 PreScan 的基于二自由度改进的 2D Simple 动力学模型。

（3）传感器选择。

无人驾驶车辆需要与周边的环境交互，获取状态信息，以便做出合理的汇入决策，这些信息包括本车的运动状态，目标车道车辆的运动状态等。PreScan 的虚拟传感器系统包括 GPS（全球定位系统）、雷达以及 V2V 车车通信系统等。PreScan 定义的车辆模型均自带 GPS，方便实时获取车辆的位置信息和速度信息。考虑到感知过程不作为本书的研究重点，因此这里选取 AIR 传感器 360°全景无遮挡检测交通环境，避免监测盲区，覆盖面积广。AIR 传感器反馈信息包括与目标的相对距离，目标的水平、竖直角度和绝对速度及航向角。

（4）规划决策算法。

规划决策算法在生成的 Simulink 模块中实现，图 2-23 所示为无人驾驶车辆自主汇入策略系统，其展示了无人驾驶车辆的仿真模块。框图①和②表示传感器模型，框图④表示车辆动力学模型，框图③是强化学习算法模块，AIR 传感器将感知到的环境信息传递给强化学习模块，算法通过迭代，找出最优的汇入策略。

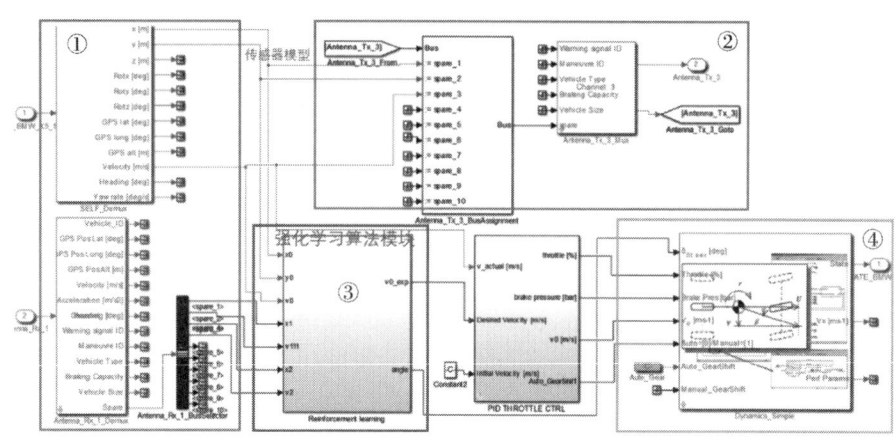

图 2-23　无人驾驶车辆自主汇入策略系统

2. Vissim 软件建模

在 Vissim 中搭建相同的路网,并输入流量作为无人驾驶车辆的汇入主线交通流,如图 2-24 所示。本书参考观测北三环汇入路段的基本情况设定 Vissim 参数。小车的期望速度设定为 60 km/h。主线交通流量设定为 3 100 辆/h。由于本书在汇入主线车流中仅考虑小车,因此车流结构设置为 100∶0。

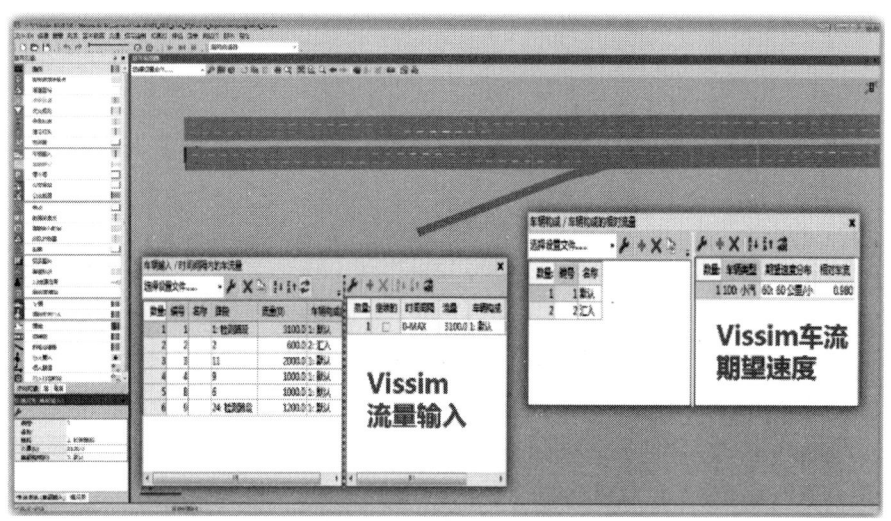

图 2-24　Vissim 中的路网搭建及流量输入

3. 仿真运行

完成上述步骤后,设置相同的仿真频率,进行联合仿真。PreScan 与

Vissim 均可实时查看汇入过程,同时,也可以选择视频录制功能,将仿真过程存档,然后输出无人驾驶车辆的运行状态数据以及周边环境车辆数据(图 2 - 25),根据安全、效率等评价指标对仿真过程进行评价。

(a)

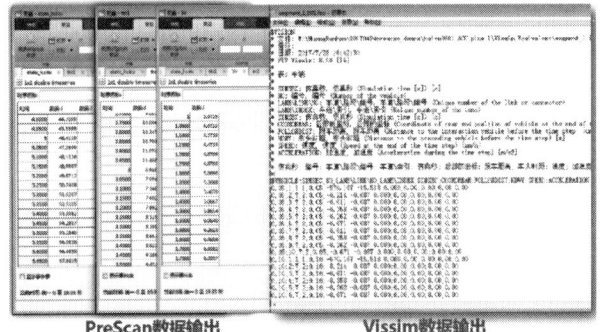

(b)

图 2 - 25　仿真运行及数据输出
(a) 仿真过程观测;(b) 仿真数据输出

2.3.3　交叉口场景搭建实例

参照 PreScan 软件与 Matlab/Simulink 联合仿真的 V 循环开发流程,如图 2 - 11 所示,搭建交叉口混行条件下的车辆交互避让决策仿真验证平台。该平台涉及 V 循环中的概念设计、模型设计、代码生成与系统验证四个部分。

1. 概念设计与模型设计

在概念设计阶段,分析提取交叉口行驶场景所需要的关键信息。其中,车辆模型是仿真平台的基础。本次试验中依旧选择 PreScan 自带车型,车辆相关参数已知，同时，采用软件自带的 2D Simple 模型作为所有环境车辆模型，如图 2-12 所示。模型设计与 2.2.1 节相同。

2. 代码生成

利用 PreScan 仿真平台搭建交通场景和车辆平台，并在 Matlab/Simulink 中完成算法搭建。二者联合仿真可以实现对交通环境的识别及决策动作的选择，最终完成驾驶任务，图 2-26 展示了交叉口车辆冲突消解的仿真验证平台，其中左上框图部分可进行车辆动力学设置，左下框图部分可进行传感器模型设置，右方框图部分可在生成的 Simulink Model 中实现控制决策算法，控制决策算法模块输出车辆的期望速度，在实际仿真应用过程中选择 PathFollow 模式，车辆速度由 PID 模块控制，根据当前车速和输入的期望车速进行车辆底层控制。

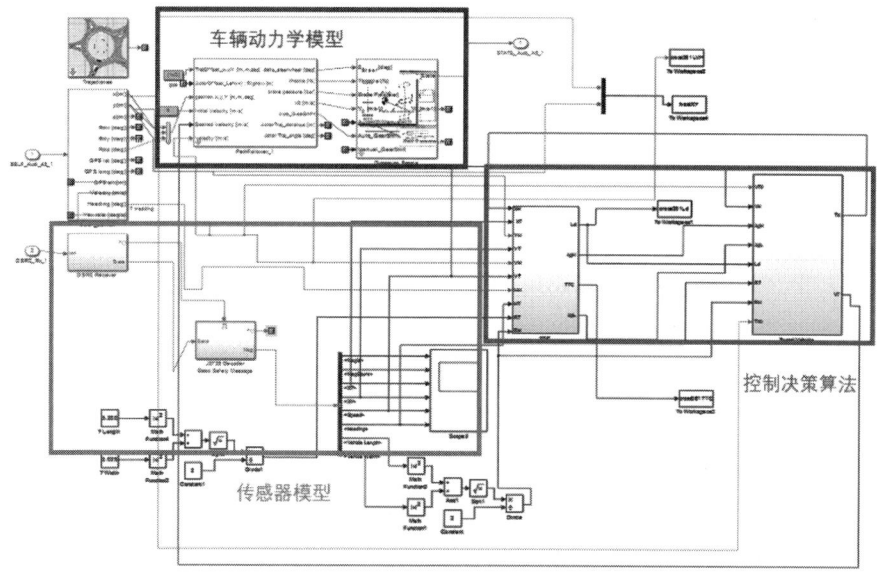

图 2-26 交叉口车辆冲突消解的仿真验证平台

3. 系统验证

Viewer 界面提供了可视化 3D 仿真试验效果，可以从俯视角度、车内驾驶员角度实时查看试验的运行过程，如图 2-27 所示。车内视角可以从驾驶员角度看到无人驾驶车辆在不同场景下采取的驾驶动作，而俯视视角可以直观观察本车与冲突车辆交互过程及相对位置关系。此外，还可根据试验演示效果需求，录制不同角度的视频并存档。

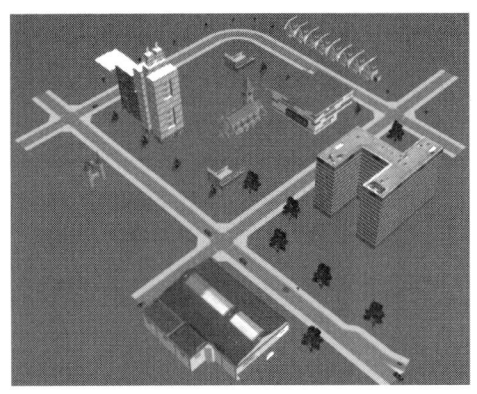
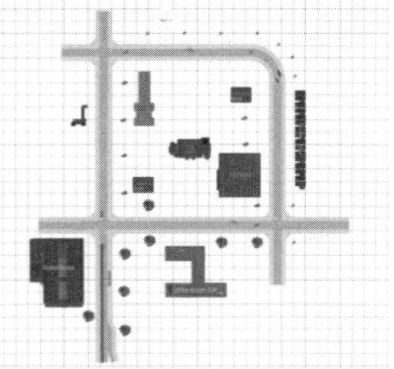

图 2-27 交叉口场景 3D 展示图

参 考 文 献

[1] Kawasaki A, Tasaki T. Trajectory prediction of turning vehicles based on intersection geometry and observed velocities [C]//IEEE Intelligent Vehicles Symposium. IEEE, 2018: 511-516.

[2] 孙剑, 黄润涵, 李霖, 等. 智能汽车环境感知与规划决策一体化仿真测试平台 [J]. 系统仿真学报, 2020, 32 (02): 92-102.

[3] Nie J, Zhang J, Wan X, et al. Modeling of decision-making behavior for discretionary lanechanging execution [C]//IEEE International Conference on Intelligent Transportation Systems. IEEE, 2016.

[4] 丁洁云, 党睿娜, 王建强, 等. 驾驶人换道决策分析及意图识别算法设计 [J]. 清华大学学报 (自然科学版), 2015, 055 (007): 769-774.

[5] Fellendorf Martin, Vortisch Peter, Microscopic traffic flow simulator VISSIM [M]: Springer, New York, 2010: 63-93.

[6] 郭路兵, 梅志千, 贺勇. 基于 PreScan 软件的交叉路口防碰撞控制系统仿真 [J]. 机械与电子, 2014 (2): 22-26.

[7] 武彪, 朱西产, 廖茂竹, 等. 路口车辆冲突与碰撞的安全边界条件模型 [J]. 天津师范大学学报 (自然版), 2019, 39 (02): 64-68.

[8] Gong Ping, Yang Jinhua, Ma Chenhao, et al. Research on multi-point monitoring anti-collision system for vehicle auxiliary driving [J]. Optik-International Journal for Light and Electron Optics, 2016, 127 (18).

[9] Zhao Z, Cheng X, Wen M, et al. Channel estimation schemes for IEEE 802.11p Standard [J]. Intelligent Transportation Systems Magazine IEEE, 2013, 5 (4): 38-49.

[10] Fahmy H, Mohamed A E G, Baumann G. Vehicle risk assessment and control for lane-

keeping and collision avoidance at low-speed and high-speed scenarios [J]. IEEE Transactions on Vehicular Technology, 2018: 4806 - 4818.

[11] 吕梦男, 孙涛, 李洁. 基于扩展卡尔曼滤波的车辆状态参数估计 [J]. 农业装备与车辆工程, 2018 (5): 77 - 80.

[12] Zhao H, Wang C, Lin Y, et al. On-road vehicle trajectory collection and scene-based lane change analysis: Part I [J]. IEEE Transactions on Intelligent Transportation Systems, 2016: 192 - 205.

第 3 章

数据采集与预处理

3.1 基于路基的数据采集方法

3.1.1 采集原理

基于视频标定的方法也称摄像法。摄像法顾名思义即通过拍摄的一段视频来采集所需数据。在采集数据时,需要在采集地点附近架设高空摄像头,以俯视视角拍摄研究路段,记录一段时间内该路段所有车辆的视频运动信息。摄像法通过内部的图像坐标与大地坐标的转换关系,进行多次矩阵的迭代运算,从视频的每一帧中提取车辆行驶过程中的速度、加速度、位置坐标和车辆轨迹的曲率等运动状态信息,因此只有将实际的大地坐标与视频图像中的坐标对应起来才能保证所获得数据的可靠性和精确性。其中,摄像机、图像坐标和大地坐标之间的位置关系如图 3-1 所示,大地坐标的原点可自行设定,采集过程中需要保证每次采集车辆位置的标定点固定,不然无法表征车辆的行驶轨迹。

在图像坐标系下,视频标定可以得到车辆的运动数据。为了获得车辆在大地坐标系下的行驶轨迹数据,需要求出图像坐标系和大地坐标系之间的转换关系。首先,利用参数转换矩阵建立图像坐标与大地坐标间的等价关系;其次,

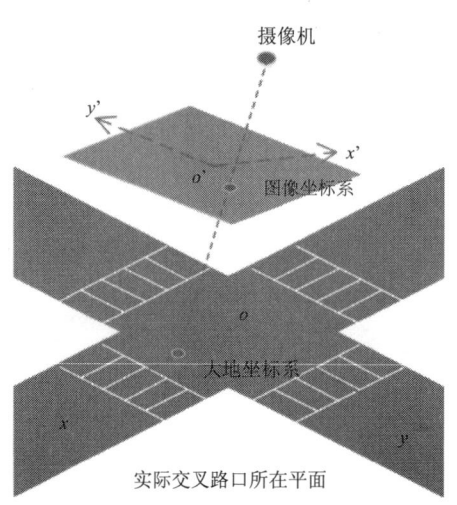

图 3-1 摄像机、图像坐标和大地坐标之间的位置关系

对参数转换矩阵进行齐次坐标变换,表示相对应的大地坐标;最后,对求解出的大地坐标进行简化,得到带参数的表达式,因此求解图像坐标与大地坐标之间的转换关系即求解相应参数矩阵的过程。其具体推导过程如式(3-1)~式(3-5)所示。

$$\begin{bmatrix} x'_1 \\ x'_2 \\ x'_3 \end{bmatrix} = \begin{bmatrix} b_{11} & b_{12} & b_{13} \\ b_{21} & b_{22} & b_{23} \\ b_{31} & b_{32} & b_{33} \end{bmatrix} \begin{bmatrix} x_1 \\ x_2 \\ x_3 \end{bmatrix} \quad (3-1)$$

式中,x' 代表大地坐标系坐标;x 代表图像坐标系坐标;矩阵 $\boldsymbol{B} = [b_{11}, b_{12}, b_{13} \ldots]$ 为坐标转换矩阵。

将对应的齐次坐标 $(x, y, 1)$ 代入式 (3-1) 中,得:

$$\begin{cases} x'_1 = b_{11}x + b_{12}x + b_{13} \\ x'_2 = b_{21}x + b_{22}x + b_{23} \\ x'_3 = b_{31}x + b_{32}x + b_{33} \end{cases} \quad (3-2)$$

那么地面坐标 (x', y') 可以表示为:

$$\begin{cases} x' = \dfrac{x'_1}{x'_3} = \dfrac{b_{11}x + b_{12}y + b_{13}}{b_{31}x + b_{32}y + b_{33}} \\ y' = \dfrac{x'_2}{x'_3} = \dfrac{b_{21}x + b_{22}y + b_{23}}{b_{31}x + b_{32}y + b_{33}} \end{cases} \quad (3-3)$$

$$\begin{cases} x' = \dfrac{\dfrac{b_{11}}{b_{33}}x + \dfrac{b_{12}}{b_{33}}y + \dfrac{b_{13}}{b_{33}}}{\dfrac{b_{31}}{b_{33}}x + \dfrac{b_{32}}{b_{33}}y + 1} \\ y' = \dfrac{\dfrac{b_{21}}{b_{33}}x + \dfrac{b_{22}}{b_{33}}y + \dfrac{b_{23}}{b_{33}}}{\dfrac{b_{31}}{b_{33}}x + \dfrac{b_{32}}{b_{33}}y + 1} \end{cases} \quad (3-4)$$

最后地面坐标简化为：

$$\begin{cases} x' = \dfrac{ax + by + c}{gx + hy + 1} \\ y' = \dfrac{dx + ey + f}{gx + hy + 1} \end{cases} \quad (3-5)$$

式中，(x', y') 为大地坐标；(x, y) 为图像坐标；a，b，c，d，e，f，g，h 为待定参数。为保证坐标系转换的精度，选取实际标定基准点时，基准点的数量应超过 4 个；基准点越多，则坐标系转换的精度就越高。

3.1.2 采集步骤

1. 手动标定软件

手动标定软件获取数据的步骤如下：

（1）本书开展的研究选择在不同的天气情况进行视频拍摄，利用相同天气情况下的视频数据作为训练数据。为保证试验数据的有效性和准确性，要选择一个高度适合的观测点固定摄像机，保证摄像机在拍摄过程中不会发生抖动，然后需要在交叉口现场采集 5 个真实大地坐标点，后面称作基准点（确定坐标系的转化关系）。本书开展的研究使用便携式激光测距仪测出基准点间的相对距离并结合标线设置规范中标线的长度来获取标点所需的基准点。

（2）将确定的基准点在视频中标出（软件会自动给出图像坐标）并在软件的"标定基准点"一栏中写入基准点的大地坐标。此时，基准点会呈现出红色；为了保证数据的准确性，在基准点全部登录后，单击"工具"—"坐标变换"—"射影变换参数的推定"，然后界面里会生成新的基准点位置，新的基准点位置为蓝色点，如果上述的红点和蓝点基本重合，就表示坐标系设置较为准确。

（3）在视频中找到需要标定的车辆，选择车辆的行驶特征点（特征点在视频中可以一直被观测到），通过每帧对特征点的点击标定，最终得到了车辆的行驶轨迹，轨迹数据主要包括车辆的位置、速度和加速度信息。为降低手动标定的误差，可以使用软件自带的曲化功能将标定的轨迹曲线平滑处理，补全每 0.1s 的轨迹数据。图 3-2 所示为手动标定数据的标定效果。

图 3-2　手动标定数据的标定效果

2. 自动标定软件 labelImg

自动标定软件 labelImg 获取数据的步骤如下：

（1）将标定视频转成图片（图 3-3）。

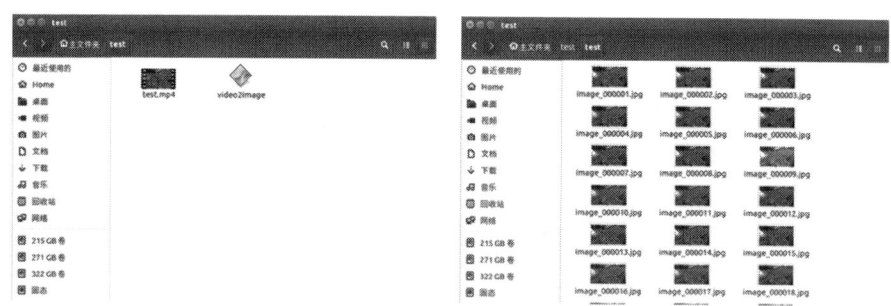

图 3-3　将标定视频转成图片

（2）用 labelImg 对图片进行标定，需要标定的是待跟踪目标的初始位置，标定之前通过修改 labelImg 安装路径下的文件来预先定义目标类别（M—机动车辆，N—非机动车辆，P—行人），标定效果如图 3-4 所示。

图 3-4　labelImg 使用说明（图中标定了 4 个机动车辆的初始位置框）

（3）找到比较符合试验条件的车辆。首先，建立一个文档 ID；其次，根据之前标定的待跟踪目标的初始位置利用卡尔曼滤波算法（KCF）对运动车辆进行跟踪，直至所有目标脱离视野；最后，将标定车辆的运动信息逐帧保存下来。将跟踪结果同步绘制在图像上，得到动态要素轨迹跟踪效果，如图 3-5 所示。

图 3-5　动态要素轨迹跟踪效果

3. 自动标定软件 George2.1

试验对视频中的车辆采用软件 George2.1 进行数据标定，由于不考虑其他因素的影响，被标定的试验车辆尽量选择常见的乘用车（尽量保证其尺寸与仿真系统车辆一致）和尽量选择被干扰小的时间段进行标定。最后，标定推算出来的数据包括大地位置坐标、横向速度和加速度值、纵向速度和加速度值、行驶轨迹曲率值等。获取数据的步骤如下：

（1）为保证试验数据的有效性和准确性，要选择一个好的观测点，并保证录视频过程中不出现晃动，最终选择了在能清楚地俯拍整个交叉口的高楼建筑上安装摄像机；同时，要在交叉口现场采集 5~8 点的大地坐标（大地坐标原点自行确定），后面称作基准点。

（2）将拍摄的视频存成 avi 格式导入软件 George2.1，然后将确定的基准点在视频中标出（软件会自动给出图像坐标），并在软件的"标定基准点"一栏中写入基准点的大地坐标，此时基准点会呈现出红色；为了保证数据的准确性，在基准点全部登录后，单击"工具"—"坐标变换"—"射影变换参数的推定"，然后界面里会出现相对应的几个蓝点，如果上述的红点和蓝点重合，就表示标定的坐标很准确。

（3）找到比较符合试验条件的车辆，首先，建立一个文档 ID；其次，选择试验车辆的特征点（每次点击此特征点），依次在视频中点击生成车辆行驶轨迹。记录结束后，在 video 图像上右键单击"轨迹记录完毕"。为消除手动误差，可以对生成的轨迹进行曲化，软件会自动补完每 0.1s 内的数据，结果显示在"目标轨迹（推算值）"面板内，包括车辆的加速度、速度和位置等信息。图 3-6 所示为视频标定软件中"标定基准点"的设定以及标定的左转车辆和对向直行车辆的轨迹观测值与实际行驶轨迹推定值。

第3章 数据采集与预处理

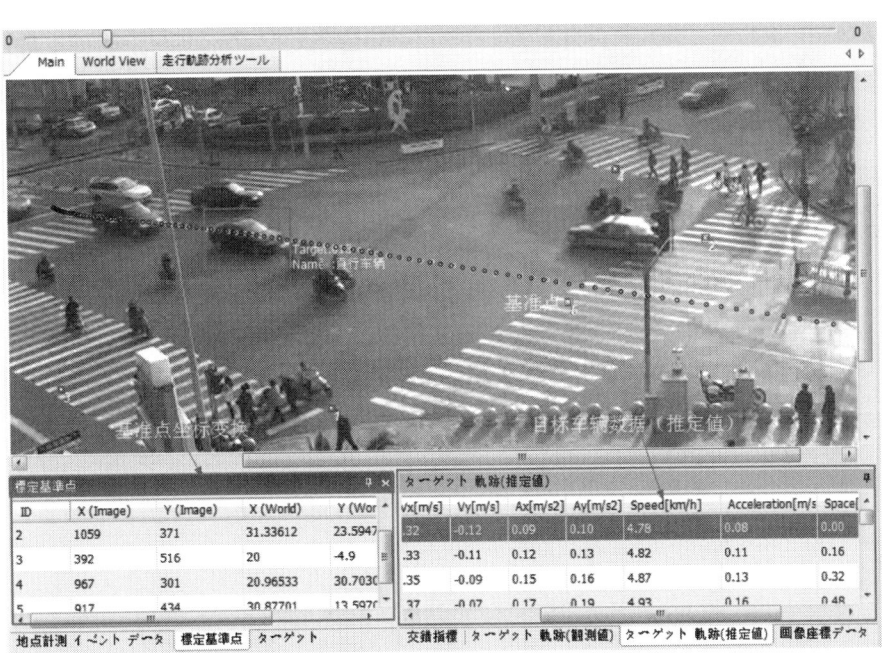

(a)

(b)

图3-6 提取标定车辆的行驶轨迹数据与标定软件
(a) 基准点标定和直行车辆数据提取；(b) 左转车辆标定数据

3.2 基于实车采集平台的数据采集方法

3.2.1 实车采集平台搭建

路口采集数据中的车载传感器数据通过实车采集平台（图3-7）得到，试验车辆为北京理工大学智能车辆研究所比亚迪"速锐"线控智能车辆和比亚迪"唐智"智能车辆。

(a) (b)

图3-7 实车采集平台

(a) 比亚迪"速锐"线控智能车辆；(b) 比亚迪"唐智"智能车辆

所用的传感器主要有激光雷达、ESR毫米波雷达、摄像机、差分GPS、惯性导航等，如图3-8所示。

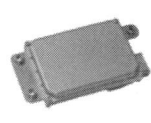

图3-8 环境信息采集传感器

对于车辆采集平台（图3-9），首先，需要在车顶中央水平布置一个32线激光雷达用于完成信号灯、路边沿、路标等静态障碍物检测与车辆、行人等动态障碍物检测任务。其次，要在车顶中央激光雷达正下方水平安装一个单目摄像机用以完成车道线、标志物识别以及静态障碍、动态障碍等障碍物识别任务。此外，在车顶中央单目摄像机两旁同样水平布置一对双目摄像机用来提供距离信息，在车引擎盖前方安装一台ESR毫米波雷达用来检测前车距离、速度等信息并加装了一个8线激光雷达用以辅助感知，然后在车顶后方安装两个卫星导航天线，之间相隔一定距离用以提供车辆位置与航向信息。最后，在车辆后天线下方水平布置一台惯导用以提供车辆位姿与加速度信息。由于路口环境较为复杂，因此所有车外传感器均需要在不影响其感知的前提下安装防护罩。地平线相机安装在车辆的前挡风玻璃处（图 3-10），地平线相机坐标系与车体坐标系一致，原点位于车辆后轴中心处，x 轴指向车辆正前方，y 轴指向车辆正左方，z 轴指向车辆正上方。

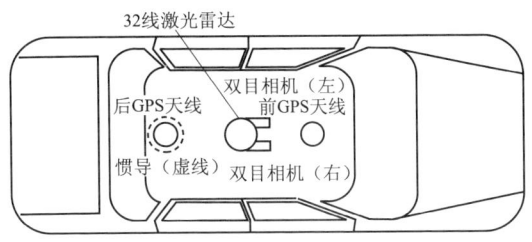

图 3-9　车载传感器布置方案

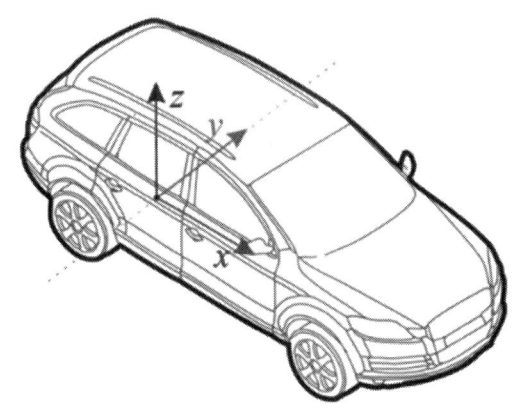

图 3-10　地平线相机坐标系

路口动态要素运动数据可以通过地平线相机采集得到，也可以通过动态要素检测、跟踪与定位算法得到。车载传感器数据具体包括图像数据［无标定框的原始图像（格式为 avi）和有标定框的图像（格式为 avi）的图像数据］和时间戳、动态要素类型、动态要素 ID、动态要素在车体系下的三轴距离、动态要素在车体系下的三轴速度的文本数据。

3.2.2　动态要素检测、跟踪与定位

利用同步后的相机，针对车辆、行人以及非机动车这些动态要素进行检测。单纯通过相机进行多目标检测和跟踪会由于丢失深度信息而导致无法获得

动态要素的三维信息，从而难以获取目标距离，然而，仅使用激光雷达数据则会由于缺少动态要素类别信息，并且只能利用到激光雷达的几何测量信息，从而导致容易出现误检和误匹配等，因此应使用基于激光雷达和视觉融合的多动态要素检测与跟踪系统框架，如图3-11所示。

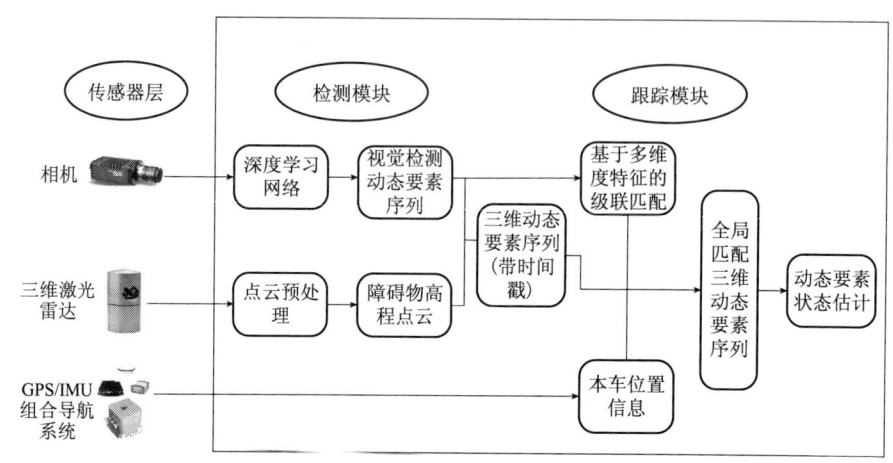

图3-11 多动态要素检测与跟踪系统架构

多动态要素检测与跟踪系统主要包括检测模块和跟踪。检测模块中，单目相机获取彩色图片后，首先，经过深度学习网络，得到视觉检测的二维动态要素序列，三维激光雷达获取的点云先经过点云预处理，然后得到障碍物高程点云，再对检测结果进行关联，从而得到带时间戳的三维动态要素序列；跟踪模块中，主要包括多动态要素数据关联即多动态要素匹配和动态要素状态估计工作，其中多动态要素数据关联得益于视觉信息的输入，不同于传统利用激光雷达中最近邻方法进行匹配，而是利用多维度的视觉特征来完成级联匹配，大大提高了匹配准确度，结合关联的三维动态要素序列加上本车位姿信息的输入，可以得到全局匹配的三维动态要素序列，以此作为测量量来实现动态要素状态估计。其视觉匹配结果如图3-12所示。

途中，检测框左上角的两个数字分别是动态要素ID号和跟踪次数。可以看出，跟踪结果基本上保持稳定状态，但在复杂的城市道路交叉口场景中，仍存在一定的误匹配现象。

在相机图像中检测得到的动态要素二维包围框需要在激光雷达或者车体坐标系下进行动态要素定位才能真正获得动态要素检测信息，以供驾驶员建模使用。采用激光雷达和视觉融合进行动态要素定位，得到目标在车体坐标系下的局部检测定位结果，如图3-13所示。其步骤如下：

图 3-12 视觉匹配结果

图 3-13 目标在车体坐标系下的局部检测定位结果

（1）对相机和激光雷达进行联合标定，获得相机与激光雷达之间的旋转平移矩阵。

（2）将激光雷达点云经过旋转、平移变换投到图像上。

（3）根据目标检测网络获得目标的 Bounding Boxes 的坐标，然后取出 Bounding Box 内对应的点云。

（4）为将非目标上的点云去除，对点云进行聚类，获得在目标上的点云，即获得了目标相对于车的 x,y,z 距离信息。

3.3 基于虚拟仿真环境的试验数据采集方法

3.3.1 虚拟驾驶试验前准备

1. 车辆换道行为仿真试验

换道仿真试验中,共招募了 21 名驾驶人参与模拟仿真试验数据采集。样本年龄介于 23~50 岁,平均 35.25 岁(标准差 SD = 9.86),样本中有 17 名男性(80.95%)和 4 名女性(19.04%)。驾龄分布范围为 3~25 年,平均驾龄为 13.21 年(标准差 SD = 8.29)。驾驶员在试验前被安排 20min 的试驾来熟悉模拟车辆的性能(图 3-14)。在正式试验过程中,不告知本次试验的目的以及所需采集的数据,而且每位驾驶员的试验过程完全一样,要求其按照日常习惯自由地进行驾驶,根据道路交通情况进行合理的驾驶决策,确保试验数据的真实性和可靠性,避免了驾驶员刻意迎合试验数据的现象发生。

图 3-14 驾驶员模拟仿真试验

2. 车辆汇入行为仿真试验

汇入仿真试验中,选择了 46 名驾驶员进行测试,其中包含了 30 名男性(65.2%)和 16 名女性(34.8%)。样本年龄范围介于 20~60 岁,20~30 岁的驾驶员占比为 56.53%,31~40 岁占比为 34.78%,41~50 岁占比为 6.52%,51~60 岁占比为 2.17%。驾龄分布区间为 3~20 年,平均驾龄为 10.21 年(标准差 SD = 8.29)。

试验场景中设定包括强制汇入、选择性汇入、加速汇入、减速汇入、干扰汇入多种汇入场景。在试验中,首先,让驾驶员行驶一定的里程,以熟悉试验操作环境;其次,进行试验时,需要驾驶员根据周边环境和干扰车的变化进行汇入行为决策。

3. 车辆城市道路交叉口行为仿真试验

城市道路交叉口仿真试验中，采集了经验驾驶员在虚拟仿真平台 PreScan 中的驾驶数据。为了保证虚拟驾驶数据的有效性和可用性，试验通过 PreScan OpenStreetMap 模块成功导入了剑河路和仙霞西路城市道路交叉口的实际路网结构。

虚拟仿真平台 PreScan 综合传感器可以与现有的驾驶模拟器硬件和软件连接，从而进行 HIL（Hardware-in-the-Loop）和驾驶模拟器测试。本次试验使用的驾驶仪硬件包括方向盘罗技 G29，动力操纵装置和换挡装置。在车辆 Object configuration 设置中，驾驶员模块选择 Man-in-the-Loop（Force Feedback）输入。本次虚拟驾驶试验总共选择 6 名且均有一到两年驾龄的试验人员，在同一城市交叉路口环境下反复进行训练，保证为后面的决策算法系统提供充足的验证数据。在驾驶过程中，通过 Matlab/Simulink Simout 模块存储本车驾驶姿态信息，周围环境车辆的速度、位置坐标等数据。驾驶员具体的训练过程如图 3-15 所示。

图 3-15　虚拟试验场景驾驶

3.3.2　仿真试验数据采集

试验中采集的数据主要有：车辆运动参数和驾驶员基本信息，车辆运动参数包括本车和周边车辆的位置、速度、加速度、方向盘转角等数据。驾驶员基本信息数据，包括年龄、行驶里程、驾龄等基本资料。本书试验中车辆运动参数主要通过在 Simulink 模型中的 To File 和 To Work-space 模块实现数据采集和存储，通过问卷调查获得驾驶员基本数据。Simulink 采集数据频率为 100 Hz，在数据预处理过程中，根据换道模型及车辆运动学原理剔除部分失真数据并将数据频率变为 20 Hz。

3.4 实际场景数据采集实例

3.4.1 北京市西三环花园桥地铁站附近的汇入路口数据采集

为了更好地研究驾驶员的汇入行为以及验证汇入决策模型的可行性，本书汇入行为研究中选择北京市西三环花园桥地铁站附近的汇入路口作为汇入行为的视频录制路段，所选区域路段形式基本符合道路设计规范。该研究区域为西三环辅路与主路的交汇处，三环主路为双向六车道，辅路为单向三车道并偶尔存在机非混合现象，中央隔离带为绿色灌木丛，路段交通标志齐全，在高峰期，主路会产生拥堵现象。本书开展的研究录制时间选择主路非高峰时段进行录制，可以有效观察分析驾驶员的汇入行为，并为后续的汇入决策研究提供有效数据。

本书开展的研究所使用的视频采集设备为 Sony 系列摄像机（DV），像素为 500 万，视频拍摄为 720p，30 帧/s。首先，在世纪经贸大厦 26 楼的窗口处设置了视频采集设备，并反复调整视频录制角度，保证录制视频能够清楚再现车辆的汇入过程。拍摄过程中需要注意以下两点：

（1）DV 拍摄角度尽量垂直地面，减少图像处理以及坐标转换误差。

（2）拍摄范围尽可能包含整个汇入路段。本次摄像机的视角范围可拍摄到路段的 75m 左右。

3.4.2 北京市北三环西路辅路汇入北三环主路数据采集

北三环主路为双向六车道，平均车速较高，混合交通出现情况较低，交通流量随时间变化呈现一定的周期变化，如早晚高峰车流密度较大，甚至会出现道路拥堵情况。该汇入场景是从北三环西路辅路汇入北三环主路，有 120 m 长的加速车道，车道宽度为 3.5 m，位于北京理工大学北门东侧，有一条加速车道，属于典型的辅路汇主路的城市汇入场景，能够较好地代表城市快速路汇入的普遍状况。视频拍摄时间为 2016 年 12 月 16 日的 14 点—16 点，可以有效地观察和分析驾驶员的汇入行为，为仿真环境的搭建与策略方法的验证提供了有效数据支持。

摄像机架设地点位于道路对侧居民楼 15 层窗口处，反复调整视频录制角度，保证了拍摄的界面能完整地记录汇入车辆的换道过程。拍摄的汇入路段情况如图 3-16 所示，框图表示汇入行为的发生区段。

图 3-16　拍摄的汇入路段情况

3.4.3　北京市魏公村路交叉口数据采集

实际数据采集工作开始前,先进行了北京市部分城市道路交叉口调研工作,以确定大规模采集方案的采集地点、采集路线以及采集时间。作为路基和车载同步采集的城市道路交叉口场景,本书开展的研究选择了魏公村路交叉口,魏公村路交叉口是典型的有信号灯十字交叉口,南北方向有左转待转车道,并没有左转车辆和对向直行车的时空冲突可能,而东西方向左转和直行共用一个红绿灯,容易发生左转车辆和直行车辆冲突的可能,车流量较大的时刻容易造成拥堵。

为训练和测试无人驾驶车辆城市道路交叉口周边车辆轨迹预测模型,本书开展的研究采用视频数据标定的方法分析和提取了北京市海淀区魏公村路交叉口的车辆数据。在观测时间段内,尽量选择车流稳定且易于标定的时间,便于观察和研究城市道路交叉口车辆的穿越行为,为预测模型的训练和测试提供准确有效的试验数据。

根据 2009 年 10 月 1 日起实施的公路交通标志和标线设置规范 JTG D82—2009(交通部,2009 年 7 月 28 日发布)对人行横道线(斑马线)做了规定。斑马线基本长度为 3~5m,应该横跨人行道外的道路斑马线每条的宽度在 45 或 60cm。对魏公村路口实地考察发现,路口的斑马线长度为 5m,宽度为 45cm,每条车道的宽度是 3m。这些道路属性为后续标定的基准点设置和静态要素实体建模提供了理论依据。

试验中搭建的摄像机位于理工科技大厦 16 楼处,摄像机的视角如图 3-

17所示，在进行拍摄之前反复调整摄像头的角度和摄像机的高度，保证正确的拍摄角度和清晰的拍摄画面，以利于标定工作的顺利进行。

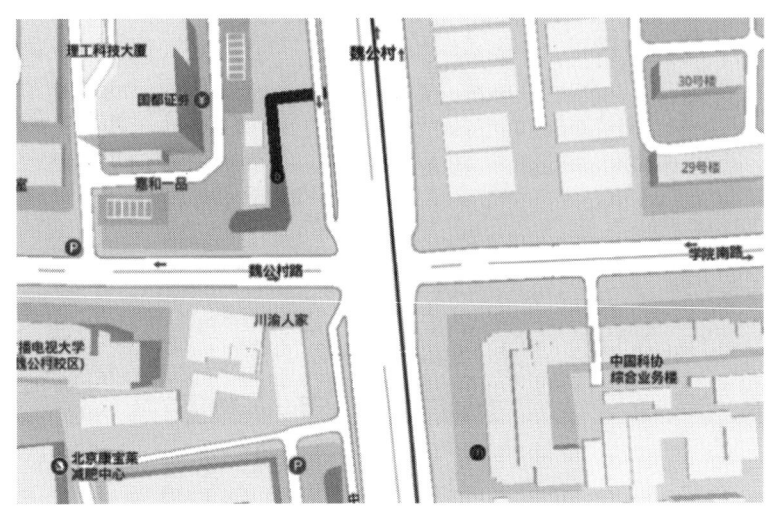

图3-17　实际城市道路交叉口道路地图

图3-18所示为一段城市交叉口周边车辆轨迹数据采集过程的一帧图，展示了具有代表性的交叉口车流密度的情况，使提取的数据更加系统与全面。其中方形框框住的车辆是实车采集平台，椭圆形框框住的车辆是周边的运动车辆，可以发现在该城市道路交叉口直行车辆与左转车辆有发生冲突的可能性。

3.4.4　上海市长宁区剑河路和仙霞西路交叉路口数据采集

为了训练和测试无人驾驶车辆交叉口穿越行为决策提供有效准确的仿真数据，本次研究采用视频数据标定的方法分析和提取了上海市长宁区剑河路和仙霞西路交叉口的车辆数据，其地图如图3-19所示。本次拍摄视频的时间是下午3:00—5:00，研究的对象是由交叉路北出口驶入东入口的左转车辆与对面直行车辆，且不考虑行人、交通信号灯及非机动车对试验的影响。该交叉口是双向四车道的典型城市交通场景，能较为普遍地代表城市交叉口车辆的穿越行为。在观测时间段内，尽量选择车流稳定且易于标定的时间，便于观察和研究交叉口车辆的穿越行为，为整个决策系统的仿真和测试提供准确有效的试验数据。

试验中搭建的摄像机位于该交叉路口东北角的居民楼10楼处，在进行拍摄之前反复调整摄像头的角度和摄像机的高度，保证正确的拍摄角度和清晰的拍摄画面，便于标定工作的顺利进行。图3-20所示为选取不同时间段并且左

图 3-18 数据采集过程

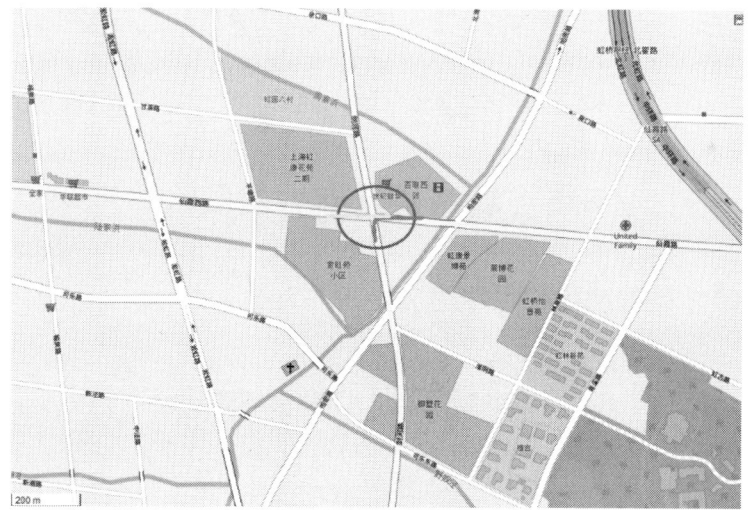

图 3-19 实际交叉口道路地图

转车辆比较顺畅、稳定地完成穿越行为的情形,图中截取了具有代表性的交叉口各种车流密度的情况,更好地展示交叉口的交通流状况,使提取的数据更加系统与全面,使仿真结果更具真实性。其中矩形方框内的车辆表示目标直行车辆,椭圆方框内的车辆表示目标左转车辆。

图3-20 不同车流密度下标定的左转和直行车辆情况

3.5 数据预处理方法简介

3.5.1 指数加权移动平均法

指数加权移动平均（Exponential Weighted Moving Average，EWMA）方法是以依次递减的形式对样本数据加权，让离目标均值最近样本数据的权重最高，使边缘样本数据的权重最小。具体的表达如式（3-6）所示。

$$\begin{cases} x'_a(t_j) = \dfrac{\sum_{i=j-H}^{j+H} x_a(t_i) \times \mathrm{e}^{-|j-i|/D}}{\sum_{i=j-H}^{j+H} \mathrm{e}^{-|j-i|/D}} \\ H = \min\{N_a - j, \ 3_D, \ j - 1\} \end{cases} \quad (3-6)$$

式中，$x_a(t_i)$ 表示在给定 j 时，$i = j - H$ 对应的 t_i 时刻的特征车辆原始数据；$x'_a(t_j)$ 表示在 t_j 时刻的数据处理后的拟合值；$j = 1 \cdots N_a$，N_a 表示车辆轨迹数据的点位置；H 为考虑边界条件的平滑窗口宽度；$D = T/\mathrm{d}t$ 为平滑宽度，由于轨迹数据的采集频率 $\mathrm{d}t$ 为 0.1s，因此 $D = 10T$。

3.5.2 对称指数移动平均法

对称指数移动平均法（Symmetric Exponential Moving Average Filter，sEMA）是由 Thiemann 等。在利用 NGSIM 车辆轨迹数据研究加速度和换道行为时提出的。在研究中，他们注意到，通过求一阶导数和二阶导数得到的速度和加速度值远远超过车辆性能和人体所承受的界限值。为消除这种不合理性，他们建立了对称指数移动平均法，对车辆的纵向轨迹以及通过求导得到速度和加速度进行移动平均。在之后的 NGSIM 车辆轨迹数据研究中，这种方法得到了广泛应用。

3.5.3 卡尔曼滤波

卡尔曼滤波（Kalman Filtering）是一种利用线性系统状态方程，通过系统输入输出观测数据，对系统状态进行最优估计的算法。由于观测数据中包括系统中的噪声和干扰的影响，因此最优估计也可视为滤波过程。

数据滤波是去除噪声还原真实数据的一种数据处理技术，卡尔曼滤波在测量方差已知的情况下能够从一系列存在测量噪声的数据中，估计动态系统的状态。由于便于被计算机编程实现并能够对现场采集的数据进行实时的更新和处理，卡尔曼滤波是目前应用最为广泛的滤波方法，在通信、导航、制导与控制等多领域中得到了较好的应用。

3.5.4 粗糙集

粗糙集理论（Rough Set）是 1982 年由 Z. Pawlak 提出的处理复杂、不确定信息的数据推理方法。其能够在不需要数据之外的任何先验信息条件下直接对数据进行处理。在处理过程中粗糙集理论剔除弱相关、不相关信息，分析、提取出与决策相关的关键影响因素并归纳总结出关键影响因素与决策的内在联系，生成决策规则。

在图 3-21 所示的知识的演进过程中，粗糙集可以通过对原始数据进行离散、数据获取、约简、决策生成等一系列行为，完成由数据到知识的转化。

粗糙集理论基本原理为：将数据决策系统用四元组 $S = (U, A, V, f)$ 表示，其中 U 为论域集合；A 为属性集合；$V = U_{a \in A} V_a$，V_a 是属性 a 的取值构成的集合；$f: U \times A \rightarrow V$ 为信息函数，对于任意 $x \in U$，$a \in A$，有 $f(x, a) \in V_a$。

粗糙集的决策步骤分为：集合近似与粗糙集，数据的约简，规则的获取与决策。

1. 集合近似与粗糙集

给定车辆决策信息系统 $S = (U, A)$，U 为车辆决策过程中的周边环境因

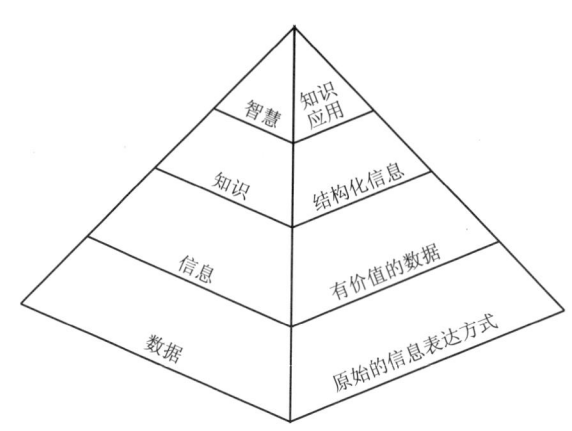

图 3-21 知识的演进过程

素集合，A 为无人车行驶过程中的决策集合，对于任意一个周边环境集合 $X \subseteq U$ 以及决策属性集合 $B \subseteq A$。

定义 X 的 B 下近似为：$\underline{B}X = \{x \mid [x]_B \subseteq X\}$

X 的 B 上近似为：$\overline{B}X = \{x \mid [x]_B \cap X \neq \emptyset\}$

X 的 B 负区定义为：$\mathrm{NEG}(X) = U - \overline{B}X$

X 的边界区定义为：$BN_B(X) = \overline{B}X - \underline{B}X$。

若 $BN_B(X)$ 为非空集合，则说明采用集合 X 可以表示对 B 的决策，称 X 为 B 的粗糙集。

2. 数据的约简

系统 $S = (U, A)$ 中，若选择出一个集合 $B \in A$，当满足 $\mathrm{IND}(A) = \mathrm{IND}(B)$ 的条件时，则称 B 为系统的约简。给定系统 $S = (U, C \cup D)$。其中，C 是条件属性，D 是决策属性，$B \subset C$，则有：

$$\mathrm{POS}_B(D) = \{\underline{B}X \mid X \in U/\mathrm{IND}(D)\}$$

其中，$U/\mathrm{IND}(D)$ 为 D 对 U 划分所得到的等价类集合。

设 $a \in C$，若有 $\mathrm{POS}_C(D) = \mathrm{POS}_{C-\{a\}}(D)$，则称 a 为 C 中 D 可省略。若 C 中的所有元素都不为 C 中 D 可省略时，则称 C 为 D 独立；若 $C' = C - C^*$ 为 D 独立，且 C' 中的每个元素都为 D 可以省略时，则 C' 为 C 的 D 相对约简。相对约简从分类的角度来说，是采用一组分类来表达另一种分类所必不可少的属性集合。

3. 规则的获取与决策

根据粗糙集理论，可以采用决策表的方法来表达知识库。构造好的决策表中，存在着冗余属性与决策属性。需要在保证决策属性对决策影响不变的前提下，对冗余属性进行剔除，最终形成处理后的决策表。

3.6 数据预处理实例

3.6.1 北京市西三环花园桥地铁站附近汇入路口数据预处理

选择在下午 13：00—14：00 历时 1h 全面地记录了整个汇入路段的车辆运行情况，如图 3-22 所示。其中，约 90% 是小型汽车，大型车辆所占的比重较少，而且在汇入过程也是以小型汽车为主。为了方便提取车辆的汇入数据，本书研究选择小型汽车作为汇入行为的研究对象。

图 3-22 中汇入口的有效宽度为 3.5 m，加速车道长 60 m；主干道为双向六车道，每车道宽 3.75 m；匝道为单车道，每车道宽 3.5 m。

为获取车辆的速度、汇入间隙、汇入点分布等驾驶行为参数，事先在拍摄路段的主干道、加速车道路侧选取合适的路灯、栏杆、白色车道分界线等作为参考点，并用激光测距仪实地测量了参考点之间的相对距离作为视频坐标转换为实地坐标的基准坐标。

图 3-22 整个汇入路段的车辆运行情况

根据汇入视频所记录的车辆汇入时间间隔截取车辆汇入过程的视频，在坐标转化过程中，首先，选取所有的参考点并在视频中标定；再获取这些点的视频坐标；然后在所有的参考点中选取其中一个作为坐标原点，获得其他参考点的实地坐标，最后通过 Matlab 数据拟合可以求出所有的系数。该方法基本可以保证数据预处理后的误差小于 0.5m。在数据处理过程中，每隔 5 帧的图像间隔（0.2s）获取一次汇入过程中相关车辆的位置信息，得到汇入过程相关车辆的位移随时间的变化数据并通过车辆前后 0.2s 的位移差求得车辆速度，前导车辆和后随车辆的相对车辆间距通过计算两车实时位移之差可得。车辆的实地坐标主要通过以下转化公式获取。

$$X_r = \frac{C_1 + C_2 * X_s + C_3 * Y_s}{1 + C_4 * X_s + C_5 * Y_s} \qquad (3-7)$$

$$Y_r = \frac{C_6 + C_7 * X_s + C_8 * Y_s}{1 + C_4 * X_s + C_5 * Y_s} \qquad (3-8)$$

视频坐标 (X_s, Y_s) 的实地坐标为 (X_r, Y_r)，$C_1, C_2 \cdots C_8$ 为坐标转化公式的系数。通过坐标转化公式（3-7）和式（3-8）计算，从而得到汇入车辆的实际数据，包括车辆速度、汇入间隙、相对车间距、汇入时间等数据。

3.6.2 北京市北三环西路辅路汇入北三环主路数据预处理

对城市快速路汇入场景微观交通数据采集可以分析交通流运行特征，用来标定仿真参数，使交通仿真更加贴近真实环境。表3-1为汇入车辆的部分轨迹数据。

表3-1 采集轨迹数据示例

时间/s	横向坐标/m	纵向坐标/m	速度/(m·s^{-1})	加速度/(m·s^{-2})
0.1	18.00	211.65	9.84	-0.21
0.2	17.88	212.63	9.82	0.06
0.3	17.77	213.61	9.83	0.04
0.4	17.65	214.60	9.83	0.06
0.5	17.53	215.58	9.83	-0.15
0.6	17.42	216.57	9.76	-0.99
0.7	17.30	217.55	9.61	-2.04
0.8	17.20	218.50	9.39	-2.55
0.9	17.11	219.42	9.17	-2.00
1.0	17.04	220.32	9.04	-0.66

根据时间、车辆位置、车速、加速度等信息可以完整地描述整个汇入过程，同时，通过计算可得出相对距离、相对速度、碰撞时间、车头时距等影响汇入行为的参数值。剔除换道协同汇入行为，本书开展的研究从1h的视频数据中分析得到20组汇入微观驾驶数据，共标定62个车辆的驾驶轨迹。在拍摄时间段内，主线交通流处理稳定状态，标定车辆平均车速为50.4km/h，平均车头时距为25m，平均车头时距大约为7.9s，单车道车流量为2016辆/h。

3.6.3 NGSIM US101 数据集预处理

Next Generation SIMulation（NGSIM）项目收集真实世界车辆轨迹数据是为

了支持微观层面的驾驶员行为算法的开发。为有效验证无人驾驶车辆汇入策略方法在城市高速路环境下的泛化能力，本书选取美国国道101（US101）的车辆轨迹数据为研究目标。US101 数据集是 NGSIM 研究人员在 2005 年 6 月 15 日采集的数据，每 0.1s 更新一次轨迹数据，整个过程共有 45 min，分为三个 15 min 的时间段：上午 7：50—8：05；8：05—8：20 以及上午 8：20—8：35。US101 位于加利福尼亚州洛杉矶，也称好莱坞高速公路。如图 3-23 所示，研究区域长约 640 m（2 100ft），主线包含 5 条车道，交织区有一条长约 213 m 的并行匝道。在 45 min 的观测过程内，主线车流逐渐拥堵，速度在 0～24 m/s 之间变化，平均值约为 11 m/s，上匝道的汇入车辆的平均速度约为 12 m/s。

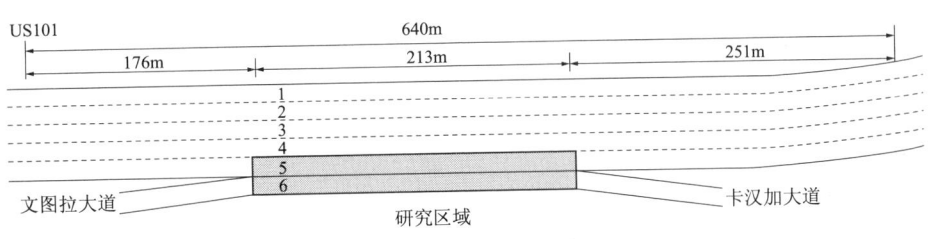

图 3-23 US101 观测路段

US101 的轨迹数据包括了车辆纵、横向位置，速度和加速度以及车辆所在车道的其他信息，如所属车道内前方车辆和后方车辆的车辆 ID 和车头间距等微观交通数据。通过车道 ID 的变换，可以获取车辆在某个时间段内的换道微观交通数据，同时根据前后车辆 ID 的变换获取目标车道的车辆运动状态，从而完整地描述观测期内汇入车辆从加速车道合并到主线车道的运动过程。表 3-2 展示了车辆 ID 为 97 的汇入车辆从加速车道（车道 ID 为 6）合并到主线车道（车道 ID 为 5）的一部分数据信息，其中距离单位为 ft，时间单位为 s。除了车辆轨迹数据之外，US101 数据集还包含计算机辅助设计和地理信息系统文件、空间正射校正照片、循环探测器数据、原始处理视频、天气数据和汇总数据分析报告等。

表 3-2 US101 高速公路数据示例

车辆 ID	帧数	横向位置	纵向位置	速度/$(m \cdot s^{-1})$	加速度/$(m \cdot s^{-2})$	车道	前方车辆	后方车辆	车头间距/m	车头时距/s
97	427	59.17	859.34	55.18	9.79	6	90	118	71.67	1.30
97	428	58.84	864.91	56.08	8.90	6	90	118	71.44	1.27
97	429	58.43	870.58	56.82	6.17	6	90	118	71.17	1.25
97	430	57.93	876.31	57.38	4.33	6	90	118	70.90	1.24
97	431	57.44	882.07	57.87	4.90	6	90	118	70.71	1.22

续表

车辆ID	帧数	横向位置	纵向位置	速度/$(m \cdot s^{-1})$	加速度/$(m \cdot s^{-2})$	车道	前方车辆	后方车辆	车头间距/m	车头时距/s
97	432	56.94	887.87	58.44	6.72	5	82	100	129.81	2.22
97	433	56.45	893.76	58.92	4.02	5	82	100	129.53	2.20
97	434	55.98	899.70	59.06	−0.83	5	82	100	129.20	2.19
97	435	55.50	905.61	59.08	−0.85	5	82	100	128.89	2.18
97	436	55.03	911.49	59.19	2.54	5	82	100	128.60	2.17

从US101数据集中获取的轨迹数据是通过定制视频分析软件提取，存在系统误差和标定误差。为减少数据的噪声，获取较为平滑和精确的轨迹数据，本节使用对称指数移动平均法对原始数据进行相应处理。

$$\begin{cases} x'_a(t_j) = \dfrac{\sum_{i=j-H}^{j+H} x_a(t_i) \times e^{-|j-i|/D}}{\sum_{i=j-H}^{j+H} e^{-|j-i|/D}} \\ H = \min\{N_a - j, 3_D, j-1\} \end{cases} \quad (3-9)$$

式中，$x_a(t_i)$表示在给定j时，$i=j-H$对应的t_i时刻的特征车辆原始数据；$x'_a(t_j)$表示在t_j时刻的数据处理后的拟合值；$j=1\cdots N_a$，N_a表示车辆轨迹数据的点位置；H为考虑边界条件的平滑窗口宽度；$D=T/dt$为平滑宽度，由于轨迹数据的采集频率dt为0.1s，因此$D=10T$。

图3-24以车辆ID为97的车辆为例，展示了原始数据平滑处理。其中，$T_a=2s$，$T_v=1s$，$T_x=2s$。

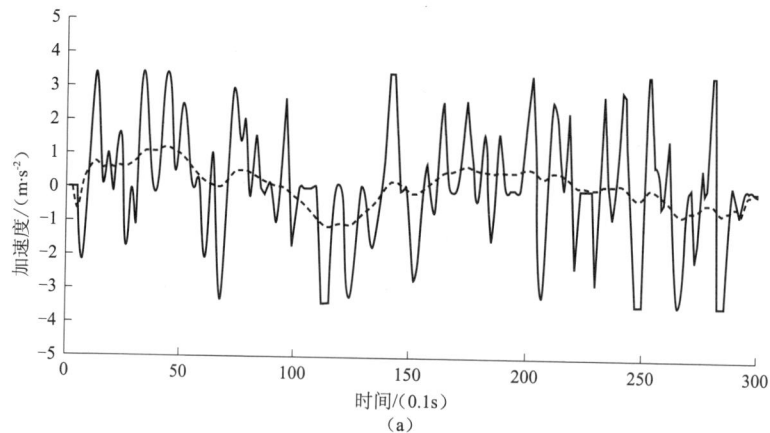

图3-24 原始数据平滑处理
(a) 加速度平滑处理

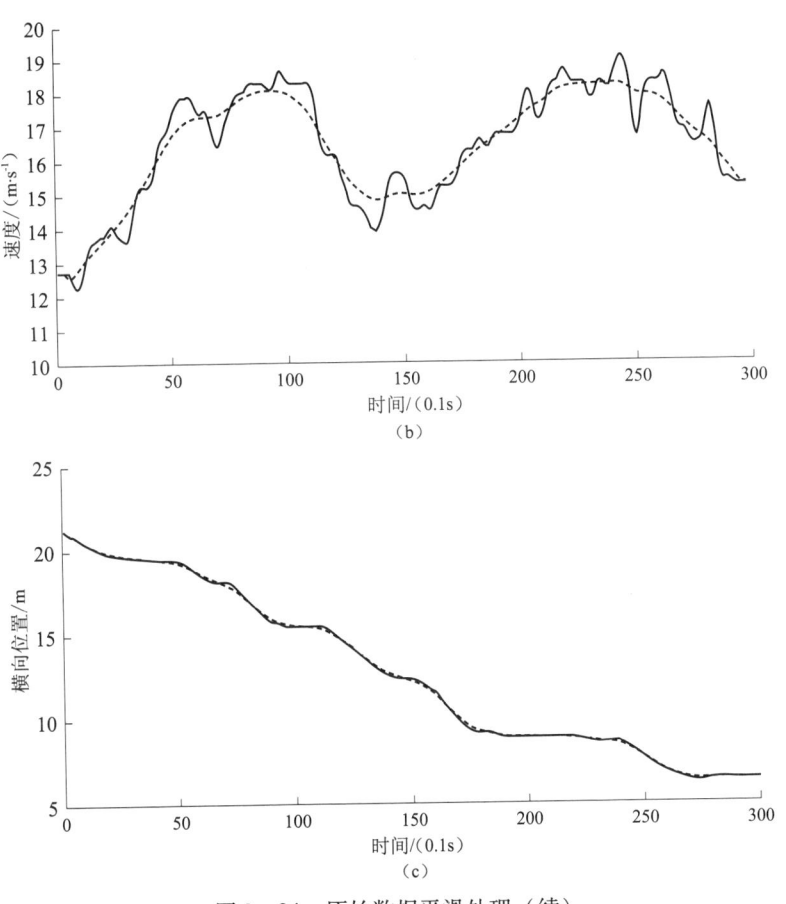

图 3-24 原始数据平滑处理（续）
(b) 速度平滑处理；(c) 横向轨迹平滑处理

剔除协同换道行为后，本书开展的研究从 US101 数据集中提取了 30 组小轿车汇入数据，总共处理了 135 个车辆的驾驶行为数据。汇入时间在 2.8 ~ 13.8 s，平均换道时间约为 6.9 s。

3.6.4 北京市三环内汇入口仿真试验数据预处理

本书采用粗糙集的方法，对汇入行为规则进行提取，其方法如下。

首先对表 3-3 所示的原始汇入行为决策数据进行离散化，采用等距划分的方法，采用表 3-4 所示的断值点，将原始数据的条件属性、决策属性同时离散化。最终得到离散后的决策表如表 3-5 所示，V_{lead} 表示主车道前方车辆车速（m/s），V_{lag} 表示主车道后方车辆车速（m/s），V_{sub} 表示汇入车辆速度，

D_{lag} 表示汇入车辆与主车道后方车辆的相对距离，D_{lead} 表示汇入车辆与主车道前方车辆的相对距离，a 表示汇入车辆的加速度。

表 3-3　汇入过程中的车辆数据表

Time/s	D_{lead}/m	D_{lag}/m	V_{lead}/(m·s^{-1})	V_{lag}/(m·s^{-1})	V_{sub}/(m·s^{-1})	a/(m·s^{-2})
13.00	19.13	-2.20	10.12	8.52	12.61	-0.24
13.10	18.80	-1.53	10.18	8.44	12.91	0.13
13.20	18.77	-1.13	10.25	8.36	13.22	0.09
…	…	…	…	…	…	…
14.00	12.84	16.76	14.67	10.20	14.51	-3.74
14.10	12.86	17.37	14.77	10.52	14.54	-3.36
14.20	12.83	16.07	14.57	10.14	14.57	-1.25

表 3-4　数据离散断值表

参数 \ 断值点	A	A_1
D_{lead}/m	11.83	17.52
D_{lag}/m	-1.23	9.98
V_{lead}/(m·s^{-1})	11.58	14.03
V_{lag}/(m·s^{-1})	8.68	9.75
V_{sub}/(m·s^{-1})	12.89	14.22
a/(m·s^{-2})	-2.51	-1.16

表 3-5　汇入行为规则表

Time/s	D_{lead}/m	D_{lag}/m	V_{lead}/(m·s^{-1})	V_{lag}/(m·s^{-1})	V_{sub}/(m·s^{-1})	a/(m·s^{-2})
13.00	C	A	B	A	A	C
13.10	C	A	B	A	B	C
13.20	C	B	B	A	B	C
…	…	…	…	…	…	…
14.00	B	C	C	C	C	A
14.10	B	C	C	C	C	A
14.20	B	C	C	C	C	B

对表 3-5 汇入行为规则表进行约简可以得到初步的汇入行为规则，然后

对初步的汇入行为规则进行合并,就可以得到汇入行为决策规则表,如表 3 - 6 所示。

表 3 - 6   约简后的驾驶员汇入决策规则表

条件属性		决策属性	物理意义
$D_{lag}(A)$		$a(C)$	$D_{lag} < -1.23\text{m}, \Rightarrow a > -1.16\text{m/s}^2$
$D_{lag}(B)$	$V_{sub}(B)$	$a(B)$	$-1.23\text{m} < D_{lag} < 9.98\text{m}, 12.89\text{m/s} < V_{sub} < 14.22\text{m/s}$ $\Rightarrow -2.51\text{m/s}^2 a < -1.16\text{m/s}^2$
$D_{lag}(C)$	$V_{sub}(A)$	$a(A)$	$D_{lag} > 9.98\text{m}, V_{sub} < 12.89\text{m/s} \Rightarrow a < -2.51\text{m/s}^2$

粗糙集理论可以对驾驶员汇入行为规则进行分析。结果表明,在汇入车辆与主车道后方车辆相对距离较小时,车辆不会进行汇入行为。汇入车辆与主车道后方车辆的相对距离和车辆速度,影响了汇入车辆的汇入行为判断。

3.6.5 北京市魏公村路交叉口数据预处理

1. 标定基准点的选取

通过实地调研,根据已知的道路属性(斑马线的长和宽以及斑马线之间的距离),本书开展的研究选取了人行横道上的 5 个点作为基准点,可以发现标定基准点(方框)和推断基准点(圆框)基本重合,说明基准点标定的精度很高。图 3 - 25 所示分别为晴天和雨天采集场景下基准点的标定。

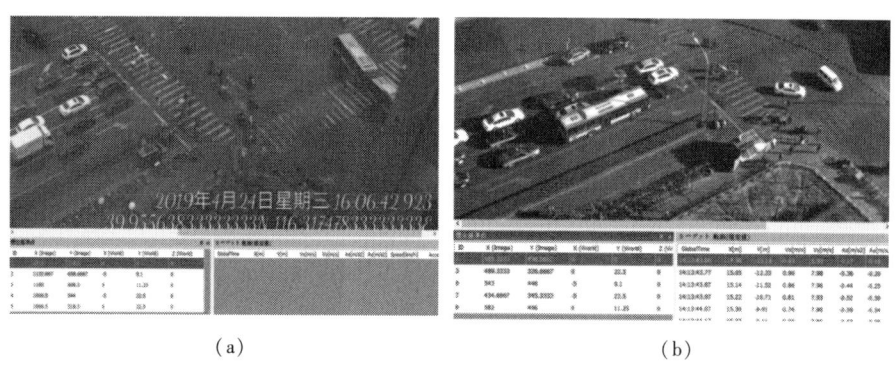

(a)   (b)

图 3 - 25 晴天和雨天采集场景下基准点的标定

(a) 晴天;(b) 雨天

2. 数据处理

本书开展的研究通过标定软件对采集到的路口视频进行标定,得到了标定车辆的位置、速度、加速度等运动信息组成的轨迹数据,每一条轨迹都是由每

无人驾驶车辆智能行为决策建模

个特征车辆行驶过程中的每个 0.1s 的大地坐标 (x, y, t) 及其运动状态（速度和加速度）的组成，轨迹数据较为完整准确地描绘了周边车辆在城市道路交叉口的穿行行为，建立后续运动模式识别模型及轨迹预测模型的基础。

通过路基数据标定结果可以得到城市道路交叉口人行横道的位置，如图 3-26 所示。以人行横道接近城市道路交叉口中心的边缘线为人行横道直线，将 4 条人行横道在大地坐标对应的直线求解得到 l_1、l_2、l_3、l_4，则根据点到直线的距离可以得到车辆位置到人行横道直线的位置 d_1、d_2、d_3、d_4。这种位置表示形式可以作为判断车辆是否穿越城市道路交叉口的判据，并且这些道路实体要素会在后续的虚拟仿真场景搭建中用到。

图 3-26 人行横道直线

4 条人行横道直线的方程分别为：
$$l_1: x = 0, \quad l_2: y = -0.0654x + 48.5043,$$
$$l_3: y = 21.1313x - 699.1790,$$
$$l_4: y = -0.0206x - 2.5758$$

由于标定获得的数据中存在标定误差，同时，基于摄像法采集的数据也会存在一定的系统误差，因此为了减小原始数据的误差给后面预测模型训练带来的较大影响，获得更加确切和平滑的驾驶训练样本数据，本书开展的研究使用对称指数移动平均法（sEMA）来处理原始数据。

sEMA 是以依次递减的形式对样本数据加权，让离目标均值最近样本数据的权重高，使边缘样本数据的权重最小。具体表达如式（3-10）所示。

$$\begin{cases} x'_a(t_j) = \dfrac{\sum_{i=j-H}^{j+H} x_a(t_i) \times e^{\frac{-|j-i|}{D}}}{\sum_{i=j-H}^{j+H} e^{\frac{-|j-i|}{D}}} \\ H = \min\{N_a - j,\ 3D,\ j-1\} \end{cases} \qquad (3-10)$$

式中，$x_a(t_i)$ 表示在给定 j 时，$i=j-H$ 对应的 t_i 时刻的特征车辆原始数据值；$x'_a(t_j)$ 表示在 t_j 时刻的数据处理后的拟合值；$j=1\cdots N_a$，N_a 表示车辆轨迹数据的点位置；H 为考虑边界条件的平滑窗口宽度；$D=T/\mathrm{d}t$ 为平滑宽度，由于轨迹数据的采集频率 $\mathrm{d}t$ 为 0.1s，因此 $D=10T$。其中部分车辆的原始数据及其处理后的数据如图 3-27 所示。

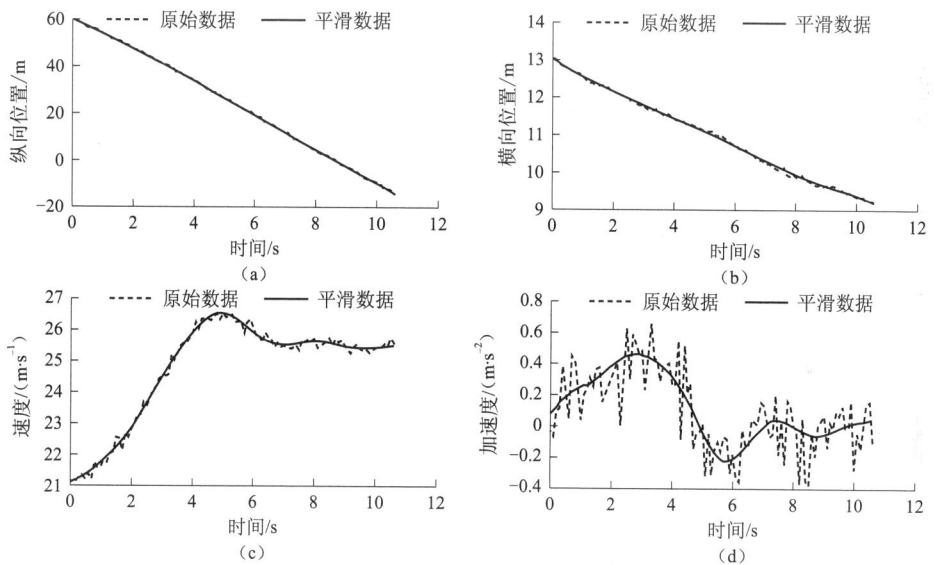

图 3-27 车辆轨迹数据预处理
（a）纵向位置平滑处理；（b）横向位置平滑处理；（c）速度平滑处理；（d）加速度平滑处理

表 3-7 和表 3-8 分别为城市道路交叉口部分左转车辆和直行车辆在平滑后的位置坐标 (x, y)、横向速度和纵向速度、加速度等数据。

表 3-7 城市道路交叉口部分左转车辆数据

时间	x/m	y/m	$V_x/$(m·s^{-1})	$V_y/$(m·s^{-1})	$A_x/$(m·s^{-2})	$A_y/$(m·s^{-2})	$V/$(km·h^{-1})	$A/$(m·s^{-2})
56：10.0	10.28	22.60	-0.30	-0.08	0.16	0.03	1.13	-0.16
56：09.8	10.25	22.59	-0.29	-0.07	0.21	0.03	1.06	-0.21

续表

时间	x/m	y/m	$V_x/$ $(m \cdot s^{-1})$	$V_y/$ $(m \cdot s^{-1})$	$A_x/$ $(m \cdot s^{-2})$	$A_y/$ $(m \cdot s^{-2})$	$V/$ $(km \cdot h^{-1})$	$A/$ $(m \cdot s^{-2})$
56:09.9	10.23	22.59	-0.26	-0.07	0.26	0.04	0.98	-0.26
56:10.0	10.20	22.58	-0.24	-0.07	0.31	0.05	0.88	-0.31
56:10.1	10.18	22.57	-0.20	-0.06	0.36	0.07	0.76	-0.37
56:10.2	10.16	22.57	-0.16	-0.05	0.42	0.08	0.62	-0.42
56:10.3	10.15	22.56	-0.12	-0.04	0.48	0.10	0.46	-0.49
56:10.4	10.14	22.56	-0.07	-0.03	0.55	0.12	0.27	-0.54
56:10.5	10.13	22.56	-0.01	-0.02	0.62	0.14	0.08	-0.09

表3-8 城市道路交叉口部分直行车辆数据

时间	x/m	y/m	$V_x/$ $(m \cdot s^{-1})$	$V_y/$ $(m \cdot s^{-1})$	$A_x/$ $(m \cdot s^{-2})$	$A_y/$ $(m \cdot s^{-2})$	$V/$ $(km \cdot h^{-1})$	$A/$ $(m \cdot s^{-2})$
00:17.2	-6.46	11.60	7.62	0.28	0.08	0.01	27.46	0.08
00:17.3	-5.69	11.63	7.63	0.28	0.11	0.02	27.49	0.11
00:17.4	-4.92	11.65	7.64	0.28	0.13	0.02	27.53	0.13
00:17.5	-4.14	11.68	7.66	0.28	0.15	0.02	27.58	0.15
00:17.6	-3.37	11.71	7.67	0.29	0.18	0.03	27.64	0.18
00:17.7	-2.59	11.74	7.69	0.29	0.20	0.02	27.71	0.20
00:17.8	-1.81	11.77	7.71	0.29	0.23	0.02	27.79	0.23
00:17.9	-1.02	11.80	7.74	0.29	0.26	0.02	27.87	0.26
00:18.0	-0.24	11.83	7.76	0.29	0.28	0.01	27.97	0.28

使用SEMA剔除中间误差较大的数据可以缩减预测算法的训练时间，轨迹数据的预处理减小了数据噪声对后续预测模型训练带来的不利影响。

为方便模型的训练和特征量的提取，一条时间长度为 n 的轨迹 $Trj_t = [(x_1,y_1),(x_2,y_2),\cdots,(x_n,y_n)]$ 被划分成多条相同时间长度的轨迹片段，轨迹序列的时间长度设为 d。针对城市道路交叉口车辆轨迹起始预测位置的不确定性，假设一条标定轨迹 $Trj_n = (x_n, y_n)$ $(n>d)$，从轨迹起点 (x_1, y_1) 开始划分轨迹：

$$Trj_1 = [(x_1,y_1),(x_2,y_2),\cdots,(x_d,y_d)],$$
$$Trj_2 = [(x_{1+10},y_{1+10}),(x_{2+10},y_{2+10}),\cdots,(x_{d+10},y_{d+10})],$$
$$\cdots$$

对轨迹数据进行上述的切片分析，原本长度为 n 的一条轨迹数据被分成了时间长度为 d 的多条轨迹数据，既保证了标定轨迹数据的每一点都得到有效利用，也可以使有限数据集得到扩充，使轨迹预测的起始位置不再局限于标定的起始点，体现了城市道路交叉口车辆轨迹起始预测位置的不确定性。

3.6.6　上海市长宁区剑河路和仙霞西路交叉路口数据预处理

1. 数据分析

通过对城市道路交叉口不同时段内的车辆轨迹的标定，本次试验总共标定了 2 h 内的部分左转和直行的特征车辆，可以根据标定出来的车辆加速度、速度、位置坐标等数据来描述较为完整的交叉路口穿越行为，通过原始数据，可以计算出所需的相对车距、相对车速和 TTC（碰撞时间）等参数。

在拍摄时段内，在选定特征车辆时保证城市道路交叉口的主线交通流量畅通，符合本次研究的设定。选择某个时段内的城市道路交叉口由北向东的左转车辆，图 3-28（a）表示了在这段时间内标定的左转车辆的轨迹，每条轨迹都是由每个特征车辆在完成左转过程中的每个 0.1 s 时刻的大地坐标 (x, y) 值组成。图 3-28（a）中每个点位都是试验人员通过点击标定每一帧的左转车辆位置形成的。

通过对左转车辆的轨迹、速度和加速度等物理量的分析，本次试验得出如图 3-28（b）所示的冲突区域和热点区域，其中三角形标志部分表示左转车辆与对面直行车辆的冲突热点，圆形标志部分表示左转车辆与行人间的冲突热点，方形标志部分表示可安全通行区域。通过对实际车辆轨迹数据的分析，试验车辆在热点区域与兴趣决策区域会与环境发生交互并做出相应的决策动作，同时，这会对后面讲到的无人驾驶车辆算法决策系统提出待优化指标产生影响，在强化学习奖惩函数的设定中会综合考虑行驶安全性、效率性和驾驶舒适这三个因素，利用神经网络对标定的驾驶行为样本进行训练，形成离线决策网络。

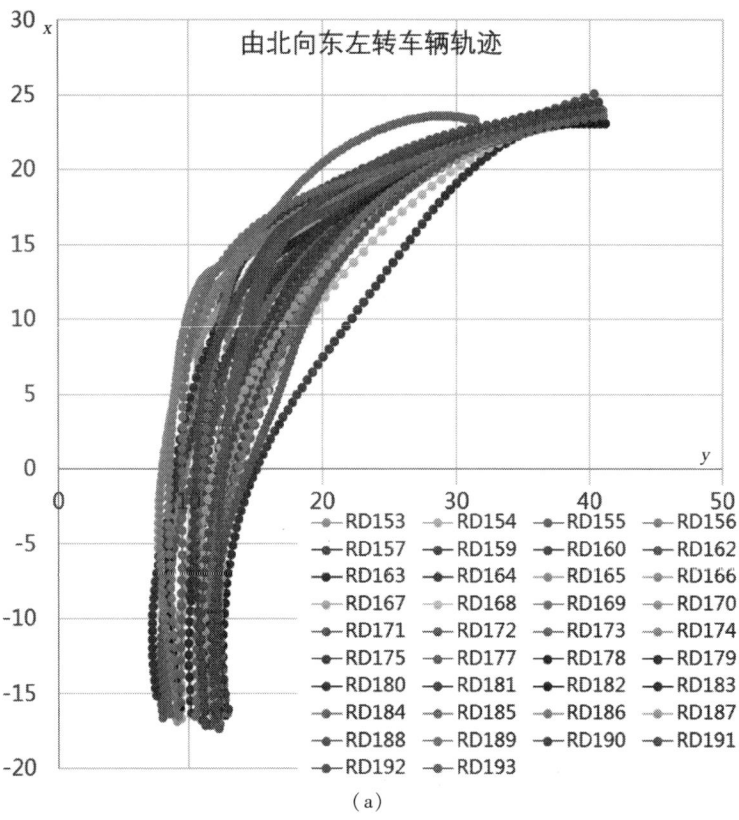

(a)

(b)

图3-28 交叉口左转车辆轨迹图和热点区域

(a) 交叉口左转车辆轨迹;(b) 交叉口冲突区域和兴趣区域

2. 数据平滑化

表 3-9 和表 3-10 所示分别为城市道路交叉口部分左转车辆和直行车辆在标定时段内的位置坐标（x, y）、横向速度和纵向速度、加速度等数据。

表 3-9 城市道路交叉口部分左转车辆数据

时间	x/m	y/m	V_x/(m·s^{-1})	V_y/(m·s^{-1})	A_x/(m·s^{-2})	A_y/(m·s^{-2})	V/(km·h^{-1})	A/(m·s^{-2})
24：17.9	40.85	23.92	-6.32	-0.39	0.23	-0.14	22.81	-0.22
24：18.0	40.10	23.87	-6.29	-0.41	0.30	-0.19	22.70	-0.29
24：18.1	39.34	23.82	-6.25	-0.44	0.37	-0.23	22.57	-0.35
24：18.2	38.60	23.76	-6.21	-0.46	0.44	-0.27	22.40	-0.42
24：18.3	37.85	23.71	-6.15	-0.5	0.51	-0.31	22.22	-0.48
24：18.5	37.12	23.64	-6.09	-0.54	0.57	-0.34	22.00	-0.54
24：18.6	36.39	23.58	-6.02	-0.58	0.63	-0.38	21.76	-0.59
24：18.7	35.68	23.50	-5.94	-0.63	0.69	-0.42	21.50	-0.64
24：18.8	34.97	23.43	-5.85	-0.68	0.74	-0.45	21.21	-0.68
24：18.9	34.27	23.34	-5.76	-0.73	0.78	-0.48	20.91	-0.72
24：19.1	33.59	23.25	-5.67	-0.79	0.82	-0.52	20.60	-0.74
24：19.2	32.91	23.15	-5.57	-0.85	0.85	-0.55	20.28	-0.76

表 3-10 城市道路交叉口部分直行车辆数据

时间	x/m	y/m	V_x/(m·s^{-1})	V_y/(m·s^{-1})	A_x/(m·s^{-2})	A_y/(m·s^{-2})	V/(km·h^{-1})	A/(m·s^{-2})
24：17.9	-4.80	6.49	1.32	-0.12	0.09	0.10	4.78	0.08
24：18.0	-4.64	6.47	1.33	-0.11	0.12	0.13	4.82	0.11
24：18.1	-4.48	6.46	1.35	-0.09	0.15	0.16	4.87	0.13
24：18.2	-4.32	6.45	1.37	-0.07	0.17	0.19	4.93	0.16
24：18.3	-4.15	6.44	1.39	-0.05	0.21	0.22	5.01	0.20
24：18.5	-3.99	6.44	1.42	-0.02	0.24	0.25	5.10	0.24
24：18.6	-3.81	6.44	1.45	0.01	0.28	0.29	5.21	0.29
24：18.7	-3.64	6.44	1.48	0.04	0.33	0.32	5.34	0.34
24：18.8	-3.46	6.45	1.52	0.08	0.37	0.35	5.49	0.39
24：18.9	-3.27	6.46	1.57	0.13	0.42	0.38	5.67	0.46
24：19.1	-3.08	6.48	1.62	0.17	0.48	0.41	5.88	0.52
24：19.2	-2.88	6.50	1.68	0.22	0.54	0.44	6.11	0.59

无人驾驶车辆智能行为决策建模

通过视频标定软件 George 2.1 获取到的车辆原始轨迹数据存在一定的人工标定误差和软件系统误差。为减小原始数据的误差给后面算法决策系统带来的较大影响,获得更加确切和平滑的驾驶训练样本数据,本次研究使用指数加权移动平均(EWMV)方法来处理原始数据。

EWMA 方法是指以依次递减的形式对样本数据加权,让离目标均值最近样本数据的权重高,使边缘样本数据的权重最小。具体表达如式(3 – 11)所示。

$$\begin{cases} x'_a(t_j) = \dfrac{\sum_{i=j-H}^{j+H} x_a(t_i) \times e^{\frac{-|j-i|}{D}}}{\sum_{i=j-H}^{j+H} e^{\frac{-|j-i|}{D}}} \\ H = \min\{N_a - j,\ 3D,\ j-1\} \end{cases} \quad (3-11)$$

式中,$x_a(t_i)$ 表示在给定 j 时,$i = j - H$ 对应的 t_i 时刻的特征车辆原始数据值;$x'_a(t_j)$ 表示在 t_j 时刻的数据处理后的拟合值;$j = 1 \cdots N_a$,N_a 表示车辆轨迹数据的点位置;H 为考虑边界条件的平滑窗口宽度;$D = T/\mathrm{d}t$ 为平滑宽度,由于轨迹数据的采集频率 $\mathrm{d}t$ 为 0.1s,因此 $D = 10T$。其中部分车辆的横纵加速度和速度的原始数据及其处理后的结果如图 3 – 29 所示。

对车辆加速度和速度的原始数据进行预处理是为了后面更好地训练强化学习算法,使用 EWMA 方法剔除中间误差较大的数据可以缩减算法的收敛时间;同时,处理后的加速度及速度变化曲线也可以用来验证两种算法的有效性,判断其能否学习经验丰富的驾驶员的行驶规律。

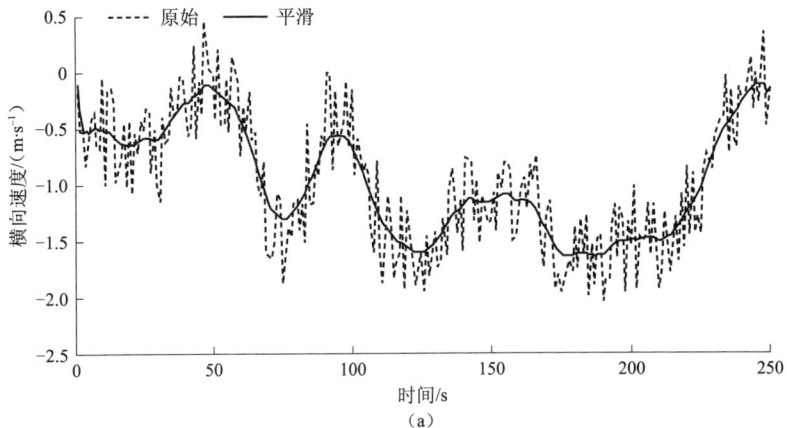

图 3 – 29 车辆加速度及速度的原始数据和数据预处理

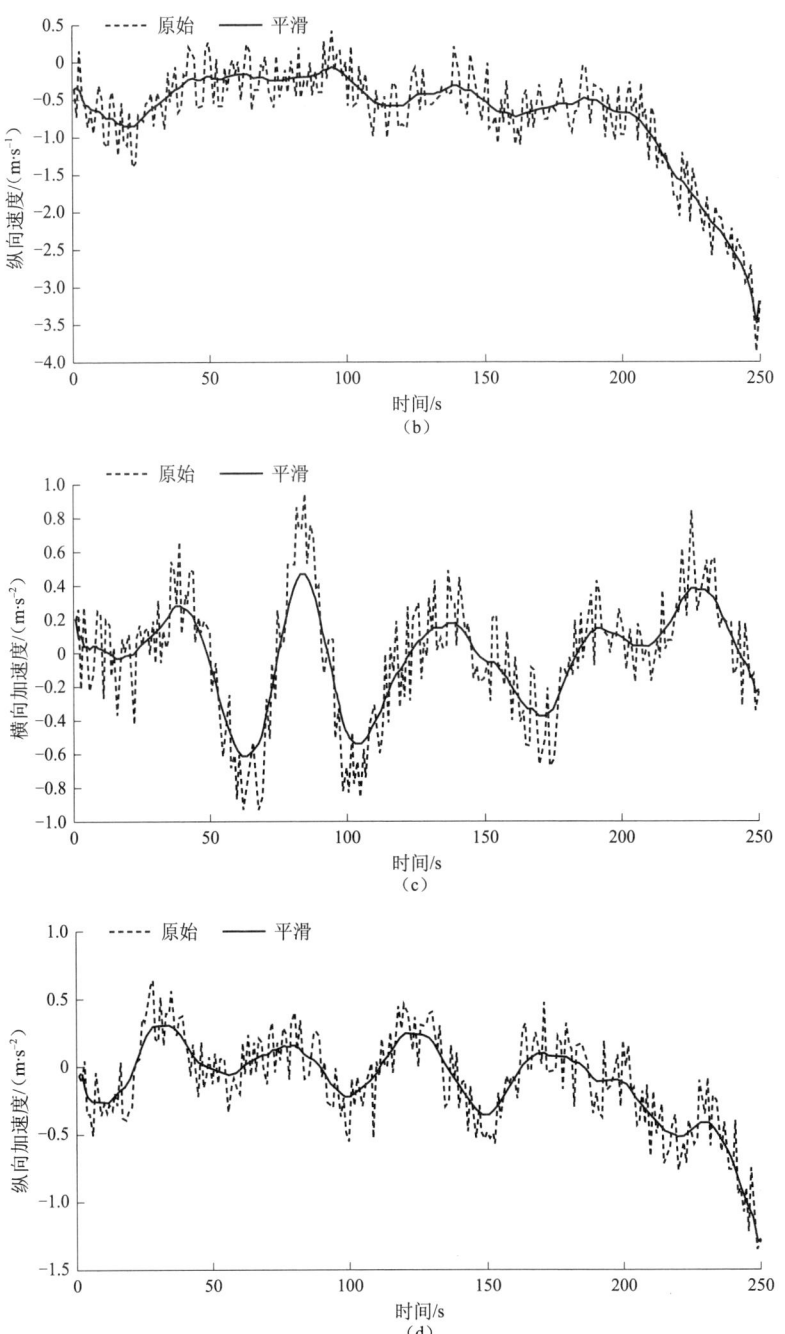

图3-29 车辆加速度及速度的原始数据和数据预处理（续）

参 考 文 献

[1] 陈慧岩,熊光明,龚建伟. 无人驾驶汽车概论 [M]. 北京:北京理工大学出版社, 2014.

[2] 梅维杰. 基于三维激光雷达的无人车动态目标检测及运动分析研究 [D]. 北京:北京理工大学,2018.

[3] Aya A Aly, Nesma A Saleh, Mahmoud A Mahmoud, et al. A reevaluation of the adaptive exponentially weighted moving average control chart when parameters are estimated [J]. Quality and Reliability Engineering International, 2015, 31(8): 1611 – 1622.

[4] Wu Q, Sun P, Boukerche A. Unmanned aerial vehicle-assisted energy-efficient data collection scheme for sustainable wireless sensor networks [J]. Computer Networks, 2019, 165 (Dec. 24): 106927.1 – 106927.11.

[5] Madigan R, Louw T, Merat N. The effect of varying levels of vehicle automation on drivers' lane changing behaviour [J]. Plos One, 2018, 13(2): e0192190.

[6] Ma W, Qian S. Measuring and reducing the disequilibrium levels of dynamic networks with ride-sourcing vehicle data [J]. Transportation Research Part C Emerging Technologies, 2020, 110: 222 – 246.

[7] Li L, Mao Y. Autonomously coordinating multiple unmanned vehicles for data communication between two stations [J]. Wireless Personal Communications, 2017, 97(3): 3793 – 3810.

[8] Freimuth H, Markus König. A framework for automated acquisition and processing of as-built data with autonomous unmanned aerial vehicles [J]. Sensors, 2019, 19(20): 4513.

[9] Edyta Puniach, et al. Use of Unmanned Aerial Vehicles (UAVs) for Updating Farmland Cadastral Data in Areas Subject to Landslides [J]. ISPRS International Journal of Geo-Information, 2018, 7(8): 331.

[10] Data Processing; Recent Findings by J. C. Jiang and Colleagues in Data Processing Provides New Insights (A lightweight middleware framework for vehicle networking application) [J]. Computers, Networks & Communications, 2015: 123.

第4章

基于规则及强化学习的换道决策建模

换道是一种常见的、比较复杂的驾驶行为。在换道过程中,驾驶员不仅需要仔细地观察车辆周围的交通条件,还需要在短时间内判断换道时刻并决策最佳换道时机。最佳换道时机依赖于当前车道和目标车道的空间条件、时间条件、车辆状况以及驾驶员的主观意愿。整个换道过程中,驾驶员需要通过感知器官获取道路信息、车辆信息等多源信息,然后在极短的时间内处理大量的不精确、不完备的信息,与自身的驾驶经验对比,在交通规则的约束下,给出最优驾驶策略,最终实现对车辆的操控。由此可见,换道过程中的决策算法尤为重要。

4.1 基于粗糙集的换道决策规则提取

4.1.1 驾驶员仿真换道行为数据获取及预处理

1. 换道行为数据获取

如图4-1所示,设计城市环境下的闭环仿真试验,该场景是驾驶员在试验过程中的一次换道行为。其中主车为car,干扰车为car1、car2,它们之间的相对位移为D_1、D_2,相对速度为V_1、V_2。考虑到城市道路的限速和车辆安全运行的需求,car1、car2的初始速度均为5 m/s。

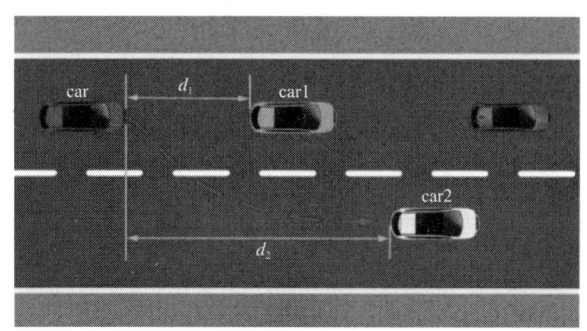

图 4-1　车辆换道行为

跟驰行为和换道行为共同构成了车道内微观驾驶行为。为了获取驾驶员换道行为的起始时刻,需要对驾驶行为视频进行分析。采集分析车辆横向加速度信息(图 4-2)可以得出以下结论:跟驰状况下一般车辆横向加速度维持在 $-2 \sim 2 \text{m/s}^2$。

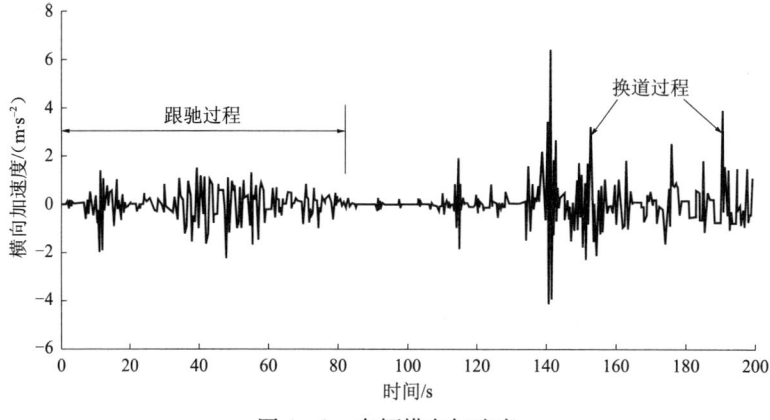

图 4-2　车辆横向加速度

通过图 4-3 可以发现,驾驶员的第一次换道行为主要发生在 13.7~14.2 s,因此本书选择 13~14.25 s 的试验数据进行分析研究。

2. 数据预处理

本书试验中采集的数据主要有车辆运动参数和驾驶员基本信息,车辆运动参数包括本车和周边车辆的位置、速度、加速度、方向盘转角等数据。驾驶员基本信息数据包括驾驶员的年龄、行驶里程、驾龄等基本资料。车辆运动参数主要通过 Simulink 模型中的 To File 和 To Work-space 模块实现数据采集和存储,然后通过问卷调查获得驾驶员基本数据。Simulink 采集数据频率为 100 Hz,

在数据预处理过程中,根据换道模型及车辆运动学原理剔除部分失真数据,并将数据频率变为 20 Hz。

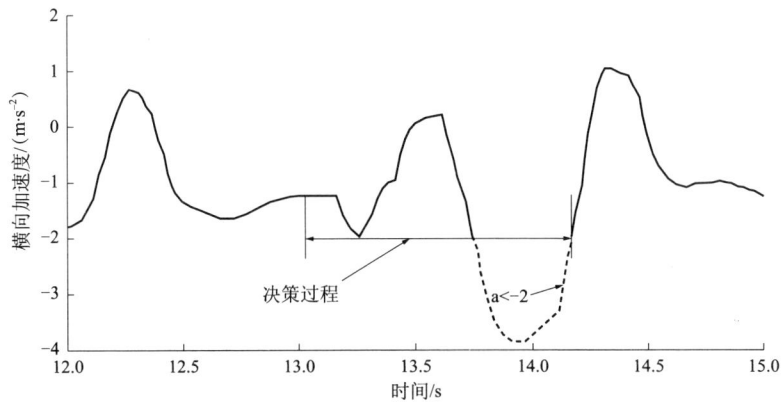

图 4-3　车辆换道行为的横向加速度

4.1.2　换道行为特性分析

国外众多学者应用各种控制理论陆续提出了多种换道模型,许多复杂的车辆数学模型相继被提出,但这些数学模型不足之处在于,模型建立在汽车理想化假设基础上,而且要求速度很低,难以满足汽车运动实时控制的要求。这些模型的具体细节有所不同,但是大多数模型认为,只要有合适的换道间隙(时间间隙和空间间隙),就可实施换道,忽略了驾驶员的认知行为以及其他车辆不确定性驾驶行为的影响,因此在换道安全的基础上,将驾驶员的认知决策规则提取出来,作为换道决策的阈值,来提高换道模型在交通环境变化中的适应能力以及决策准确性,是本章研究的一个重点。

换道行为决策过程不仅受驾驶员自身特性、本车车辆性能的影响,而且也受周边车辆运动状态和道路交通环境的影响。车辆的换道行为是一种典型的分层决策过程。一般来说,换道行为可以分为换道动机产生、换道条件判断和换道实施三个阶段。

1. 换道动机产生

在确保行驶安全的情况下,驾驶员一般都会选择尽量接近自己期望车速的速度行驶。一旦当前车道存在阻碍,驾驶员则会根据理想车速与受阻车辆的差值大小以及安全车距等交通环境要素产生相应的换道需求。

2. 换道条件判断

驾驶员根据对目标车道安全性以及该车道的车辆行驶速度进行分析判断决策换道行为的可行性。

3. 换道实施

驾驶员根据之前的判定对车辆进行实时控制，使其完成换道任务。在车辆换道实施过程中，驾驶员无法观察到其他驾驶员的换道决策行为。针对换道行为的这种隐藏特性，为提取驾驶员的换道决策规则，可以利用粗糙集理论，通过构造驾驶数据决策表来提取驾驶的换道决策规则。影响驾驶员换道决策的主要因素一般包括当前车道以及相邻车道的车辆运动状态和两个车道的空间距离。

4.1.3　换道行为决策规则提取

1. 换道意图产生阶段的决策规则提取

基于粗糙集理论，采用等距划分的条件属性离散方法，以车辆横向加速度为决策属性进行驾驶换道规则的提取。首先，对表4-1的参数采用表4-2的断值点进行离散化处理并将所有的属性值量化，得到相应的驾驶规则决策表（表4-3）。对表4-3中的条件属性进行约简并在约简表中分析提取出驾驶员在该阶段的决策规则。

根据约简并对相同规则进行合并，得到约简后的驾驶员决策规则，见表4-4。

分析以上4条决策规则可以得出以下结论：换道意图产生过程中，本车与相邻车道车辆的相对距离以及当前车道前车速度对换道决策影响较大。当本车与当前车道车辆的相对速度以及相邻车道的空间距离满足一定条件时，驾驶员就会产生换道意图。

2. 车辆换道执行阶段的驾驶员决策规则提取

如图4-4所示可得，驾驶员产生换道意图并开始执行换道过程中，车辆纵向加速度变化比较大，因此，可以把车辆的纵向加速度作为决策属性并通过相同的规则提取方法对换道执行阶段的决策行为进行分析提取。

表 4-1 换道意图产生阶段的车辆数据表

Time/s	D_1/m	D_2/m	V_1/(m·s^{-1})	V_2/(m·s^{-1})	a/(m·s^{-2})	Time/s	D_1/m	D_2/m	V_1/(m·s^{-1})	V_2/(m·s^{-1})	a/(m·s^{-2})
13.00	22.13	27.62	6.68	5.83	-1.24	13.65	17.83	23.88	6.58	5.70	-0.44
13.05	21.80	27.33	6.67	5.82	-1.24	13.70	17.50	23.59	6.57	5.68	-1.20
13.10	21.47	27.04	6.66	5.81	-1.24	13.75	17.17	23.31	6.57	5.67	-2.06
13.15	21.13	26.75	6.66	5.80	-1.24	13.80	16.84	23.03	6.56	5.66	-3.04
13.20	20.80	26.46	6.65	5.79	-1.67	13.85	16.51	22.74	6.56	5.66	-3.61
13.25	20.47	26.17	6.64	5.78	-1.94	13.90	16.19	22.46	6.55	5.65	-3.82
13.30	20.14	25.88	6.64	5.77	-1.66	13.95	15.86	22.18	6.55	5.64	-3.86
13.35	19.81	25.59	6.63	5.76	-1.17	14.00	15.53	21.90	6.55	5.64	-3.74
13.40	19.48	25.31	6.62	5.75	-0.98	14.05	15.21	21.62	6.55	5.63	-3.56
13.45	19.15	25.02	6.61	5.74	-0.30	14.10	14.88	21.34	6.54	5.63	-3.36
13.50	18.82	24.73	6.61	5.73	0.05	14.15	14.56	21.06	6.54	5.62	-2.36
13.55	18.49	24.45	6.60	5.72	0.15	14.20	14.23	20.78	6.53	5.61	-1.25
13.60	18.16	24.16	6.59	5.71	0.20						

注：D_1、D_2 为相对距离；V_1、V_2 为相对速度；a 为横向加速度。

表 4-2 数据离散断值表

参数 \ 断值点	A	A_1
D_1/m	18.89	21.52
D_2/m	23.06	25.34
$V_1/(\text{m}\cdot\text{s}^{-1})$	6.58	6.63
$V_2/(\text{m}\cdot\text{s}^{-1})$	5.68	5.75
$a/(\text{m}\cdot\text{s}^{-2})$	-2.51	-1.16

表 4-3 驾驶规则决策表

Time/s	D_1/m	D_2/m	$V_1/(\text{m}\cdot\text{s}^{-1})$	$V_2/(\text{m}\cdot\text{s}^{-1})$	decide	Time/s	D_1/m	D_2/m	$V_1/(\text{m}\cdot\text{s}^{-1})$	$V_2/(\text{m}\cdot\text{s}^{-1})$	decide
13.00	C	C	C	C	B	13.65	A	B	B	B	C
13.05	C	C	C	C	B	13.70	A	B	A	B	B
13.10	C	C	C	C	B	13.75	A	B	A	A	B
13.15	B	C	C	C	B	13.80	A	A	A	A	A
13.20	B	C	C	C	B	13.85	A	A	A	A	A
13.25	B	C	C	C	B	13.90	A	A	A	A	A
13.30	B	C	C	C	B	13.95	A	A	A	A	A
13.35	B	C	C	C	B	14.00	A	A	A	A	A
13.40	B	B	B	C	C	14.05	A	A	A	A	A
13.45	B	B	B	B	C	14.10	A	A	A	A	A
13.50	A	B	B	B	C	14.15	A	A	A	A	B
13.55	A	B	B	B	C	14.20	A	A	A	A	B
13.60	A	B	B	B	C						

注：decide 为在给定条件下做出的驾驶决策，如横向或纵向的加速度。

表 4-4 约简后的驾驶员决策规则

条件分布		决策	物理规则意义
$D_2(C)$	$V_1(C)$	$a(B)$	$D_2>5.34\text{m},\ V_1>6.63\text{m/s} \Rightarrow -2.51<a<-1.16\text{m/s}^2$
$D_2(B)$	$V_1(B)$	$a(B)$	$23.06\text{m}<D_2<25.34\text{m},\ 6.58\text{m/s}<V_1<6.63\text{m/s} \Rightarrow a>-1.16\text{m/s}^2$
$D_2(B)$	$V_1(A)$	$a(A)$	$23.06\text{m}<D_2<25.34\text{m},\ V_1<6.58\text{m/s} \Rightarrow -2.51<a<1.16\text{m/s}^2$
$D_2(A)$	$V_1(A)$	$a(A)$	$D_2<23.06\text{m},\ V_1<6.58\text{m/s} \Rightarrow a<-2.51\text{m/s}^2$

第4章 基于规则及强化学习的换道决策建模

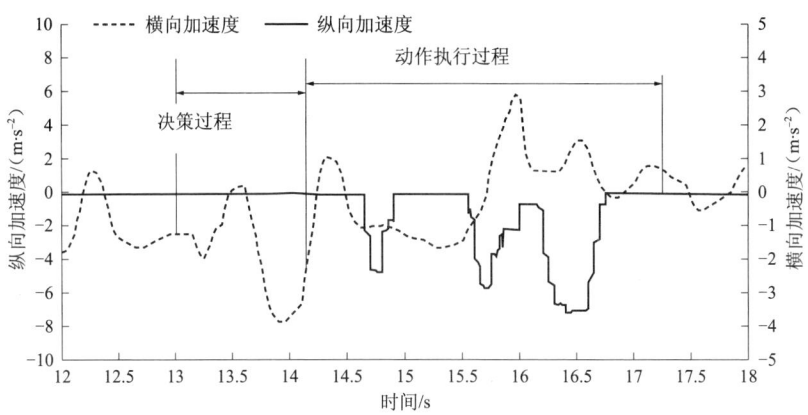

图4-4 车辆换道行为的横向纵向加速度示意图

换道执行阶段的决策规则如下：

$D_1(D)$ AND $D_2(D)$ AND $V_1(D) \Rightarrow \text{decide}(D)$

$D_1 > 10.9\text{m}, D_2 > 18.1\text{m}, V_1 > 5.10\text{m/s} \Rightarrow a > -1.88\text{m/s}^2$

$D_1(D)$ AND $D_2(D)$ AND $V_2(D) \Rightarrow \text{decide}(D)$

$D_1 > 10.9\text{m}, D_2 > 18.1\text{m}, V_2 > 4.16\text{m/s} \Rightarrow a > -1.88\text{m/s}^2$

$D_1(C)$ AND $D_2(C)$ AND $V_1(D) \Rightarrow \text{decide}(D)$

$10.9 > D_1 > 7.9\text{m}, 18.1 > D_2 > 15.88\text{m}, V_1 > 5.1\text{m/s} \Rightarrow a > -1.88\text{m/s}^2$

$D_1(C)$ AND $D_2(C)$ AND $V_2(D) \Rightarrow \text{decide}(D)$

$D_1 > 10.9\text{m}, D_2 > 18.1\text{m}, V_2 > 4.14\text{m/s} \Rightarrow a > -1.88\text{m/s}^2$

$D_1(C)$ AND $D_2(B)$ AND $V_1(D) \Rightarrow \text{decide}(D)$

$10.9\text{m} > D_1 > 7.9\text{m}, 15.88\text{m} > D_2 > 13.58\text{m}, V_1 > 5.1\text{m/s} \Rightarrow a > -1.88\text{m/s}^2$

$D_1(C)$ AND $D_2(B)$ AND $V_2(D) \Rightarrow \text{decide}(D)$

$10.9\text{m} > D_1 > 7.9\text{m}, 15.88\text{m} > D_2 > 13.58\text{m}, V_2 > 4.14\text{m/s} \Rightarrow a > -1.88\text{m/s}^2$

$D_1(B)$ AND $D_2(B)$ AND $V_2(D) \Rightarrow \text{decide}(D)$

$7.9\text{m} > D_1 > 4.9\text{m}, 15.88\text{m} > D_2 > 13.58\text{m}, V_2 > 4.14\text{m/s} \Rightarrow a > -1.88\text{m/s}^2$

$D_1(B)$ AND $D_2(B)$ AND $V_1(D) \Rightarrow \text{decide}(D)$

$7.9\text{m} > D_1 > 4.9\text{m}, 15.88\text{m} > D_2 > 13.58\text{m}, V_1 > 5.1\text{m/s} \Rightarrow a > -1.88\text{m/s}^2$

$D_1(A)$ AND $D_2(A)$ AND $V_1(A) \Rightarrow \text{decide}(D)$ $4.9\text{m} > D_1, 13.58\text{m} > D_2, 2.31\text{m/s} > V_1, \Rightarrow a > -1.88\text{m/s}^2$

$D_1(A)$ AND $D_2(A)$ AND $V_2(A) \Rightarrow \text{decide}(D)$

$4.9\text{m} > D_1, 13.58\text{m} > D_2, 1.26\text{m/s} > V_2 \Rightarrow a > -1.88\text{m/s}^2$

$D_1(A)$ AND $D_2(A)$ AND $V_2(C) \Rightarrow \text{decide}(C)$

$4.9\text{m} > D_1$, $13.58\text{m} > D_2$, $4.16\text{m/s} > V_2 > 2.71\text{m/s} \Rightarrow -1.88 > a > -3.65\text{m/s}^2$

$D_1(A)$ AND $D_2(A)$ AND $V_1(C) \Rightarrow \text{decide}(C)$

$4.9\text{m} > D_1$, $13.58\text{m} > D_2$, $5.1\text{m/s} > V_1 > 3.7\text{m/s} \Rightarrow -1.88 > a > -3.65\text{m/s}^2$

$D_1(A)$ AND $D_2(A)$ AND $V_1(B) \Rightarrow \text{decide}(A)$

$4.9\text{m} > D_1$, $13.58\text{m} > D_2$, $3.7\text{m/s} > V_1 > 2.31\text{m/s}, \Rightarrow a > -5.42\text{m/s}^2$

$D_1(A)$ AND $D_2(A)$ AND $V_2(B) \Rightarrow \text{decide}(A)$

$4.9\text{m} > D_1$, $13.58\text{m} > D_2$, $2.71\text{m/s} > V_2 > 1.26\text{m/s}, \Rightarrow a > -5.42\text{m/s}^2$

$D_1(B)$ AND $D_2(A)$ AND $V_1(C) \Rightarrow \text{decide}(A)$ $7.9 > D_1 > 4.9\text{m}$, $13.58\text{m} > D_2$, $5.1\text{m/s} > V_1 > 3.7\text{m/s} \Rightarrow a > -5.42\text{m/s}^2$

$D_1(B)$ AND $D_2(A)$ AND $V_2(C) \Rightarrow \text{decide}(A)$

$7.9 > D_1 > 4.9\text{m}$, $13.58\text{m} > D_2$, $4.16\text{m/s} > V_2 > 2.71\text{m/s} \Rightarrow a > -5.42\text{m/s}^2$

分析上述换道决策规则可以得出以下结论：车辆相对速度较大情况下，当前车道和相邻车道的空间距离变化对其行为决策影响要小一些。在相对位移较小的情况下，两车相对速度对驾驶员的决策影响较大。换道即将完成阶段，两车相对速度对行为决策影响较大 。以上规则基本符合驾驶员在换道过程中的行车习惯。

3. 超车换道行为中决策规则提取

在对简单换道行为分析的基础上，本章仿真模拟了车辆的超车行为，其示意如图 4-5 所示。超车行为也是一种双换道行为，驾驶员需要准确判定换道时机，因此本节主要研究驾驶员换道时机的选择问题。

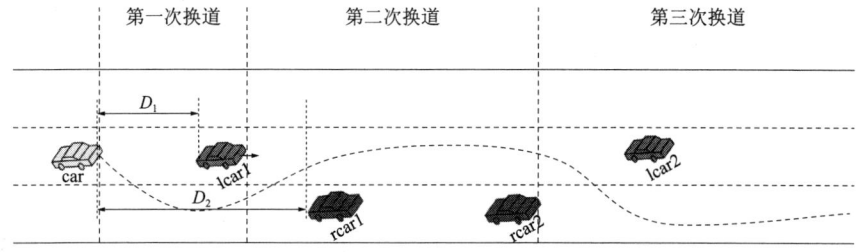

图 4-5 车辆的超车行为示意

本章按照相同的数据方法对超车过程中的驾驶员决策行为提取了决策规则，通过对图 4-6 的分析可知，驾驶员在超车决策过程中，横向加速度的变化均比较大（本试验规定车辆左转的横向加速度为正值），一般在相对距离为 15~25 m，相对速度为 5m/s 时进行换道。

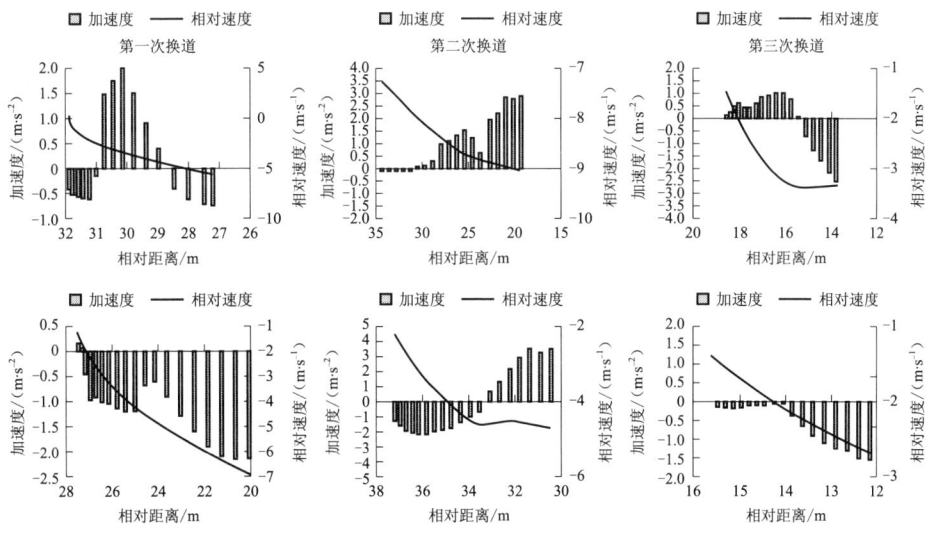

图4-6 车辆超车行为的相对车间距与横向加速度、相对速度

在分析驾驶员超车过程中,将驾驶员的行为分为第一次换道行为、第二次换道行为。经粗糙集属性约简、规则提取后可得出以下结论:在超车的第一次换道过程中,本车道前方车辆速度以及与换道车辆的相对距离、目标车道的车速对驾驶员的换道决策影响较大;在第二次换道过程中,换道车辆与目标车道前车的相对距离以及目标车道后车的车速影响驾驶员的换道决策。

第一次换道行为的驾驶决策规则如下:

$D_1(C)$ AND $V_1(C) \Rightarrow \mathrm{Decide}(A)$

$D_1(B)$ AND $V_1(B) \Rightarrow \mathrm{Decide}(C)$

$D_1(B)$ AND $V_1(A) \Rightarrow \mathrm{Decide}(B)$

$D_1(A)$ AND $V_1(A) \Rightarrow \mathrm{Decide}(A)$

$D_1(C)$ AND $V_2(C) \Rightarrow \mathrm{Decide}(A)$

$D_1(B)$ AND $V_2(B) \Rightarrow \mathrm{Decide}(C)$

$D_1(B)$ AND $V_2(A) \Rightarrow \mathrm{Decide}(B)$

$D_1(A)$ AND $V_2(A) \Rightarrow \mathrm{Decide}(A)$

备注:D_1为换道车辆与本车道前方车辆的相对车间距;V_2为换道车辆与目标车道前方车辆的相对速度;V_1为换道车辆与本车道前方车辆的相对速度。

第二次换道行为的驾驶决策规则如下:

$D_2(C)$ AND $V_1(C) \Rightarrow \mathrm{Decide}(A)$

$D_2(C)$ AND $V_1(B) \Rightarrow \mathrm{Decide}(A)$

$D_2(C) \text{ AND } V_1(A) \Rightarrow \text{Decide}(A)$

$D_2(B) \text{ AND } V_1(A) \Rightarrow \text{Decide}(B)$

$D_2(A) \text{ AND } V_1(A) \Rightarrow \text{Decide}(A)$

$D_2(A) \text{ AND } V_1(B) \Rightarrow \text{Decide}(C)$

$D_2(A) \text{ AND } V_1(C) \Rightarrow \text{Decide}(C)$

备注：D_2 为换道车辆与目标车道前方车辆的相对距离；V_1 为换道车辆与目标车道后方车辆的相对速度。

4.2 基于安全阈值的驾驶员速度选择策略

在正常的城市道路环境中，车辆的纵向运动体现了驾驶员对车辆最基本最广泛的纵向控制，同时，驾驶员对车辆的纵向控制也体现在换道过程中车辆相对关系的变化。在换道意图产生阶段，由于车辆在当前车道的运动状态受到前导车速度和相对距离的影响，而目标车道具有更合适的行驶环境，因此就会产生相应的换道需求。在换道行为的实施过程中，当车辆在当前车道的车头转过一定角度时，速度会受到当前车道前导车以及目标车道前导车的双重影响；当车辆进入目标车道后，会根据与目标车道前导车的相对距离调整车辆自身速度进入正常的运行状态。

在行驶过程中，驾驶员通过对周边环境的认知进而决策形成相应的驾驶行为。城市动态环境下，驾驶员对纵向车间距的认知对其行为决策的影响是最大的。尤其在纵向跟驰过程中，车辆运动状态的变化更是体现了驾驶员对纵向车间距的认知，因此，本节通过研究车辆纵向运动过程中车辆运动参数的变化来构建驾驶员的安全阈值模型。

4.2.1 驾驶员纵向控制行为特性及影响因素分析

在不同的交通状况下驾驶员会采用不同的驾驶行为。在自由行驶状态下，驾驶员通过加速或者减速来达到自己的期望速度并获取最大的驾驶满意度。驾驶员特性、车辆性能、道路交通环境等因素会对期望速度产生决定性影响。在驾驶员对车辆纵向控制的过程中，驾驶员的决策主要受到周边车辆的影响，通常根据前导车的运动状态以及车间距、本车速度来选择合适的加速/减速行为决策。驾驶员的控制行为体现了以下特点：

（1）制约性。

车辆在行驶过程中不仅需要考虑自的行驶速度和效率，也需要考虑与前导车的车间距，在保证安全的基础上，使自己的车速和效率最大化。

第4章 基于规则及强化学习的换道决策建模

（2）延迟性。

在纵向跟驰过程中，驾驶员时刻需要对前导车的状态进行认知和判定，然后进行相应的行为决策以及对本车的控制，这样就会导致本车随着前导车的运动状态以及车间距的变化而变化，但是这种变化不是同步的。

（3）传递性。

在行驶过程，车辆运动状态的改变会对后面车辆造成一定影响，而且会像阻尼波一样不断地传递下去。

真实城市道路环境下车辆之间的车间距都比较小。在保证安全车距的情况下，驾驶员一般对前车的运动状态进行判断，然后采用合适的速度对车辆进行控制，保证车辆在本车道行驶的安全性。在这个过程中，驾驶员的行为决策过程具有一定的延迟性。大部分驾驶员通过控制车辆的纵向运动状态保证一个相对合适的车间距离，相对车间距的大小不仅与驾驶员的特性有关，而且更与车辆的运动状态有关。相对车间距以及车辆速度的选择体现了驾驶员在这个过程中对周边交通要素的认知决策过程。

为了进一步研究驾驶员对纵向车间距安全阈值的认知，本研究基于 PreScan 进行了相应的仿真试验。前导车的初始速度为 5m/s，同时，还设计了匀速、加速、减速等多个速度函数，全面地研究了驾驶员对纵向车间距安全阈值的认知决策过程并通过粗糙集提取驾驶员的决策规则。表 4-5 为前导车在跟驰状态下的驾驶员决策规则。

表 4-5 前导车在跟驰状态下的驾驶员决策规则

条件分布		决策	规则意义
$D(A)$	$V(B)$	$a(B)$	$D<7m,\ 5<V<5.6m/s \Rightarrow -3.0m/s^2 < a < -1.5m/s^2$
$D(A)$	$V(B)$	$a(C)$	$D<7m,\ V>5.6m/s \Rightarrow -5.7m/s^2 < a < -3.0m/s^2$
$D(B)$	$V(B)$	$a(C)$	$7m<D<7.6m,\ V<5.6m/s \Rightarrow -1.5m/s^2 < a < 0.4m/s^2$
$D(B)$	$V(C)$	$a(D)$	$7m<D<7.6m,\ V>5.6m/s \Rightarrow 0.4m/s^2 < a < 2.3m/s^2$
$D(C)$	$V(C)$	$a(D)$	$7.6m<D<10m,\ V>5.6m/s \Rightarrow 0.4m/s^2 < a < 2.3m/s^2$
$D(C)$	$V(A)$	$a(D)$	$7.6m<D<10m,\ V<5m/s \Rightarrow -1.5m/s^2 < a < 0.4m/s^2$
$D(D)$		$a(D)$	$D>10m \Rightarrow 0.4m/s^2 < a < 2.3m/s^2$

注：D 为两车的相对车间距；V 为前导车速度。

分析以上规则可知，在前导车匀速行驶的跟驰过程中，相对车间距一般会维持在一定的范围内，如果相对车间距 $D<7m$，驾驶员会采取减速行为，如果相对车间距超过 10 m，驾驶员就会采取加速策略来调整车速以及车间距。

4.2.2 基于安全阈值的驾驶员速度选择策略构建

通过对仿真试验的车辆位置、速度及相对车间距、道路标志标线等条件属性的约束以及规则提取，获得了驾驶员的速度控制决策规则，从提取的决策规则发现相对车间距和相对速度对驾驶员的速度决策影响最大，如图4-7所示。驾驶员始终倾向于车间距维持一定距离。这个距离就是驾驶员根据相关交通要素认知决策后形成的安全距离，在一定意义上也是驾驶员的认知的安全阈值。只要超过这个阈值，驾驶员就会进行相应的加减速来控制车辆，以保证行驶安全，与驾驶员在实际道路行驶过程中的认知决策因素是基本相符的。本章根据Marco Rigolli 提出的决策模型构建了基于安全阈值的速度选择策略。

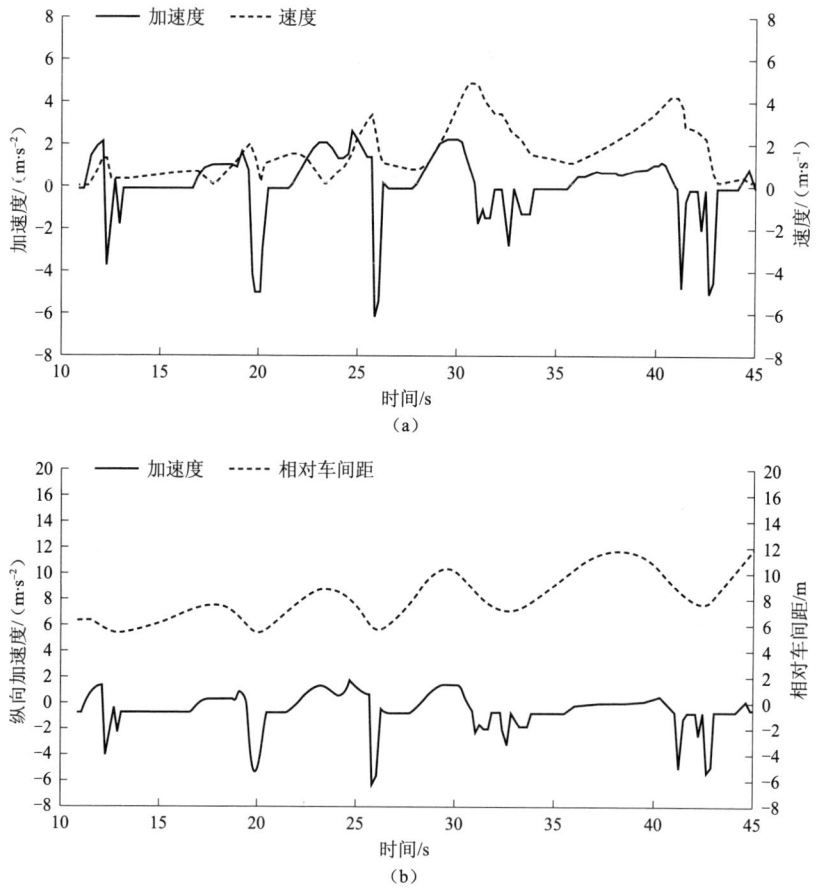

图4-7 车辆纵向行为的纵向加速度与前导车相对速度与相对车间距的关系
(a) 相对速度；(b) 相对车间距

第4章 基于规则及强化学习的换道决策建模

$$D_{thres} = \left| 2V_c - \frac{V_1^2}{k} + D_{rel} \right| - D_{rec} \qquad (4-1)$$

式中，D_{thres}表示安全阈值；V_c表示当前车辆的速度；V_1表示前导车的速度；D_{rel}表示两车的相对距离；k为阈值系数，D_{rec}为驾驶员反应距离。该模型产生的结果是一个决策。

当$D_{thres}>0$时，驾驶员决策为加速，加速度变化与其值成正比；

当$D_{thres}<0$时，驾驶员决策为减速，加速度变化与其值成反比。

4.2.3 基于安全阈值的驾驶员速度选择策略验证

在基于安全阈值的速度选择策略建立之后，采用其中一组仿真试验的数据进行验证以及修正。如图4-8所示可以看出D_{thres}基本与驾驶员的行为决策相吻合。图4-8中有几处与模型决策差距相反或者较大的地方。通过提取的驾驶规则可以发现，当车辆相对距离D_{rel}均小于6.65m时，驾驶员也会进行减速决策，当车辆相对速度V_{rel}均为1m/s时，驾驶员选择匀速行驶，因此，最终形成驾驶员基于安全阈值的速度选择策略，见表4-6。

表4-6 驾驶员基于安全阈值的速度选择策略

判断条件	策略
$D_{thres}>0$ and $D_{rel}>6.65$	Acceleration
$D_{thres}>0$ or $D_{rel}<6.65$	Deceleration
$\|V_{rel}\|<1$ and $D_{rel}>6.65$	Constant Velocity

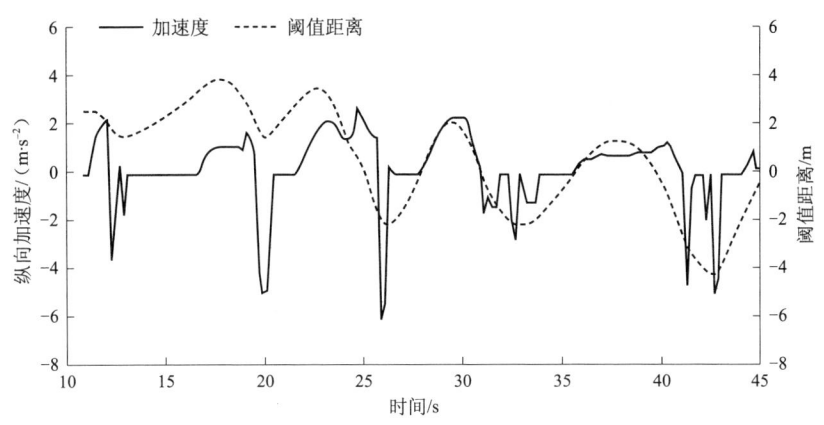

图4-8 车辆跟驰决策模型判定

本节基于粗糙集提取的驾驶规则形成车辆速度决策模型，基本可以实现车辆纵向运动过程中，仿人类驾驶员的操控策略，其基本意义在于体现驾驶员对驾驶空间以及速度的认知，形成具有驾驶员认知属性的行为决策。如果模型决策为加速，那么就意味着相对车间距比较大，适合驾驶员进行加速行驶；反之，则意味着驾驶员需要减速或者换道行驶。根据前面章节论述的换道过程分析，自由换道的初始目的就是获取理想的速度和驾驶空间，因此车辆纵向速度的选择策略可以作为自由换道动机的初步判定，同时，该模型也体现了驾驶员对驾驶空间的可接受程度。在实际驾驶过程中，由于驾驶经验的不同，大部分驾驶员采取的速度基本取决于驾驶员对车间距大小的判定，因此也可以初步用来判定换道空间需求是否满足需求。

4.3 基于间隙可接受理论的自由换道决策模型

4.3.1 换道决策基本条件

车辆的换道行为都具有一定的随机性，而且也是驾驶员认知决策的具体表现，而当前车道和目标车道的时空条件、车辆状态和驾驶员特性都会对换道行为决策产生影响。

时空条件主要是指车辆间的相对距离以及驾驶员对换道时间的预测，使驾驶员在安全基础上能够顺利实现换道目的。

车辆状态表达了车辆是否有相应的动力以及操控能力来完成换道行为，即车辆自身的状态与时空条件相匹配。

驾驶员特性描述的是驾驶员是否具有变换车道的主观愿望，其实车驾驶经验对当前换道环境的判定是否有效。

4.3.2 自由换道决策模型

自由换道决策模型要综合考虑换道的需求性和安全性。换道时，驾驶员首先应对目标车道上的前导车和后随车的位置进行判定，只有当前后车的车间距满足一定条件时才能进行换道，如图4-9所示。在车辆纵向运动过程中，驾驶员也需要对车间距进行判定，从而确定是加速行驶还是减速行驶。安全阈值决策模型中也体现了驾驶员对车间距的可接受程度，而基于间隙可接受的换道行为，从某种意义上讲，也是换道车辆对周边车辆间距的可接受程度判定，因此，换道的时空条件可以采用安全阈值决策模型对车间距的基本判定来初步判定换道间隙是否符合驾驶员的换道要求。其中，F_d为目标车道上的后随车，

D_{fd} 为其与主车 M 的纵向相对距离；L_d 为目标车道上的前导车，D_{ld} 为其与主车 M 的纵向相对距离；L_o 为主车 M 当前车道上的前导车，D_{lo} 为其与主车 M 的纵向相对距离。

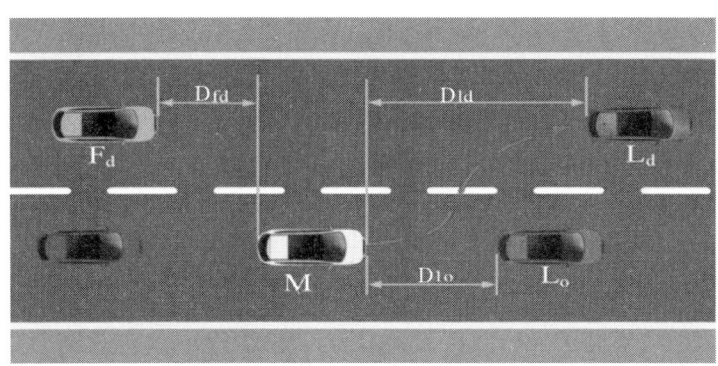

图 4-9 城市动态环境下车辆换道行为

换道过程中，换道车辆状态以及驾驶员特性主要体现的是驾驶员的认知决策过程。首先，利用粗糙集理论，通过构造驾驶数据决策表来提取驾驶员的认知决策规则，进而将驾驶员的决策规则与安全阈值决策模型相结合形成基于间隙可接受理论的换道约束条件，构建具有驾驶员认知特性的换道决策模型。

根据相关研究结果，在正常的行驶状态下，驾驶员对其他车辆的精准运动状态的判断是很困难的。当遇到突发情况时，驾驶员的平均反应时间为 1.2～1.8 s，根据车辆动力学知识，大部分车辆的制动系统协调时间为 0.2 s，考虑到实际情况，本章将驾驶员遇到突发情况到车辆开始制动的时间定义为 2 s。

换道实施阶段可以分为三个阶段，第一阶段为车辆的航向角调整阶段；第二阶段为车辆靠近道路分界线阶段；第三阶段为车辆进入目标车道的航向角调整阶段，如图 4-10 所示。换道决策存在于车辆换道的全过程，驾驶员时刻会对车辆间隙进行判定，如果不满足驾驶员可接受程度，那么此次换道行为会在第一或者第二阶段结束。如果车辆在换道的第二阶段会对两条车道上的后车全部产生影响，后车会根据主车的驾驶行为，判定出主车具有换道意图，因此后车驾驶员的反应时间以及车辆开始制动时间可以缩短为 1s。最后结合式（4-1）形成的车辆间隙基本判定模型为：

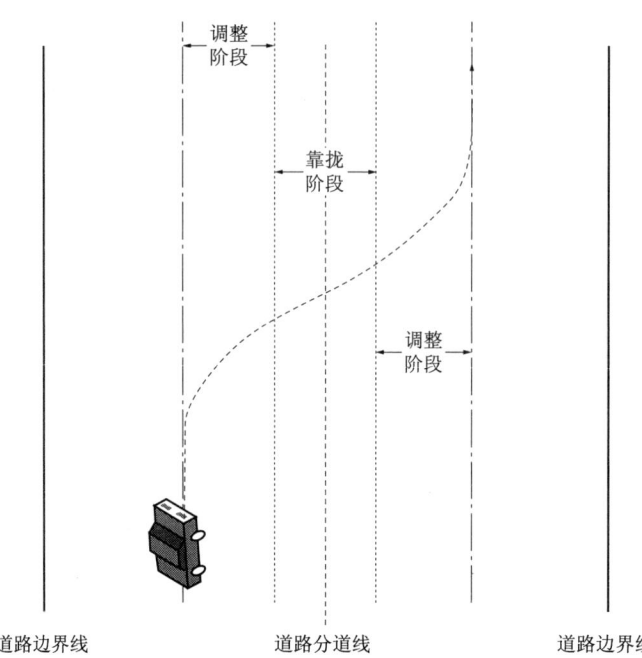

图 4-10 车辆换道阶段的划分

$$\begin{cases} D_{\text{thres-fd}} = \left| V_{\text{fd}} - \dfrac{V_c^2}{k} + D_{\text{fd}} \right| - D_{\text{rec-1}} \\ D_{\text{thres-ld}} = \left| 2V_c - \dfrac{V_{\text{ld}}^2}{k} + D_{\text{ld}} \right| - D_{\text{rec}} \\ D_{\text{thres-lo}} = \left| 2V_c - \dfrac{V_{\text{lo}}^2}{k} + D_{\text{lo}} \right| - D_{\text{rec}} \end{cases} \quad (4-2)$$

式中，V_{fd} 为目标车道后车 F_d 的速度；D_{fd} 为目标车道后车与主车 M 的相对纵向距离；$D_{\text{rec-1}}$ 为目标车道后车 F_d 的反应距离；V_{ld} 为目标车道前车的速度；D_{ld} 为目标车道前车与主车 M 的纵向相对距离；D_{rec} 为主车 M 驾驶员的反应距离；V_{lo} 为目标车道前车的速度；D_{lo} 为目标车道前车与主车 M 的纵向相对距离；V_c 为目标车道前车的速度；$D_{\text{thres-fd}}$ 为目标车道后车 F_d 与主车 M 的可接受间隙判定；$D_{\text{thres-ld}}$ 为目标车道前车 L_d 与主车 M 的可接受间隙判定，当 $D_{\text{thres-lo}} < 0$ 且 $20\text{ m} < D_{\text{lo}} < 35\text{ m}$ 时，驾驶员会产生换道意图。

换道条件①目标车道前车间隙 $D_{\text{thres-ld}} > 0$ 且 $D_{\text{ld}} > 6.5\text{m}$；②目标车道后车间隙 $D_{\text{thres-fd}} > 0$ 且 $D_{\text{fd}} > 6.5\text{m}$。当换道间隙条件①和②均符合时，驾驶员可以实施换道。

4.3.3 仿生换道决策模型验证

1. 仿真验证

模型建立后，本章随机选取一组仿真试验的换道数据对模型进行验证。

如图4-11所示，车辆的横向位移直观地体现了车辆的整个换道过程，模型通过安全车间距条件的约束，判定换道意图并计算相应的换道安全区域，若驾驶员的换道行为全部发生在安全区域内，则证明模型具有一定的仿生性。

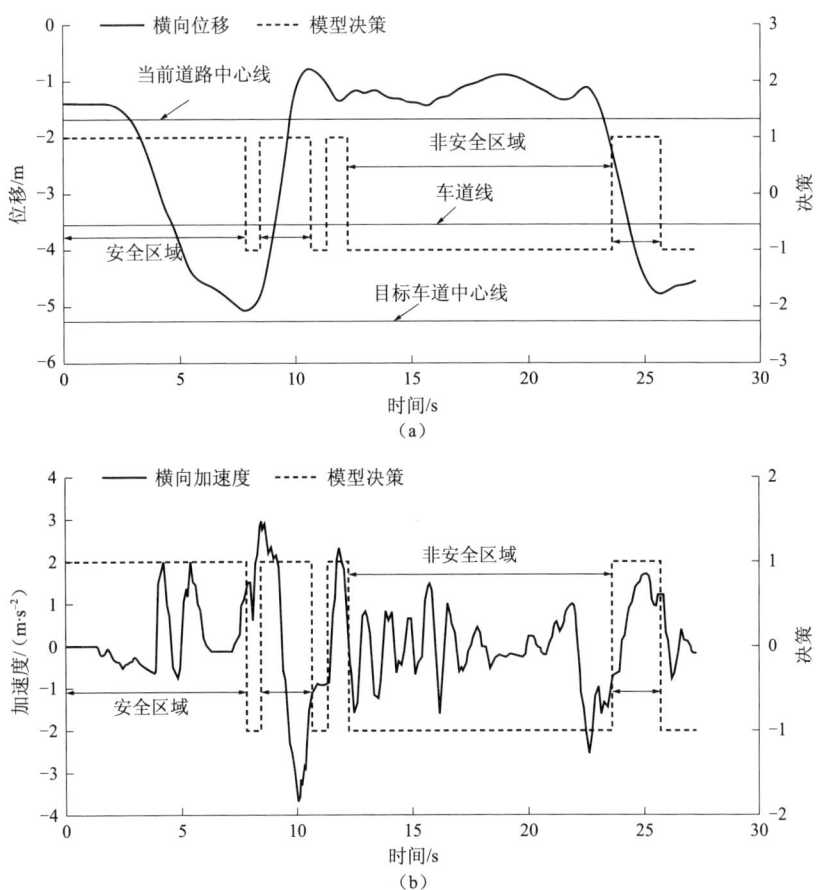

图4-11 车辆换道决策模型判定示意
（a）位移随时间的变化；（b）加速度随时间的变化

2. 实车验证

为了验证换道模型可行性和有效性，以智能车辆试验室的无人驾驶车辆 BYD-Ray（慧动）为试验平台（图4-12），选择测试路段为中关村南大街，该道路类型为双向八车道，道路限速为60 km/h，平均车流速度为40~50 km/h，测试路段长度约10 km，途经北京理工大学东门、人民大学地铁站、四通桥等典型城区交通环境要素。为保证安全，采取有人监督的试验方式来验证行为决策模型的实际效果。

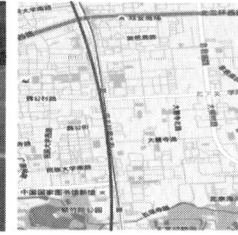

图4-12 无人驾驶车辆测试平台与测试环境地图

在本次试验过程中，无人驾驶车辆完成了多次换道行为，本章选取其中一段测试路段的驾驶行为进行分析。在选择的测试路段中，无人驾驶车辆共进行了4次换道行为，在无人干扰的情况下，车辆自主完成两次换道行为，其余2次由于车流拥堵的原因导致了决策系统判定失败。如图4-13所示，车辆的方向盘转向电机电压一般为-0.5~0.5 V。本章提出的决策模型正确判定了车辆的换道时机并将决策信息传递到车辆的运动控制层实现车辆的换道行为，如图4-14所示。

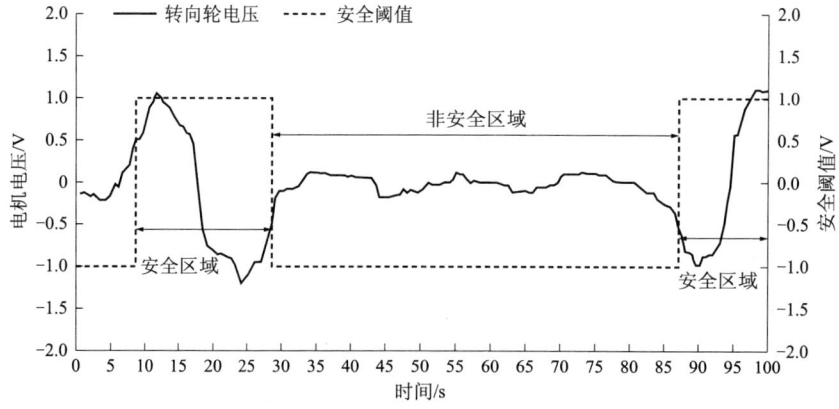

图4-13 转向电机电压与模型判定关系

第4章 基于规则及强化学习的换道决策建模

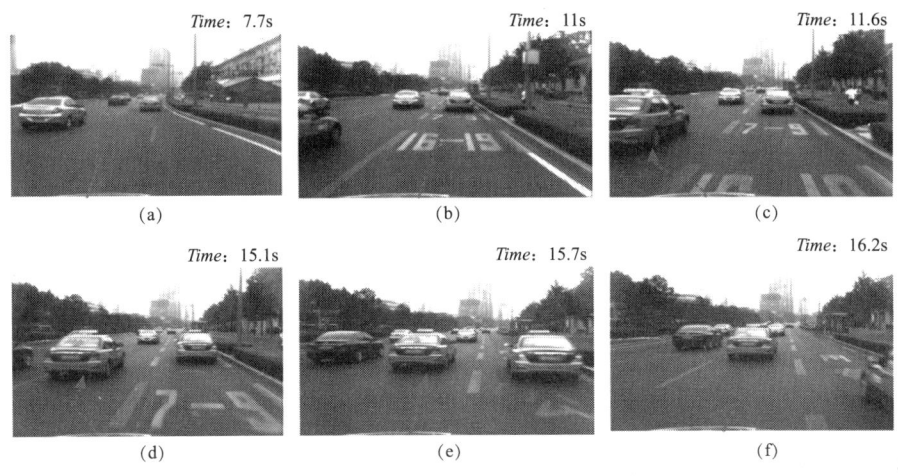

图 4-14 无人驾驶车辆实际道路换道图

4.4 基于 Q-Learning 的换道决策模型

4.4.1 强化学习

从统计学、控制学、心理学等领域发展而来的强化学习（Reinforcement Leaning，RL），从 20 世纪 80 年代开始，逐步应用在机器人、智能车辆等人工智能领域。强化学习是一种非监督的学习方法，是一种依靠环境反馈来达到学习目的的自学习算法。

强化学习过程中，智能体（即强化学习所要优化的智能系统）面对一个新的环境状态 s 时，通过尝试采取决策 a，环境状态与自身状态得到了改变，同时，环境给出了采取决策 a 的反馈。智能体在不断的探索中，通过对同一状态 s 下不同决策 a 反馈值的比较，选择出一个最优决策进行执行，从而达到优化行为决策的目的。强化学习框架结构如图 4-15 所示。

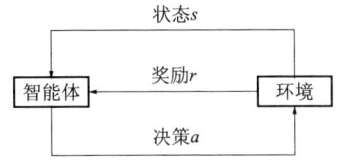

图 4-15 强化学习框架结构

强化学习以期望得到的环境奖励最大为目的，在以时间为单位的离散有限状态集下，在有限决策集中进行选取，不断地优化自身行为。决策过程可以描述为马尔科夫决策过程（Markov Decision Process，MDP）。MDP 决策过程可以由四元组 <S, A, R, P> 来定义，其中 S 为有限离散的状态集、A 为有限的离散决策集、R 为回报函数和 P 为状态转移函数。记 $R(s_t, a, s_{t+1},)$ 为智能体在当前时刻 t，在当前状态 s_t 下，采取决策 a 使当前状态 s_t 转移至下一时刻状态 s_{t+1} 后获得的瞬时奖赏；记 $P(s_t, a, s_{t+1})$ 为智能体，在当前时刻状态 s_t 下执行决策 a 而使智能体达到下一时刻状态 s_{t+1} 的概率。

4.4.2　换道行为决策下的 Q-Learning 相关参数设定

智能车辆在换道过程中的战术级决策主要分为纵向和横向控制。Q-Learning 基本组成部分包括状态集（State）、决策集（Action）、回报函数（Reward function）、决策机制和 Q 值的更新。

1. 状态集（State）

在 Q-Learning 算法中，每一次算法都要根据周边驾驶环境当前状态进行决策。周边环境如图 4 – 16 所示，状态集中包括主车的纵向速度 V_{lon} 和横向速度 V_{lat}，前车速度 V_{lead}，主车和干扰车的纵向相对距离 D_{fd}、D_{ld}、D_{lon}，主车与车道线边缘的横向相对距离 D_{lat}。

本书选择主车与前方车辆的相对距离 D_{lat}，主车纵向速度 V_{lon} 为纵向控制的状态集，选择主车与车道线边缘的横向相对距离 D_{lat}，主车与目标车道车辆的纵向相对距离 D_{fd}、D_{ld} 和横向速度 V_{lat} 作为横向控制的状态集。

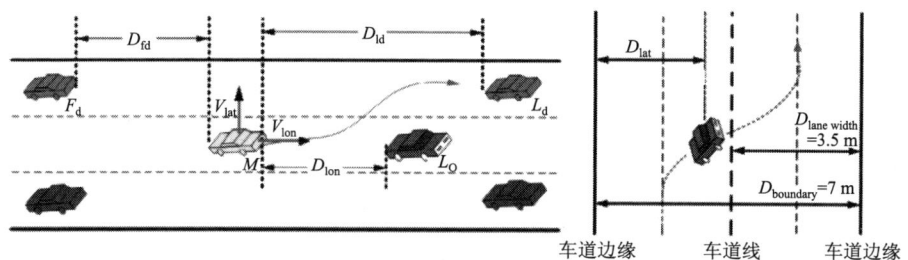

图 4 – 16　智能车辆自动驾驶的跟驰、换道决策下的周边环境

2. 决策集（Action）

本章选择纵向加速度 a_{lon} 和横向加速度 a_{lat} 分别作为纵向决策和横向决策的决策集。纵向加速度 a_{lon} 决定了纵向速度的变化，对于保持车距、保证行车安全具有重要作用。横向加速度 a_{lat} 决定了横向速度的变化，最终影响车辆换道行为安全。

3. 回报函数（Reward Function）

回报函数表示对车辆行为决策的反馈，是 Q-Learning 算法决策关键。本章综合考虑驾驶规律、安全、舒适度等因素来设定回报函数，将 Q-Learning 应用到复杂动态城市环境车辆跟驰、换道行为决策中。下面详细介绍纵向决策和横向决策过程中回报函数的设定。

（1）纵向回报函数的设定。

$R_{1-\text{lon}}$ 反映纵向控制中的跟驰行为规则。回报函数需要能够反映纵向控制过程中最基本的跟驰行为规则。该回报函数设定为：

$$R_{1-\text{lon}} = (3.6 \times V_{\text{lon}} - D_{\text{lon}})^2$$

该奖励函数最大限度保证跟驰过程中本车与前车相对距离在驾驶员理想范围。

$R_{2-\text{lon}}$ 反映纵向控制中决策的安全性。该回报函数需要能够反映出纵向控制过程中车辆决策的安全性。本章选择碰撞时间 TTC 作为判断驾驶安全的变量，保证 TTC 在安全范围内以避免与前车碰撞。回报函数设定为：

$$R_{2-\text{lon}} = \begin{cases} -\text{TTC} - \dfrac{\text{TTC}_{\text{threshold}}^2}{\text{TTC}}, & \text{TTC} > 0 \\ 0, & \text{TTC} \leq 0 \end{cases} \quad (4-3)$$

其中

$$\text{TTC} = \dfrac{D_{\text{lon}}}{V_{\text{lon}} - V_{\text{lead}}}$$

$\text{TTC}_{\text{threshold}} \approx 2.7\text{s}$ 为 TTC 最佳安全阈值，根据仿真试验中驾驶员的操纵习惯统计得出。

该奖励函数最大限度地保证纵向控制过程的安全性，避免与前方车辆相撞。

$R_{3-\text{lon}}$ 反映纵向控制中的舒适度。该回报函数需要能够反映控制过程中的舒适度，本书选择 $a_t - a_{t-1}$ 作为反映舒适度的指标，不能由加速度变化过大而导致舒适度下降。具体函数设定为：

$$R_{3-\text{lon}} = (a_{\text{lon}_t} - a_{\text{lon}_{t-1}})^2$$

式中，a_{lon_t} 是 t 时刻下纵向加速度数值。

综合以上规则，纵向控制回报函数设定为：

$$R_{a_{\text{lon}}} = k_1 \times R_{1-\text{lon}} + k_2 \times R_{2-\text{lon}} + k_3 \times R_{3-\text{lon}} + A$$

式中，k_1、k_2 和 k_3 是权重系数；A 是确定的常数。

（2）横向回报函数的设定。

$R_{1-\text{lat}}$ 反映横向控制中的换道行为规则。换道过程中主车以到达目标车道为目标进行换道，回报函数设定为：

$$R_{1-\text{lat}} = -(D_{\text{lat}} - 5.62)^2$$

该回报函数反映了主车换道行为。

$R_{2-\text{lat}}$ 反映横向控制中的换道时机选择。车辆行驶过程中，只有满足一定换道条件，车辆才有可能进行换道行为决策。本章采用基于粗糙集的间隙可接受理论进行换道时机判定。当满足换道条件时，对换道行为给出正反馈；当不满足换道条件时，对换道行为给出负反馈。回报函数设定为：

$$R_{2-\text{lat}} = \begin{cases} 1; D_{\text{thres-lon}} < 0 \text{ and } 20\text{m} < D_{\text{lon}} < 35\text{m}; \\ \text{or } D_{\text{thres-ld}} > 0 \text{ and } D_{\text{ld}} > 6.5\text{m}; \\ \text{or } D_{\text{thres-fd}} > 0 \text{ and } D_{\text{fd}} > 6.5\text{m}; \\ \text{or } a_{\text{lat}} = 0; \\ -1; \text{else} \end{cases}$$

其中，$D_{\text{thres-fd}} = \left| 2V_{\text{fd}} \dfrac{V_{\text{lon}}^2}{m} + D_{\text{fd}} \right| - D_{\text{rec}-1}$

$D_{\text{thres-ld}} = \left| 2V_{\text{lon}} - \dfrac{V_{\text{ld}}^2}{m} + D_{\text{ld}} \right| - D_{\text{rec}};$

$D_{\text{thres-lead}} = \left| 2V_{\text{lon}} - \dfrac{V_{\text{lead}}^2}{m} + D_{\text{lon}} \right| - D_{\text{rec}};$

$D_{\text{rec}-1}$ 是反应时间过程中车辆 F_d 行驶的距离；D_{rec} 是反应时间过程中本车 M 行驶的距离；m 是阈值系数。

$R_{3-\text{lat}}$ 反映横向控制中决策的安全性。该回报函数需要能够反映横向过程中的安全性使车辆在横向控制中能有效避免超出目标车道边界线位置（D_{boundary} = 7m）。回报函数设定为：

$$R_{3-\text{lat}} = \frac{1}{D_{\text{lat}} - 7}$$

$R_{4-\text{lat}}$ 反映横向控制中决策的舒适性。与纵向加速度一样，采用 $a_{\text{lat}_t} - a_{\text{lat}_{t-1}}$ 为判定横向控制舒适性的标准，横向加速度变化越大则舒适性越差。回报函数设定为：

$$R_{4-\text{lat}} = -(a_{\text{lat}_t} - a_{\text{lat}_{t-1}})^2$$

综上所述，将横向控制的回报函数设定为：

$$R_{a_{\text{lat}}} = k_5 \times R_{1-\text{lat}} + k_6 \times R_{2-\text{lat}} + k_7 \times R_{3-\text{lat}} + k_8 \times R_{4-\text{lat}} + B$$

式中，k_5，k_6，k_7，k_8 是权重系数；B 是确定的常数。

4. 决策机制和 Q 值的更新

在决策过程中，智能车系统根据当前状态 s_t 和决策机制来决定当前时刻所

要采取的决策 a_t。Q 决策机制可以分为探索阶段和强化阶段。在探索阶段，Q 算法倾向于依照概率 ε 随机产生一个新的策略来进行决策并更新动作的值函数 $Q(s_{st}, a)$；进入强化阶段，Q 算法倾向于在之前决策的基础上根据值函数 $Q(s_t, a)$ 的大小选出一个最优策略，是一个强化最优决策过程。

值函数 $Q(s_t, a)$ 的更新需要保证值函数 $Q(s_t, a)$ 能反映决策对下一时刻的影响，同时，也要保证有一定的学习效率。更新公式设定为：

$$Q(s_t, s_t) = (1-\alpha)Q(s_t, a_t) + a\{R + \gamma \mathrm{Max} Q(s_{t+1}, a_n)\} \quad (4-4)$$

式中，α 为学习效率；γ 为折减系数。

4.4.3　基于 Q-Learning 的换道行为决策结果

仿真试验环境下的驾驶员换道行为习惯如图 4-17 所示。分析结果表明①行驶及换道过程中，车辆与本车道的车道线边缘距离 D_{lat} 在 1.24~6.92 m 内变化，横向速度 V_{lat} 在 -1.48~3.76 m/s 内变化，横向加速度 a_{lat} 在 -3.8~3.7 m/s² 内变化。为横向控制中的状态集与决策集的设定提供了依据。②根据 D_{lat} 与 V_{lat} 的变化可以看出，驾驶员在换道过程中往往超出目标车道的中心线进行车身的调整，将驾驶方向回正并围绕目标车道中心线直线行驶。根据 a_{lat} 的变化可以看出，驾驶员在换道过程中，加速度调整频繁。这些驾驶规则都可以用于检测 Q-Learning 算法的决策能力。

注：D_{lat} 为车辆与本车道的车道线边缘距离；V_{lat} 为横向速度，a_{lat} 为横向加速度；person1/2/3 表示参数分别属于驾驶员的 3 组换道行为。

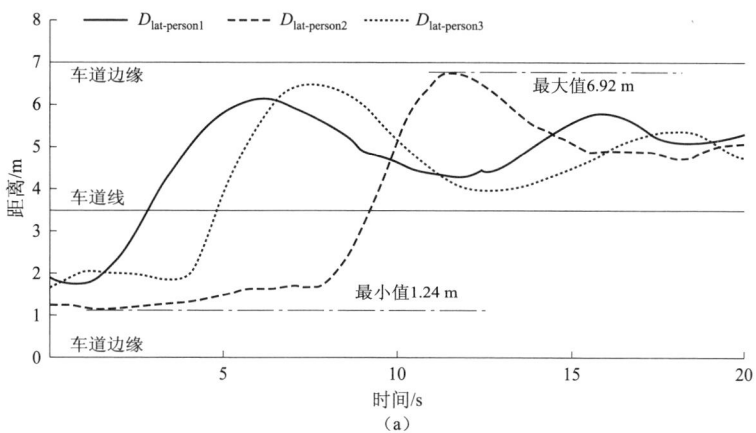

图 4-17　驾驶员换道行为习惯

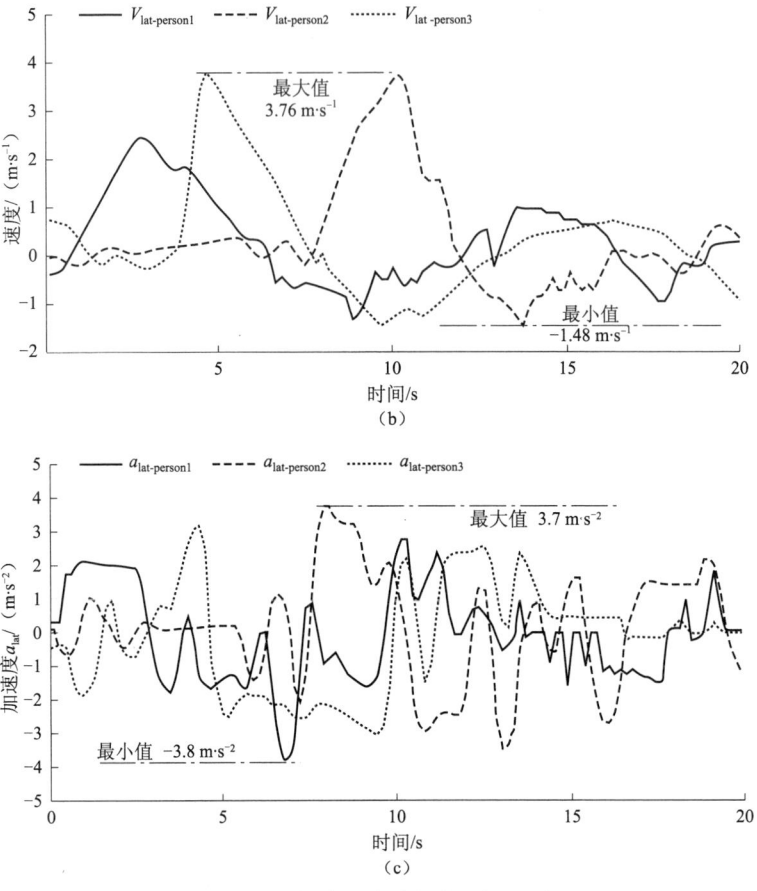

图 4-17 驾驶员换道行为习惯（续）

根据以上行为分析，确定状态集中 D_{lat} 与 V_{lat} 的变化范围，确定决策集中 a_{lat} 的变化范围。在相同状况下，基于 Q-Learning 的决策迭代结果如图 4-18 所示。其中 D_{lat-25}、D_{lat-50}、$D_{lat-100}$、$D_{lat-200}$ 分别表示第 25 次、50 次、100 次、200 次迭代后的横向驾驶行为数据。

试验数据显示，第 25 次迭代（T_{25}）时，车辆最终在两车道分割线上行驶，不符合实际驾驶规则，没有达到换道的目的。第 50 次迭代（T_{50}）时，车辆最终可以换道，在目标车道中心线周围行驶，但是换道中幅值太大，波动过于剧烈，且在 2 s 的时候车辆超过目标车道线边缘。第 100 次迭代（T_{100}）时，车辆可以进行正常的换道行为，但是换道过程调整次数较多，舒适性降低。第 200 次迭代（T_{200}）之后，车辆横向控制的动作值函数 $Q(s,a)$ 趋于收敛，车辆决策趋于稳定，实现了平稳的换道行为。

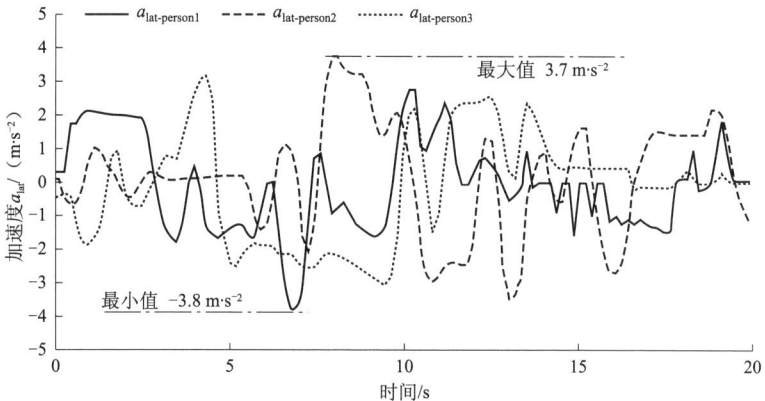

图 4-18 Q-Learning 算法换道行为的决策迭代结果

参 考 文 献

［1］ ［美］National research council of the national academies. 军用无人地面车辆技术的发展. 付梦印, 等译［M］. 北京: 国防工业出版社, 2009.

［2］ 龙永新. ALV 智能规划与控制技术［D］. 杭州: 浙江大学, 1999.

［3］ Gage D W. Unmanned ground vehicl（UGV）development efforts［J］. Unmanned Systems Magazine, 1995, 13（3）: 1-9.

［4］ Toscano M. Department of defense joint robotics program［C］//AeroSense'99. International Society for Optics and Photonics, 1999: 100-109.

［5］ Spofford J R, Rimey R D, Munkeby S H. Overview of the UGV/DEMO II program［EB/OL］. ［2010-06-11］http://ray.rimey.org/publications/1997_RSTA_book_1_1_Program.pdf.

［6］ Shoemaker C M, Bornstein J A, Gerhart G R, et al. Overview of the Demo III UGV program［J］. 1998, 3366: 202-211.

［7］ Krotkov, E. The defense advanced research projects agency（DARPA）tactical mobile robotics program［J］. International Journal of Robotics Research, 1999, 18（7）: 769-776.

［8］ Thornhill L D, Walls A, Arkin R C, et al. Design of an agile unmanned combat vehicle: A product of the DARPA UGCV program［J］. The International Society for Optical Engineering, 2003, 5083.

［9］ Valois J S, Herman H, Bares J, et al. Remote operation of the Black Knight unmanned ground combat vehicle［J］. Proceedings of SPIE—The International Society for Optical Engineering, 2008.

［10］ Shladover S E, et al. Automated vehicle control developments in the PATH program［J］.

IEEE Trans. on Vehicular Technology, 1991, 40 (1): 114-130.

[11] Thrun S, Montemerlo M, Dahlkamp H, et al. Stanley: The robot that won the DARPA grand challenge [J]. Journal of Field Robotics, 2006, 23 (9): 661-692.

[12] Pomerlan, Dean A, Jochem, et al. A rapidly adaptive machine vision for automated vehicle steering [J]. IEEE Expert: Special issue on intelligent system and their application, 1996: 19-27.

[13] Badino H, Huber D, Kanade T. Real-time topometric localization [C]//Robotics and Automation (ICRA), 2012 IEEE International Conference on. IEEE, 2012: 1635-1642.

[14] Markoff J. Google cars drive themselves, in traffic [J]. New York Times, 2010.

[15] Slosson M, Johnston C, Barbara P. Google gets first self-driven car license in Nevada [J]. Reuters. Retrieved, 2012, 25: 2012.

[16] 张安英. 基于预判概率的换道决策模型研究 [C]//第八届中国智能交通年会优秀论文集——智能交通与安全, 2013: 340-349.

[17] Van Winsum W, Du Waard D, Brookhuis K A. Lane change manoeuvers and safety margine [J]. Transportation Research Part F: Traffic Psychology and Behaviour, 1999, 2 (3): 139-149.

[18] Vanholme B, Gruyer D, Lusetti B, et al. Highly automated driving on highways based on legal safety [J]. IEEE Transactions on Intelligent Transportation Systems, 2013, 14 (1): 333-347.

[19] Montemerlo M, Becker J, Bhat S, et al. Junior: The stanford entry in the urban challenge [J]. Journal of Field Robotics, 2008, 25 (9): 569-597.

[20] Gindele T, Jagszent D, Pitzer B, et al. Design of the planner of Team Annie WAY's autonomous vehicle used in the DARPA Urban Challenge 2007 [C]//Intelligent Vehicles Symposium, 2008 IEEE. IEEE, 2008: 1131-1136.

[21] Baker C R, Dolan J M. Traffic interaction in the urban challenge: Putting boss on its best behavior [C]//Intelligent Robots and Systems, 2008. IROS 2008. IEEE/RSJ International Conference on. IEEE, 2008: 1752-1758.

[22] Chen X, Tiang G, Chan C Y, et al. Bionic lane driving decision-making analysis for autonomous vehicle under complex urban environment [C]//Transportation Research Board 95th Annual Meeting, 2016 (16-4852).

[23] 陈雪梅, 田赓, 苗一松. 面向智能驾驶行为的机器学习 [J]. 道路交通与安全, 2014 (6): 60-64.

[24] Ziegler J, Bender P, Schreiber M, et al. Making bertha drive—An autonomous journey on a historic route [J]. Intelligent Transportation Systems Magazine, IEEE, 2014, 6 (2): 8-20.

[25] Goodall N. Ethical decision making during automated vehicle crashes [J]. Transportation Research Record Journal of the Transportation Research Board, 2014, 2424 (1): 58-65.

第 5 章

基于 LSPI 的环境自适应汇入策略建模

5.1 城市快速路汇入问题分析

汇入路段是组成城市快速路系统的重要部分，存在大量的换道行为，对交通流造成很大的干扰，常发生拥堵瓶颈。通过经验性分析，汇入过程可分为三个步骤完成：①间隙的选择；②车辆运动状态的调整；③换道操作的执行。前两步骤交替进行，直到满足换道条件，则执行换道操作。对于人类驾驶员，汇入任务都可能造成一定的压力，对无人驾驶车辆更是极具挑战。对于无人驾驶车辆而言，城市环境汇入任务的挑战性主要包括：①交通场景的高密度；②交通场景的状态随机，不可穷尽。本书利用强化学习算法实现汇入策略的增量学习，提高无人驾驶车辆汇入策略的环境自适应性。

5.1.1 汇入类别分析

驾驶员汇入决策的基础是可接受间隙的判断，只有汇入间隙满足一定要求时，车辆才可以汇入。影响汇入决策因素主要包括前后间隙的大小、汇入车辆自身的速度以及周边车辆的运动状态、加速车道的长度等。按照汇入的影响因素，可将汇入行为分为以下几类：

1. 自由汇入行为

当道路主干道的车流密度比较低、交通量较小时，车辆之间的相对距离比较大,有足够的间隙,汇入车辆的汇入机会比较多,车辆变化车道的压力不大,汇入过程不会对其他车辆造成明显的干扰,前导车和后随车的相对车间距变化不大。

2. 协同汇入行为

随着道路主干道交通流量的增加及交通负荷的增大,车间距变小,汇入车辆的换道条件无法满足安全间隙的车道变换要求。在这种情况下,汇入车辆会根据主干道的后随车辆运动状态的变化来判断是否采取礼让行为。如果后随车辆与汇入车辆的间隙变大,而且后随车与前导车的相对距离也同时变大,那么车辆可以采取协调汇入的方式来汇入主干道。这种类型的换道间隙在车辆汇入前后的变化:在车辆汇入前,由于后随车的礼让和协同,目标车道前方车辆和跟随车的相对车间间隙变大,车辆汇入后开始减小,如果后随车采用换道的礼让方式,汇入车辆也可以进行汇入。

3. 强制汇入行为

如果汇入车辆的自由汇入和协同汇入条件都不满足,会采取强制措施进行车道变换。在强制换道过程中,汇入车辆会对道路主干道后随车发生明显的干扰,后随车辆和汇入车辆都会进行减速。这种类型的换道间隙在车辆汇入过程中变化比较明显:当车辆汇入前,汇入间隙维持不变或者缩小;当车辆汇入之后,由于汇入车辆的强制行为,导致后随车减速并且间隙变大。

5.1.2　城市环境汇入策略二阶段求解

为实现无人驾驶车辆汇入过程的连续性控制,需要解决两个问题:①选择哪一个间隙汇入;②选择何种策略进行汇入。针对这两个问题,提出环境自适应汇入策略方法将汇入过程分解为单元汇入系统策略学习和多目标候选间隙选择两个阶段,在力求精简状态集维数的同时,需能完整表征汇入状态,从而实现典型汇入场景策略求解的流程化处理。

1. 单元汇入系统策略学习阶段

在汇入过程中只关注目标车道车辆对无人驾驶车辆汇入决策的影响。当无人驾驶车辆进入加速车道时,在传感器感知视野范围内,目标车道的每一个间隙都可以作为候选间隙。如图 5-1 所示,若给定一个汇入间隙,则{目标车道前导车、目标车道后随车、无人驾驶车辆}可以形成一个单元汇入系统。

第5章 基于LSPI的环境自适应汇入策略建模

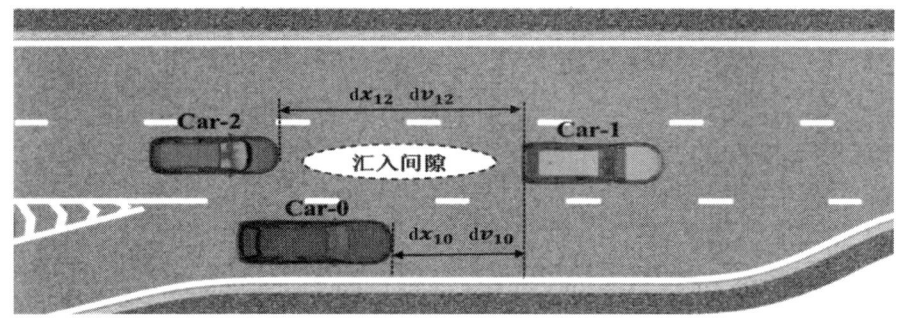

图 5-1 单元汇入系统图

图 5-1 中：

dx_{10}、dv_{10} 分别代表汇入车辆与目标车辆前车的相对距离和相对速度；

dx_{12}、dv_{12} 分别代表汇入车辆与目标车辆后随车的相对距离和相对速度。

$\{dx_{10}\ dv_{10}\ dx_{12}\ dv_{12}\}$ 四维变量就能对各种不同的汇入情况进行表征，在减少强化学习状态集维数的同时，也对单元汇入系统的汇入场景进行了统一描述。

2. 多目标候选间隙选择阶段

图 5-2 展示了一个典型的汇入场景，包括三个候选间隙：间隙1、间隙2和间隙3。此时，汇入场景包括三个单元汇入系统 $\{Car-0, Car-1\ and\ Car-2\}$、$\{Car-0, Car-2\ and\ Car-3\}$ 和 $\{Car-0, Car-3\ and\ Car-4\}$。无人驾驶车辆的汇入决策系统需要选择一个最合适的间隙，然后调整车速，再按照换道的参考轨迹合并到目标车道。

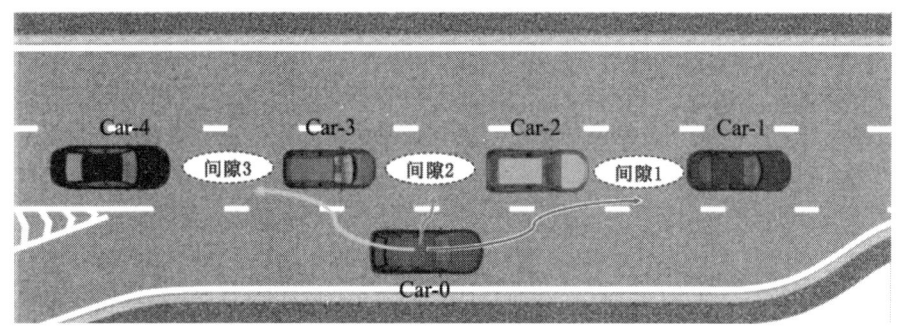

图 5-2 典型汇入场景

在观测的当前状态下，由于有多个候选间隙，因此针对每一个间隙有不同的状态集 $\{dx_{0i}\ dv_{0i}\ dx_{ij}\ dv_{ij}\}$，其中 i 为单元汇入系统的目标车道前车，j 为后随车。在此场景中，一阶段的单元系统优化后的策略就能用来估计任意一个候选间隙的最优动作值函数。每一个候选间隙的 MDP 模型都是一致的，由于汇入状态不同，因此得到的动作值函数大小也不一样。最后通过比较，再选择值函数最大值对应的间隙，同时，该间隙的汇入策略返回为最优策略。多目标候选间隙选择流程如图 5-3 所示。

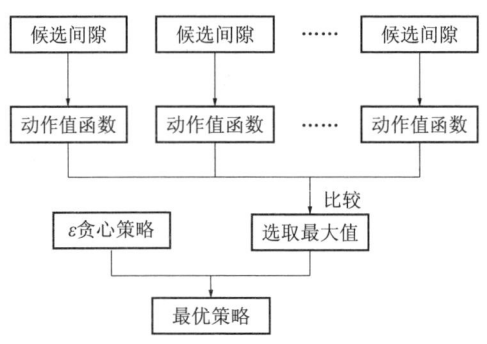

图 5-3　多目标候选间隙选择流程

在真实的汇入场景中，面临多个候选间隙时，无人驾驶车辆选择目标间隙的算法流程如图 5-4 所示。

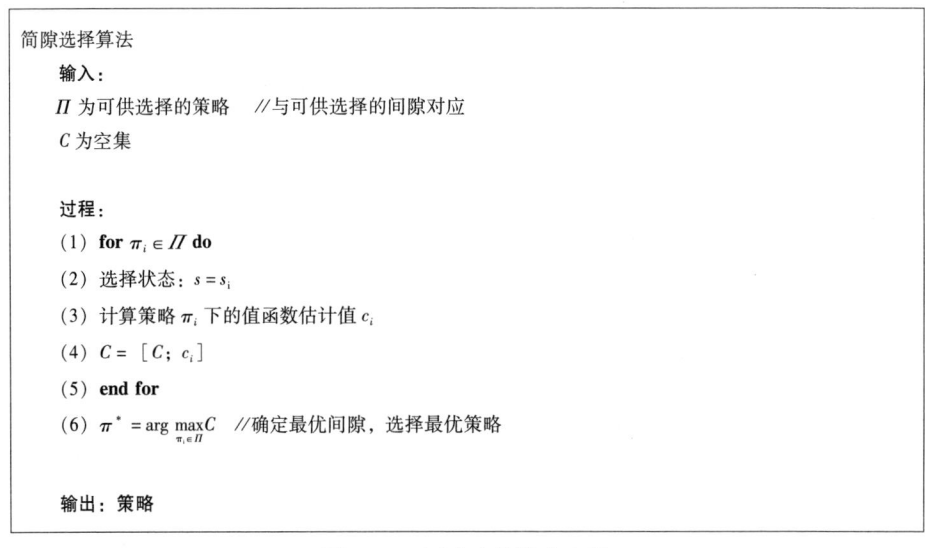

图 5-4　间隙选择算法流程

当面临多个间隙时，通过比较所有候选间隙的最大动作值函数，选择其中最大值对应的间隙为目标间隙，同时，执行该动作值函数对应的动作。当随机数小于 ε，则执行 ε 贪心策略。此时，随机选取目标间隙，返回为最优策略。

5.1.3 基于粗糙集与间隙可接受理论的汇入时机判定

在基于粗糙集提取的汇入行为规则基础上采用间隙可接受理论可以进一步对汇入策略判断与汇入行为执行两个阶段进行划分。图5-5所示为构建汇入策略判断决策模型与汇入策略流程。

$$Gap_F = \left| v_{\text{lag}} - \frac{v_{\text{subject}}^2}{k} + D_{\text{lag}} \right| - D_{\text{rec-lag}}$$

$$Gap_L = \left| 2v_{\text{subject}} - \frac{v_{\text{lead}}^2}{k} + D_{\text{lead}} \right| - D_{\text{rec-subject}}$$

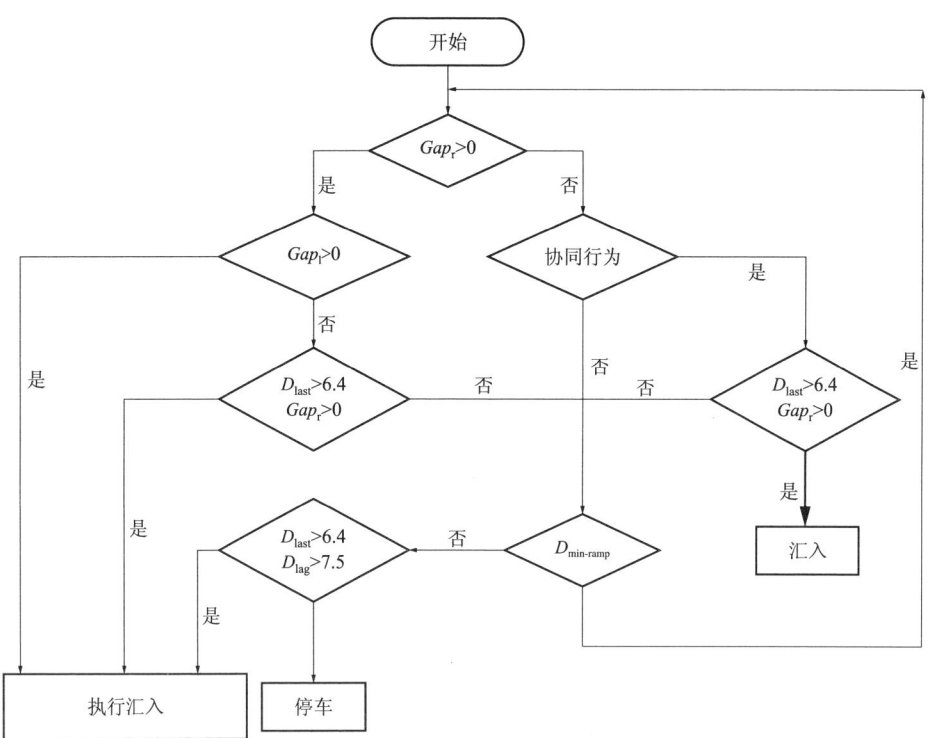

图5-5 汇入行为策略流程

数字表示汇入满足的条件为:$Gap_F < 0$,$D_{\text{lead}} > 6.4$,$D_{\text{lag}} > 7.5$ 或 $Gap_F > 0$,$Gap_L > 0$ 或 $Gap_F > 0$,$Gap_L < 0$,$D_{\text{lead}} > 6.4$。

其中,$D_{\text{rec-lag}}$:$D_{\text{rec-lag}} \approx t_{\text{rea}} \times v_{\text{lag}}$,为主车道后车在反应时间 t_{rea}(一般取1.2~1.8 s)内行驶过的距离;$D_{\text{rec-subject}}$:$D_{\text{rec-subject}} \approx t_{\text{rea}} \times v_{\text{subject}}$ 为汇入车辆在反应时间内行驶过的距离;k 为固定参数。

5.1.4 规划决策算法

规划决策算法在生成的 Simulink 模块中实现。本章策略包括纵向的速度决策和横向的换道决策，经过寻优，强化学习模块输出下一时刻的期望速度和前轮偏角来控制车辆自主驾驶。纵向控制中，通过 PID 控制器，根据当前速度与期望速度计算出油门和制动控制量。横向控制中，若执行换道动作，则通过跟踪五次多项式换道曲线，计算出前轮偏角。最后，将油门、制动控制量和前轮偏角共同输入到车辆的动力学模型中，从而实现无人驾驶车辆的自主汇入行为。

5.2 强化学习概述

4.4.1 节中介绍了强化学习的基本概念，以下部分是对强化学习中的几类方法的具体说明。

5.2.1 马尔科夫决策过程

马尔科夫决策过程（MPD）由五元组 (S, A, P, R, γ) 定义，其中：

(1) S 表示有限状态集。

(2) A 表示有限动作集。

(3) P 表示马尔科夫转移函数，$P(s, a, s')$ 表示在状态 $s(s \xrightarrow{a} s')$ 下执行 a，状态转移到 s' 的概率。

(4) $\mathcal{R}: S \times A \times S \rightarrow \mathbb{R}$ 是奖励或者成本函数，$R(s, a, s')$ 表示 $s \xrightarrow{a} s'$ 在下的奖励值。

(5) $\gamma \in [0, 1)$ 表示折扣因子，未来的奖励值成 γ 的指数折减。

为简化符号，状态动作对 (s, a) 的期望奖励值 $R: S \times A \leftrightarrow \mathbb{R}$ 为 $R(s, a)$：

$$R(s, a) = \sum_{s' \in s} P(s, a, s') R(s, a, s') \tag{5-1}$$

强化学习算法利用环境反馈的奖励值，逐渐学习使得在状态 s_0 下采取动作获得的累计奖励最大：

$$I\!E[R(s_0) + \gamma R(s_1) + \gamma^2 R(s_2) + \cdots] \tag{5-2}$$

马尔科夫决策过程的策略 $\pi: S \rightarrow A$ 是由状态到动作的映射，$\pi(s)$ 表示在状态 s 下采取的动作。

状态值函数 $V^\pi(s)$ 表示从状态 s 出发，使用给定策略 π 带来的累计奖励。任何策略的状态动作值函数 $Q^\pi(s, a)$ 包含所有状态和动作的可能组合，表示

状态 s 下采取动作 a 的累计奖励。

根据贝尔曼方程可以得出状态值函数和动作值函数：

$$V^\pi(s) = R(s) + \gamma \sum_{s' \in s} P(s,a,s')V^\pi(s') \tag{5-3}$$

$$Q^\pi(s,a) = R(s,a) + \gamma \sum_{s'} P(s,a,s')V^\pi(s') \tag{5-4}$$

用矩阵形式，系统可以描述为：

$$\boldsymbol{Q}^\pi = \boldsymbol{R} + \gamma \boldsymbol{P}\boldsymbol{\Pi}_\pi \boldsymbol{Q}^\pi \tag{5-5}$$

其中 $\boldsymbol{Q}^\pi$ 和 $\boldsymbol{R}$ 是大小为 $|S||A|$ 的向量；$\boldsymbol{P}$ 是大小为（$|S||A| \times |S|$）的随机矩阵，包括过程的转移模型；$\boldsymbol{\Pi}_\pi$ 用来描述策略 π，是一个大小为（$|S| \times |S||A|$）的随机矩阵。

$$P((s,a),s') = p(s,a,s') \tag{5-6}$$

$$\Pi_\pi(s',(s',a')) = \pi(a';s') \tag{5-7}$$

$$(1 - \gamma \boldsymbol{P}\boldsymbol{\Pi}_\pi)\boldsymbol{Q}^\pi = \boldsymbol{R} \tag{5-8}$$

针对每一个 MDP，存在一个最优的确定策略 π^*，使期望的总奖励 $V^*(s)$，$Q^*(s,a)$ 最大化。

$$V^*(s) = \max_\pi V^\pi(s) = \max_a [R(s) + \gamma \sum_{s' \in s} P(s,a,s')V^\pi(s')] \tag{5-9}$$

$$Q^*(s,a) = \max_\pi Q^\pi(s,a) = R(s,a) + \gamma \sum_{s'} P(s,a,s') \max_{a'} Q^*(s',a') \tag{5-10}$$

评价给定的策略或者寻找更优的策略就是强化学习问题。给定任意的策略 π，估计出状态值函数 $V^\pi(s)$，就是策略评估过程。对某个策略进行评估主要是为了寻求更好的策略，当发现评估的策略并非最优策略时，则进行策略改进。理想的策略应该使期望奖励最大化：

$$\pi'(s) = \arg\max_{a \in A} Q^\pi(s,a) \tag{5-11}$$

策略评估与策略改进交替迭代进行，直到 π' 与 π 满足收敛阈值，则找到了最优决策 $\pi^* = \pi'$，这种方法叫作策略迭代。策略迭代算法在每次改进策略后都需要重新进行策略评估，比较耗时，而值迭代算法直接以最优策略为目标，以迭代形式计算最优策略的值函数，可用于离策略（Off-policy）条件下最优策略的寻找。策略迭代方法经常用于策略（On-policy）强化学习中，必须用目标策略产生训练样本，这对目标策略形成了一定的限制。

5.2.2 免模型强化学习

时序差分方法（Temporal Difference，TD）结合了动态规划和蒙特卡洛方法的优点,每执行一次策略就进行一次值函数估计,假定 t 时刻已经估计出状态值函数 $Q_t^\pi(s,a)$,在状态 s 下执行动作 a 转移到的状态 s',得到奖励 $r_{s\to s'}^a$,$t+1$ 时刻状态 s' 采取动作 a',更新的值函数估计为:

$$Q_{t+1}^\pi(s,a) = Q_t^\pi(s,a) + \alpha(r_{s\to s'}^a + \gamma Q_t^\pi(s',a') - Q_t^\pi(s,a)) \quad (5-12)$$

α 为更新步长,值越大,则越靠后的累计奖励越重要。Sarsa 就是由此得名的,其更新值函数需要前一刻的状态 s、动作 a、奖励值 r 以及当前时刻状态 s' 和即将执行的动作 a',是一种同策略算法,即算法评估(前一刻)和执行(当前时刻)都采用 ε – 贪心策略。

本章在此基础上运用了 Q-Learning 算法,其流程如图 5 – 6 所示。

```
Q 学习 (E, A, S, γ, α)
    输入: //E: 环境
          //A: 动作空间 (a 是动作空间中的元素)
          //S: 状态空间 (S, S' 是状态空间中的元素)
          //s₀: 起始状态
          // γ: 奖励折扣
          //α: 更新步长
    过程:
    (1) Q(s, a) = 0,  π(s, a) = 1/|A(s)|;  //默认均匀概率选取动作
    (2) s = s₀;
    (3) for t = 1, 2, …do
    (4) r, s' = 在 E 中执行动作 a = π^ε(s) 产生的奖赏与转移的状态;
    (5) a' = π(s') //原始策略
    (6) Q_{t+1}^π(s, a) = Q_t^π(s, a) + a (r + γQ_t^π(s', a') - Q_t^π(s, a)) //更新值函数
    (7) π(s) = arg max_{a''} Q(s, a'');
    (8) s = s';
    (9) end for
    输出: 策略 π
```

图 5 – 6 Q-Learning 算法流程

Q-Learning 算法假定状态空间是有限的,并且每个状态都能通过编号或者数组来指代,所以也称为"表格型值函数"(Tabular Value Function),更新某个状态的值函数不会干扰到其他状态,但是驾驶行为是极度复杂、高度动态的任务,拥有连续且无法穷尽的状态空间,精确地储存每个状态的值函数或者策略是不现实的。如果使用 Q-Learning 算法,需要将状态空间离散化转化成有限的、离散的状态空间进行求解,但是离散化又面临计算和存储的难题,如何有效地对状态空间进行划分需要对环境进行一个系统的探索。解决大规模连续状

态空间问题的方法之二就是值函数近似（Value Function Approximation）法。

5.2.3 值函数近似

假定一个简单的环境，设状态空间 $S = \mathbf{R}^n$ 是 n 维的实数空间，值函数表达为状态的线性函数：

$$V_\theta(s) = \boldsymbol{\theta}^\mathrm{T} s \tag{5-13}$$

其中 s 为状态向量，$\boldsymbol{\theta}$ 为参数向量。我们希望尽可能的逼近真实的值函数 V^π，近似程度常用最小二乘误差来度量：

$$E_\theta = E_{s-\pi}[(V^\pi(s) - V_\theta(s))^2] \tag{5-14}$$

其中，$E_{s-\pi}$ 表示策略 π 采样得到的状态上的期望。

为了使误差最小，采用梯度下降法对误差求负导数：

$$-\frac{\partial E_\theta}{\partial \theta} = E_{s-\pi}[2(V^\pi(s) - V_\theta(s))s] \tag{5-15}$$

于是借助时序差分学习，得到对于单个样本的更新规则：

$$\boldsymbol{\theta} = \boldsymbol{\theta} + a(r + \gamma \boldsymbol{\theta}^\mathrm{T} s' - \boldsymbol{\theta}^\mathrm{T} s)s \tag{5-16}$$

将 $\boldsymbol{\theta}$ 作用于表示状态动作的联合向量上，近似得到的即为状态动作值函数，方便获取策略。这里采取了最小二乘策略迭代算法（Least-Squares Policy Iteration, LSPI）来为汇入驾驶过程寻找最优的策略。它就是采用线性值函数近似来替代 Q-Learning 算法中的值函数。

LSPI 框架如图 5-7 所示。

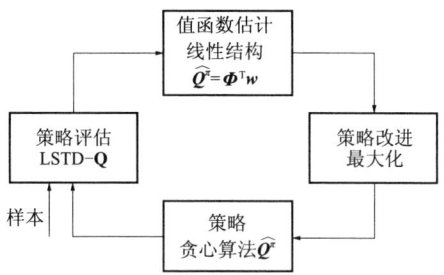

图 5-7 LSPI 算法框架

该方法采用 LSTD 算法来评估值函数，是免模型的离线策略算法，可以有效地学习样本经验。从任意初始策略 π_0 开始，在每轮迭代 l ($l>0$) 中，先用 LSTD-Q 算法评估当前策略，再计算 Q 值函数 Q_l^π，然后用 $Q_{l+1}^\pi(x) = \arg\max_a Q_l^\pi(s, a)$ 改进策略，直到算法最终收敛到最优策略 π^*。

LSPI 的值函数逼近器是由 k 个基函数（特征）的线性加权组成的：

$$\hat{Q}^{\pi}(s,a,w) = \sum_{i=1}^{k} \phi_i(s,a)w_i = \phi(s,a)^{\mathrm{T}} w^{\pi} \quad (5-17)$$

其中 w 是参数（权重）向量。LSPI 算法精度和泛化能力与基函数的选取有很大的关系，一般根据经验知识进行选择，常用的有径向基函数，多项式基函数等。因为 $k \ll |S||A|$，所以上述系统就变成了一个过约束系统。

$$\boldsymbol{\Phi} w \approx R + \gamma P^{\pi} \boldsymbol{\Phi} w \quad (5-18)$$

$$(\boldsymbol{\Phi} - \gamma P^{\pi} \boldsymbol{\Phi}) w \approx R \quad (5-19)$$

$\boldsymbol{\Phi}$ 是大小为 $(|S||A| \times k)$ 的矩阵。我们想找到一组 w^{π}，使值函数空间产生一个不动点，即在不动点处动作值函数 $Q^{\pi} = \boldsymbol{\Phi} w^{\pi}$ 的参数在熵正则化的梯度方向上将不会再更新。假定 $\boldsymbol{\Phi}$ 的列是线性独立的，则：

$$\boldsymbol{\Phi}(\boldsymbol{\Phi}^{\mathrm{T}} \boldsymbol{\Phi})' \boldsymbol{\Phi}^{\mathrm{T}} (R + \gamma P^{\pi} \boldsymbol{\Phi} w^{\pi}) = \boldsymbol{\Phi} w^{\pi} \quad (5-20)$$

$$\Rightarrow w^{\pi} = (\boldsymbol{\Phi}^{\mathrm{T}} (\boldsymbol{\Phi} - \gamma P^{\pi} \boldsymbol{\Phi}))^{-1} \boldsymbol{\Phi}^{\mathrm{T}} R \quad (5-21)$$

这是线性值函数的标准不动点逼近方法，针对的是动作值函数，而非状态值函数。

在实际的驾驶过程中，系统的奖励 R 和转移矩阵 P^{π} 是未知的，因此需要从样本中学习参数 w。样本由四元组 (s, a, r, s') 组成，可以从实际的（序列）情节中采集，也可以通过对 MDP 生成模型的随机查询来采集。由此，期望的参数 w 就可以通过求解 $Aw^{\pi} = b$ 找到，其中 $A = \boldsymbol{\Phi}^{\mathrm{T}} (\boldsymbol{\Phi} - \gamma P^{\pi} \boldsymbol{\Phi})$，$b = \boldsymbol{\Phi}^{\mathrm{T}} R$。

给定一组样本集 $D = \{(s_i, a_i, s'_i, r_i) | i = 1, 2, \cdots, L\}$，可以构造近似的 $\boldsymbol{\Phi}$，$P^{\pi} \boldsymbol{\Phi}$ 和 R：

$$\hat{\boldsymbol{\Phi}} = \begin{pmatrix} \phi(s_1, a_1)^{\mathrm{T}} \\ \cdots \\ \phi(s_i, a_i)^{\mathrm{T}} \\ \cdots \\ \phi(s_L, a_L)^{\mathrm{T}} \end{pmatrix} \quad \widehat{P^{\pi} \boldsymbol{\Phi}} = \begin{pmatrix} \phi(S'_1, \pi(S'_1))^{\mathrm{T}} \\ \cdots \\ \phi(S'_i, \pi(s'_i))^{\mathrm{T}} \\ \cdots \\ \phi(S'_L, \pi(s'_L))^{\mathrm{T}} \end{pmatrix} \quad \hat{R} \begin{pmatrix} r_1 \\ \cdots \\ r_i \\ \cdots \\ r_L \end{pmatrix} \quad (5-22)$$

给定了 $\hat{\boldsymbol{\Phi}}$、$\widehat{P^{\pi} \boldsymbol{\Phi}}$、$\hat{R}$，$A$ 和 b 就可以近似出来：

$$\hat{A} = \hat{\boldsymbol{\Phi}}^{\mathrm{T}} (\hat{\boldsymbol{\Phi}} - \gamma \widehat{P^{\pi} \boldsymbol{\Phi}}) \quad \hat{b} = \hat{\boldsymbol{\Phi}}^{\mathrm{T}} \hat{R} \quad (5-23)$$

来自不同样本集的 $\hat{A}$ 和 $\hat{b}$ 可以求和来得到更好的近似。由此可以得到增量更新公式：

$$\tilde{A} \leftarrow \tilde{A} + \phi(s,a) (\phi(s,a)^{\mathrm{T}} - \gamma \phi(s', \pi(s'))^{\mathrm{T}}) \quad \tilde{b} \leftarrow \tilde{b} + \phi(s,a)$$

$$(5-24)$$

第5章 基于LSPI的环境自适应汇入策略建模

由此，LSPI算法的解为：

$$\begin{cases} w^{\pi^t} = (\boldsymbol{\Phi}^T(\boldsymbol{\Phi} - \gamma \boldsymbol{P}^\pi \boldsymbol{\Phi}))^{-1} \boldsymbol{\Phi}^T R = A^{-1}b \\ \pi^{t+1}(s) = \arg\max_{a \in A} \hat{Q}(s, a, w) = \arg\max_{a \in A} \phi(s, a)^T w^{\pi^t} \end{cases} \quad (5-25)$$

其算法流程如图5-8所示。

```
LSPI (k, φ, γ, ∈, π₀, D₀)
//k: 基函数个数
//φ: 基函数
//γ: 折扣因子
//∈: 停止准则
//π₀: 初始策略为 w₀, π₀ = π(s, w₀) (缺省值: w₀ = 0)
//D₀: 初始样本集，可以为空

D = D₀
π' = π₀        //本质上，w' = w₀

repeat
  Update D (optional)           //增加、删除样本或保持不变
  π = π'                        //w = w'
    for each (sᵢ, aᵢ, sᵢ₊₁, rᵢ) ∈ D  //w' = LSQ(D, k, φ, γ, w)
      Ã ← Ã + φ(sᵢ, aᵢ) (φ(sᵢ, aᵢ) - γφ(sᵢ₊₁, π(sᵢ₊₁)))ᵀ
      b̃ ← b̃ + φ(sᵢ, aᵢ) rᵢ
    end
    w' ← Ã⁻¹ b̃;
    π' = arg max φᵀ(s, a) w
until (π ≈ π')                  // (||w - w'|| < ∈)
return π                        // 返回 w
export π
```

图5-8 LSPI算法流程

5.3 基于LSPI算法的汇入策略建模

强化学习的目的旨在通过优化与目标函数定义相关的值函数（或策略），最终实现控制决策的优化，将强化学习算法运用到无人驾驶车辆汇入决策系统中，面临的首要困难就是状态集的大规模且连续性问题，利用处理连续状态空间的最小二乘策略迭代算法（LSPI），在没有模型的情况下利用少量的先验知

无人驾驶车辆智能行为决策建模

识对城市环境下的汇入决策行为进行建模。

汇入策略算法框架的 MDP 建模过程如下：

1. 状态空间

通过前面的描述，单元汇入系统的 MDP 模型应适用于任意候选间隙。当无人驾驶车辆 Car-0 进入加速车道后，通过自带的 GPS 传感器获取自身状态信息，通过 AIR 传感器感知周边车辆的运动状态信息，目标车道前导车为 Car-1，目标车道后随车为 Car-2。$\{v_0,x_0,y_0\}$、$\{v_1,x_1,y_1\}$ 和 $\{v_2,x_2,y_2\}$ 和分别表示它们的速度，纵向位置以及横向位置。在联合仿真平台搭建路网时，加速车道中心线的横向坐标为 0，车道宽度为 3.5m，因此目标车道中心线横向坐标为 3.5。无人驾驶车辆起始位置坐标为 (0,0)，在安全的前提下，汇入成功的标志为横向坐标 $y_0=3.5$。本章假设目标车道车辆不发生换道行为，汇入全程保持车道跟车的行驶状态，因此，$y_1=y_2=3.5$ 保持不变。

综上分析，LSPI 算法的单元系统状态空间描述为 7 维的向量空间 $(x_0\ y_0\ v_0\ x_1\ v_1\ x_2\ v_2)$。其中 $(x_0\ y_0\ v_0)$ 为汇入车辆的位置坐标和速度信息，$(x_1\ v_1\ x_2\ v_2)$ 表示目标车道前导车和后随车在仿真的过程中纵向位置坐标以及速度信息。

2. 基函数确立

某些情况下，基函数也被称作特征。其选取和参数设定一般根据经验知识进行选择，常用的基函数包括高斯径向基函数和多项式基函数等。与强化学习经典算法 Q 学习相比，LSPI 算法可以理解成用基函数（Basis Function，BF）来表征状态的特性，本章通过对汇入行为驾驶特性的综合分析，基函数选取包括碰撞时间（Time to Collision，TTC）的倒数、车头时距等。

在汇入驾驶过程中，安全性作为最重要的评价指标，通常使用 TTC 来衡量，因此，本章将单元系统中两两车辆的碰撞时间纳入基函数，同时，为了避免相对车速为零的情况，本章使用碰撞时间倒数作为基函数的一部分。

单元汇入系统中两车之间的车头时距也是评价驾驶安全性的重要指标，与交通流组成、驾驶行为密切相关，因此本章选取车头时距作为基函数的一部分。

换道过程的研究表明，当目标车道的间隙满足驾驶员心理预期时，则执行换道；而可接受间隙的阈值又与前导车和后随车之间的相对距离及相对速度密切有关，因此，本章选择相对距离以及相对速度作为基函数的一部分。

无人驾驶车辆的横向位置信息 y_0 可以反映无人驾驶车辆当前所属车道的情况，表征汇入行为的完成度；速度 v_0 则可以反映无人驾驶车辆是否超速，因此，本章选择无人驾驶车辆一部分自身状态信息作为基函数的一部分。

综上所述，无人驾驶车辆汇入策略的基函数包含 14 维，均可以根据状态空间变量进行计算，如表 5-1 所示。

第5章 基于LSPI的环境自适应汇入策略建模

表5-1 确立基函数

影响因素	符号	单位	维度
碰撞时间倒数	$\left[\dfrac{1}{ttc_{10}}, \dfrac{1}{ttc_{12}}, \dfrac{1}{ttc_{20}}\right]$	1/s	3
车头时距	$[gt_{10}, gt_{12}, gt_{02}]$	s	3
相对距离	$[dx_{10}, dx_{12}, dx_{02}]$	m	3
相对速度	$[dv_{10}, dv_{12}, dv_{02}]$	m/s	3
运动状态	$[y_0, v_0]$	[m, m/s]	2

1. 动作空间

本章关注无人驾驶车辆汇入的完整过程，包括选择间隙，调整运动状态达到期望汇入位置，并执行换道操作直到汇入任务完成。无人驾驶车辆在加速车道上可以分别在纵向和横向两个方向上运动，纵向运动调整运动状态以达到期望汇入地点，横向运动与换道决策相关，两个方向上的运动都受到交通状态的制约。

本章的无人驾驶车辆环境自适应汇入策略主要包括行驶速度的优化和换道决策的优化。通过解耦无人驾驶车辆的横向、纵向运动，动作空间的设置包含横向的换道决策和纵向的加速度决策。

当横向决策为0时，即目标车道为加速车道，则无人驾驶车辆保持直线行驶；

当横向决策为1时，即执行换道，则无人驾驶车辆按照参考换道轨迹执行换道动作。

为了简化模型的动作空间，同时，保证舒适性的要求，本章将纵向的加速度离散为急减速、减速、匀速、加速、急加速五个动作值，分别对应（-4，-2，0，2，4）。由此，动作空间就包含了10个动作，其设定如表5-2所示。

表5-2 动作空间设定

横向动作	纵向动作	动作空间	横向动作	纵向动作	动作空间
车道保持	急减速	(-4, 0)	车道变换	急减速	(-4, 1)
车道保持	减速	(-2, 0)	车道变换	减速	(-2, 1)
车道保持	匀速	(0, 0)	车道变换	匀速	(0, 1)
车道保持	加速	(2, 0)	车道变换	加速	(2, 1)
车道保持	急加速	(4, 0)	车道变换	急加速	(4, 1)

2. 奖励函数

在汇入过程中，无人驾驶车辆首先应满足的条件就是安全性，然后，其汇入过程要求在有限的时间和空间约束内完成换道操作，因此，无人驾驶车辆汇入过程的效率也是评价指标之一。参考现实世界的城市快速路匝道汇入行为，要遵守交通规则，同时，也要考虑到驾驶过程的舒适性，于是本章将限速和舒适性纳入评价指标。综合上述考虑，本章建立了线性加权的综合奖励值模型，如式（5-26）所示。

$$R(s,a) = \mu_1 R_{\text{safety}}(s,a) + \mu_2 R_{\text{task}}(s,a) + \mu_3 R_{\text{time}}(s,a) + \mu_4 R_{\text{rule}}(s,a) + \mu_5 R_{\text{comfort}}(s,a) \quad (5-26)$$

其中 $R_{\text{safety}}(s,a)$ 表示安全性奖励值，$R_{\text{task}}(s,a)$ 表示任务成功或失败的奖励值，$R_{\text{time}}(s,a)$ 表示汇入效率奖励值，$R_{\text{rule}}(s,a)$ 表示限速奖励值，$R_{\text{comfort}}(s,a)$ 表示舒适性奖励值。

为提高迭代求解的收敛速度，消除评价指标之间的量纲影响，避免迭代过程中优化算法被数值最大的指标所主导，需要对各个指标的奖励值进行归一化处理，把奖励值映射到（0，1）区间。

3. 安全性奖励函数

驾驶过程中，安全性是无人驾驶车辆最重要的评价指标，当碰撞或易于碰撞时，给予一个较大的负奖励（惩罚），当满足安全条件时，奖励值为0，因此安全性奖励值的权重为一个较大的负值。当汇入发生碰撞时，即停止仿真。考虑到汇入过程中包含横向运动，汇入车辆将面临两种情况，如图5-9所示。

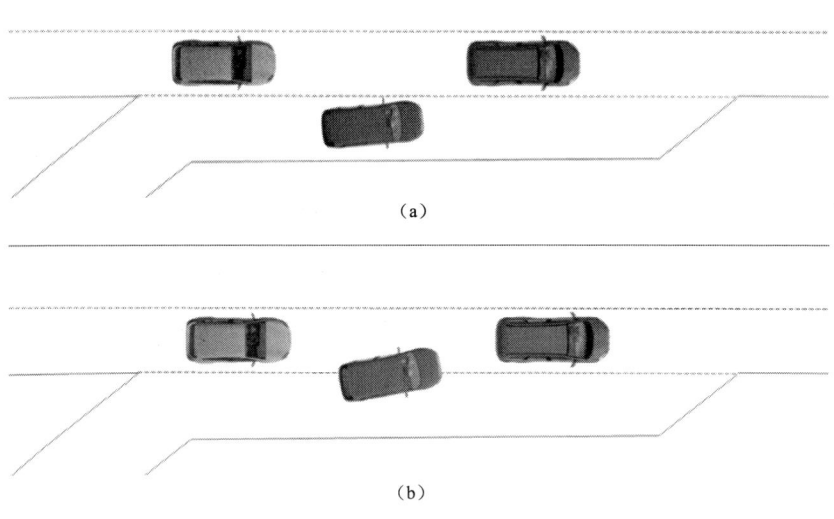

图5-9 汇入车辆面临的两种情况

（a）汇入车辆在加速车道上，不考虑碰撞；（b）汇入车辆与目标车道有重合时，考虑碰撞

第5章 基于LSPI的环境自适应汇入策略建模

当无人驾驶车辆在加速车道上行驶时，不考虑碰撞问题。此时，处于安全的范畴，因此安全性奖励函数的值0。当无人驾驶车辆与目标车道线有重合时，开始考虑与目标车道车辆的安全性碰撞问题。此时，无人驾驶车辆存在易于碰撞、碰撞和安全三个状态。针对本章的汇入环境如式（5-27）所示。

$$R_{\text{safety}}(s,a) = \begin{cases} \dfrac{\text{dis} - \min(dx_{10}, dx_{02})}{\text{dis}} & 5 < \min(dx_{10}, dx_{02}) < \text{dis} \text{ 易于碰撞} \\ 1 & \min(dx_{10}, dx_{02}) \leq 5 \text{ 碰撞或汇入失败} \\ 0 & \text{安全} \end{cases}$$

(5-27)

其中 dis 为汇入车辆与目标车道前导车、目标车道后随车的相对距离安全阈值。本章的无人驾驶车辆汇入行为研究主要考虑在高密度的城市环境中进行，主线车流的车头间距远远小于高速公路环境。通过对前文真实汇入驾驶行为数据的分析，为确保驾驶过程的安全性，本章选取 5m 作为汇入过程中，汇入车辆与目标车道相对距离最小阈值。当汇入车辆与目标车道环境车辆的相对距离小于 5m 时，则视为汇入失败，停止仿真。当汇入车辆与目标车道环境车辆的相对距离大于 5m，且小于本章设定的安全距离 dis，根据易碰撞的程度，通过与权重 μ_1 相乘，给予一个较大的负奖励。

（1）任务成功奖励函数。

任务成功奖励值是在汇入任务安全、高效地完成时反馈的奖励值。针对本章的单元汇入系统，则：

$$R_{\text{task}}(s,a) = \begin{cases} 1 & dx_{10} > \text{dis}_1, dx_{02} > \text{dis}_1, y_0 \geq 3 \text{ 汇入成功} \\ 0 & \end{cases}$$

(5-28)

dis_1 为安全距离阈值。当无人驾驶车辆汇入成功时，则给予一个较大的正奖励，则权重 μ_2 为一个较大的正值。

（2）汇入效率奖励函数。

汇入驾驶行为要求在一定的空间约束内，高效地完成车道变换任务，因此，本章根据汇入任务完成的时效性，设计了汇入效率奖励值：

$$R_{\text{time}}(s,a) = \begin{cases} \dfrac{65 - \text{step}}{65} & \text{step} \leq 100 \end{cases}$$

(5-29)

step 表示当前周期。根据对真实汇入行为数据的分析，汇入任务的完成为 2.8~13.8 s，平均换道时间为 6.5 s。本章无人驾驶车辆汇入系统要求在 10 s 内完成汇入行为，仿真步长设定为 0.1 s，则需要在 100 个时间步长内完成汇入。当无人驾驶车辆在 6.5 s 内汇入成功，则给予正奖励；反之，则给予负奖励，权重 μ_3 为正值。针对单元汇入系统，一部分初始状态的汇入间隙距离汇入车辆比较远,不能在 100 个时间步长内成功汇入。此时,汇入任务也判定为失败,停止仿真。这种状况在完整的汇入场景中可以避免,因为目标车道的候选间隙较多,距离较近间隙值函数估计值会大于较远间隙,会优先被选择。

(1) 限速奖励函数。

在驾驶过程中,需要遵守交通的法律法规,本章引入了限速奖励值来规范无人驾驶车辆的速度在合理范围内。

$$R_{\text{rule}}(s,a) = \begin{cases} \dfrac{v_{\text{limit}} - v_0}{v_{\text{limit}}} & v_0 > v_{\text{limit}} \quad 超速 \\ 0 \end{cases} \quad (5-30)$$

其中 v_{limit} 表示道路限速。当无人驾驶车辆在限速范围内,则限速奖励值为 0;如果超速,则给予负的奖励值,因此权重 μ_4 为正值。

(2) 舒适性奖励函数。

驾驶过程中舒适性包括纵向和横向两方面的加速度和冲击度表征指标,冲击度是指加速度随时间的变化率。由于本章的研究内容忽略了车辆动力学模型,在汇入过程中,只考虑简单的二自由度运动学模型,因此舒适性奖励值主要考虑纵向的加速度变化,经过归一化为:

$$R_{\text{comfort}}(s,a) = \frac{|\Delta a|}{|a_{\max} - a_{\min}|} \quad (5-31)$$

其中 $|\Delta a|$ 表示两个周期的纵向加速度动作差值,$a_{\max}$ 表示最大的加速度,$a_{\min}$ 表示最大的减速度。当加速度差值为零时,奖励值为零;其余情况下,加速度不断变化,驾驶的舒适性降低,给予负奖励,因此权重 μ_s 为负值。

确定了基于安全后,效率和舒适性的综合奖励函数,接下来的工作是确定权重值,一般通过经验分析进行人工选取。在驾驶过程中指标的重要程度不同,因此在奖励值的设定过程中,权重值有不同的侧重,如安全性的考量远远大于其他指标。

5.4 无人驾驶车辆换道轨迹规划与路径跟踪

5.3 节中提到的汇入策略将无人驾驶车辆的纵向、横向运动解耦,分别给出纵向的速度决策和横向的换道决策。联合仿真平台的无人驾驶车辆动力学模型输入参数为前轮偏角、油门控制量以及刹车控制量。为了执行汇入策略,实现无人驾驶车辆的自主汇入,必须将纵向的速度决策转化为油门、刹车控制量,将横向决策转化为前轮偏角控制量。其中,纵向速度控制通过 PreScan 自带的 PID 控制器进行转化。本章的横向换道决策通过追踪基于五次多项式曲线的换道参考轨迹完成。下文将对其进行详细说明。

5.4.1 基于五次多项式曲线的换道轨迹规划

换道决策直接决定了无人驾驶车辆的横向动作,当无人驾驶车辆按照参考轨迹成功换道,则证明汇入策略的有效性,因此,横向决策也与换道参考轨迹相关。考虑到无人驾驶车辆的轨迹规划不是本章的关注点,在给予无人驾驶车辆参考换道轨迹时,不考虑动态障碍物。根据车辆的运动学模型,无人驾驶车辆的轨迹规划应该满足以下几点:

(1)轨迹规划应该保证平滑过渡,无尖点,无突变点;
(2)轨迹规划应该保证一阶可导,同时,在起终点的导数为零;
(3)轨迹规划应该力求二阶可导并且带起终点的导数为零。

考虑到上述约束,本章采用多项式模型对参考轨迹进行建模,保证无人驾驶车辆在期望距离内完成车道变换任务,汇入成功。n($n \geqslant 3$)次多项式参数方程能满足车辆运动微分方程。该参考轨迹具有平稳转向的优点,且能保证在较高速度下也具有良好的路径跟踪能力。

定义(x,y)为车辆位置,θ为航向角,δ为前轮偏角。多项式参数方程将车辆的位置由无量纲参数μ表达为:

$$\begin{cases} x = x(u) \\ y = y(u) \\ u \in [0,1] \end{cases} \quad (5-32)$$

其中$(x(0),y(0))$表示轨迹规划的起始位置,$(x(1),y(1))$表示轨迹规划的终点位置。由此,无人驾驶车辆的起始位置为$(x_A, y_A, \delta_A, \theta_A)$,目标位置为$(x_\beta, y_\beta, \delta_B, \theta_B)$,那么边界条件为:

$$\begin{cases} x(0) = x_A, x(1) = x_B \\ y(0) = y_A, y(1) = y_B \\ \delta(0) = \delta_A, \delta(1) = \delta_B \\ \dfrac{\begin{bmatrix} \dot{x}(0) \\ \dot{y}(0) \end{bmatrix}}{\sqrt{x^2(0) + y^2(0)}} = \begin{bmatrix} \cos \theta_A \\ \sin \theta_A \end{bmatrix} \\ \dfrac{\begin{bmatrix} \dot{x}(1) \\ \dot{y}(1) \end{bmatrix}}{\sqrt{x^2(1) + y^2(1)}} = \begin{bmatrix} \cos \theta_B \\ \sin \theta_B \end{bmatrix} \end{cases} \quad (5-33)$$

该边界条件能够唯一确定 3 次多项式参数方程的解。为了在参考轨迹具有更多的自由度的同时减少曲线上的冲击度，本章选取 5 次多项式参数方程作为参考轨迹：

$$x(u) = x_0 + x_1 u + x_2 u^2 + x_3 u^3 + x_4 u^4 + x_5 u^5 \quad (5-34)$$

$$y(u) = y_0 + y_1 u + y_2 u^2 + y_3 u^3 + y_4 u^4 + y_5 u^5 \quad (5-35)$$

该方程求解需要加入调节参数 $[\beta_1, \beta_2, \beta_3, \beta_4]$，本章选取 $[25, 25, -45, 4]$。计算所得 5 次多项式参数为：

$$x_0 = x_A \quad (5-36)$$

$$x_1 = \eta_1 \cos\theta_A \quad (5-37)$$

$$x_2 = \frac{1}{2}(\eta_3 \cos\theta_A - \eta_1^2 \delta_A \sin\theta_A) \quad (5-38)$$

$$x_3 = 10(x_B - x_A) - \left(6\eta_1 + \frac{3}{2}\eta_3\right)\cos\theta_A - \left(4\eta_2 - \frac{1}{2}\eta_4\right)\cos\theta_B + \frac{3}{2}\eta_1^2 \delta_A \sin\theta_A - \frac{1}{2}\eta_2^2 \delta_B \sin\theta_B \quad (5-39)$$

$$x_4 = -15(x_B - x_A) + \left(8\eta_1 + \frac{3}{2}\eta_3\right)\cos\theta_A + (7\eta_2 - \eta_4)\cos\theta_B - \frac{3}{2}\eta_1^2 \delta_A \sin\theta_A + \eta_2^2 \delta_B \sin\theta_B \quad (5-40)$$

$$x_5 = 6(x_B - x_A) - \left(3\eta_1 + \frac{1}{2}\eta_3\right)\cos\theta_A - \left(3\eta_2 - \frac{1}{2}\eta_4\right)\cos\theta_B + \frac{1}{2}\eta_1^2 \delta_A \sin\theta_A - \frac{1}{2}\eta_2^2 \delta_B \sin\theta_B \quad (5-41)$$

$$y_0 = y_A \quad (5-42)$$

$$y_1 = \eta_1 \sin\theta_A \quad (5-43)$$

$$y_2 = \frac{1}{2}(\eta_3 \sin\theta_A + \eta_1^2 \delta_A \cos\theta_A) \quad (5-44)$$

$$y_3 = 10(y_B - y_A) - \left(6\eta_1 + \frac{3}{2}\eta_3\right)\sin\theta_A - \left(4\eta_2 - \frac{1}{2}\eta_4\right)\sin\theta_B - \frac{3}{2}\eta_1^2 \delta_A \cos\theta_A + \frac{1}{2}\eta_2^2 \delta_B \sin\theta_B \quad (5-45)$$

$$y_4 = -15(y_B - y_A) + \left(8\eta_1 + \frac{3}{2}\eta_3\right)\sin\theta_A + (7\eta_2 - \eta_4)\sin\theta_B + \frac{3}{2}\eta_1^2 \delta_A \cos\theta_A - \eta_2^2 \delta_B \cos\theta_B \quad (5-46)$$

$$y_5 = 6(y_B - y_A) - \left(3\eta_1 + \frac{1}{2}\eta_3\right)\sin\theta_A - \left(3\eta_2 - \frac{1}{2}\eta_4\right)\sin\theta_B -$$
$$\frac{1}{2}\eta_1^2 \delta_A \cos\theta_A + \frac{1}{2}\eta_2^2 \delta_B \cos\theta_B \tag{5-47}$$

针对本章的换道问题,当某一时刻横向决策为换道时,无人驾驶车辆的起始位姿为 $(x_t, y_t, \delta_t, \theta_t)$。$(x_t, y_t)$ 为当前时刻位置,换道决策之前在加速车道上直线行驶,因此航向角 θ_t 为零,前轮偏角 δ_t 也为零。换道过程受道路线形约束,本章换道终点横向位置选取目标车道中心线位置。在纵向预瞄距离的选取上,考虑换道时间需求,将预瞄距离离散为 [10, 20, 30, 40, …],根据汇入交通状态的情况酌情选取。由此,换道终点的无人驾驶车辆目标位置即为 $(x_t + PD, y_t + LW, \delta_T, \theta_T)$。其中,$PD$ 表示纵向上换道预瞄距离,LW 表示车道宽度,汇入成功后,无人驾驶车辆在目标车道保持直线行驶,因此航向角 θ_T 为零,前轮偏角 δ_T 也为零。图 5-10 所示为不同预瞄距离下的换道参考轨迹,车道宽为 3.5 m。

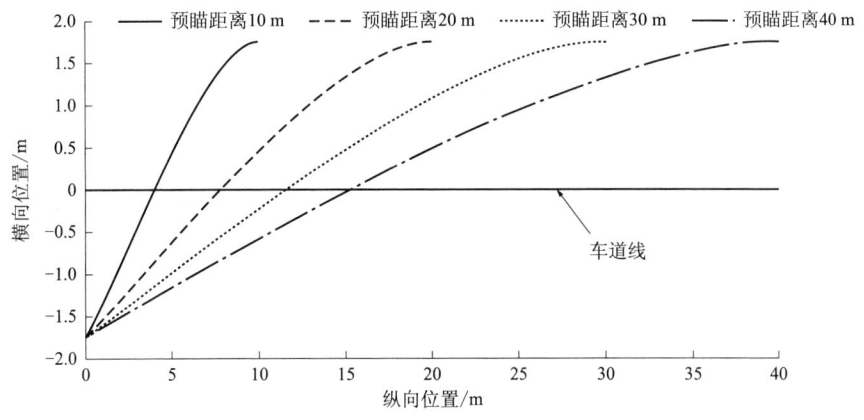

图 5-10 基于 5 次多项式曲线的换道参考轨迹

5.4.2 基于运动学模型的轨迹跟踪控制

无人驾驶车辆轨迹跟踪的目的是实现以期望的速度跟踪期望轨迹。本章的汇入策略已经给出期望的速度,5.3 节中的内容设定了横向换道决策的参考轨迹,因此本节主要介绍利用模型预测控制理论方法。基于运动学模型建立轨迹跟踪控制器的轨迹跟踪流程如图 5-11 所示。

无人驾驶车辆智能行为决策建模

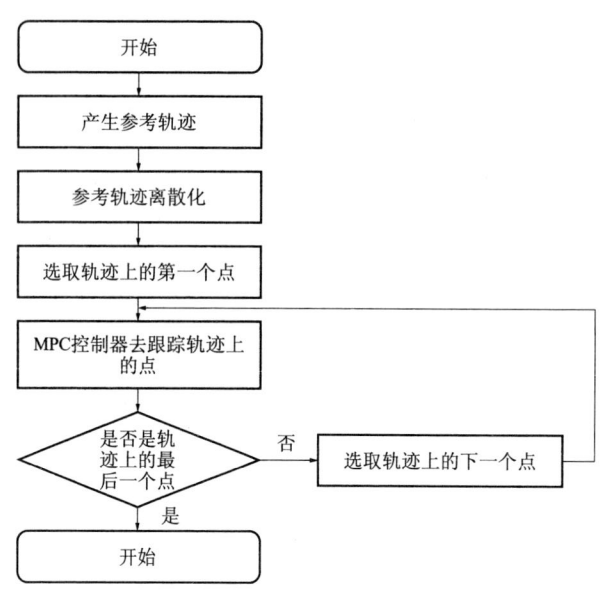

图 5-11 轨迹跟踪流程

模型预测控制是一种控制方法,具有预测模型、滚动优化以及反馈校正三项基本特点。图 5-12 所示为模型预测控制在跟踪换道参考轨迹过程中的原理框架,其中虚线框表示 MPC 控制器主体。将上述车辆运动学线性误差模型作为预测模型使用,构成了轨迹跟踪控制系统的基础支撑。本章跟踪过程的目标函数以及约束条件参考了文献,目标函数的设计考虑了轨迹跟踪的快速性以及平稳性,约束条件包括执行机构约束、控制量平滑约束、稳定性约束等。MPC 控制器寻优得到当前时刻最佳前轮偏角控制量,作为联合仿真平台的无人驾驶车辆动力学模型输入,使横向换道决策能够自主执行。

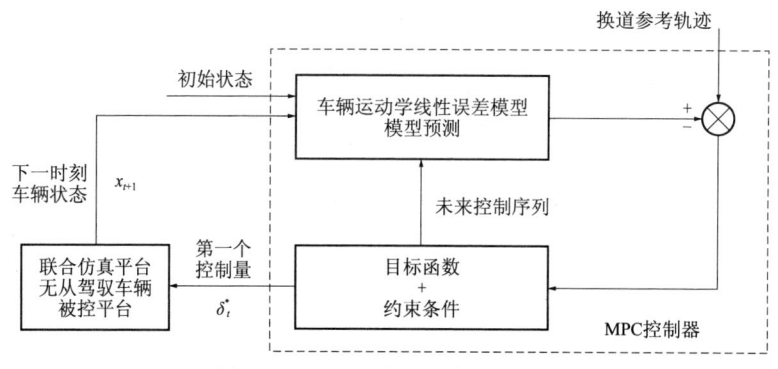

图 5-12 MPC 轨迹跟踪原理框架

第5章 基于LSPI的环境自适应汇入策略建模

1. 车辆运动学模型

本章不考虑过于复杂的运动学约束，将车辆模型简化为二自由度模型，如图 5-13 所示。

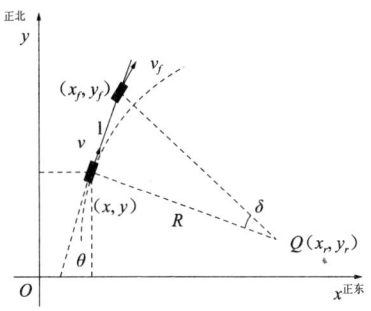

图 5-13 二自由度模型

图 5-13 中 xOy 为大地坐标系，(x_f, y_f) 和 (x, y) 分别为智能车辆前、后轴中心位置，v_f，v 分别为前、后轴速度，l 为轴距。δ 为前轮偏角，θ 为航向角。顺时针为负，逆时针为正。经过相关运动学约束和前后轴角度关系，总结得到车辆运动学模型：

$$\begin{cases} \dot{x} = v \times \cos(\theta) \\ \dot{y} = v \times \sin(\theta) \\ \dot{\theta} = v \times \dfrac{\tan(\delta)}{L} \end{cases} \tag{5-48}$$

由式（5-48）可知，将该模型视为一个输入为 $\mu(v, \delta)$、状态量为 (x, y, θ) 的控制系统：

$$\dot{\chi} = f(\chi, u) \tag{5-49}$$

依据上述运动学模型，无人驾驶车辆对于给定参考轨迹的线性误差模型如下：

$$\dot{\chi} = \begin{bmatrix} \dot{x} - \dot{x}_r \\ \dot{y} - \dot{y}_r \\ \dot{\theta} - \dot{\theta}_r \end{bmatrix} = \begin{bmatrix} 0 & 0 & -v_r \sin\theta_r \\ 0 & 0 & v_r \cos\theta_r \\ 0 & 0 & 0 \end{bmatrix} \begin{bmatrix} x - x_r \\ y - y_r \\ \theta - \theta_r \end{bmatrix} + \begin{bmatrix} \cos\theta_r & 0 \\ \sin\theta_r & 0 \\ \dfrac{\tan\delta_r}{l} & \dfrac{v_r}{l \cos^2\delta_r} \end{bmatrix} \begin{bmatrix} v - v_r \\ \delta - \delta_r \end{bmatrix}$$

$$(5-50)$$

其中 r 代表轨迹上的点或者参考量。

将式（5-51）进行离散化，得到：

$$\tilde{\chi}(k+1) = \tilde{A}_{k,t} \tilde{\chi}(k) + \tilde{B}_{k,t} \tilde{u}(k) \tag{5-51}$$

$$\tilde{A}_{k,t} = I + T\frac{\partial f}{\partial \chi}\bigg|_{\substack{\chi=\chi_r \\ u=u_r}}, \quad \tilde{B}_{k,t} = T\frac{\partial f}{\partial u}\bigg|_{\substack{\chi=\chi_r \\ u=u_r}} \tag{5-52}$$

2. 预测方程

将式（5-51）变为离散线性化模型后，设定 $\xi(k\mid t) = \begin{bmatrix} x(k\mid t) \\ u(k-1\mid t) \end{bmatrix}$，则得到新状态空间表达式：

$$\xi(k+1\mid t) = \tilde{A}_{k,t}\xi(k\mid t) + \tilde{B}_{k,t}\Delta u(k\mid t) + \tilde{d}_{k,t} \tag{5-53}$$

$\tilde{d}_{k,t}$ 为系统离散线性化后产生的误差，设定系统的预测时域为 N_p，控制时域为 N_c，则在预测时域内未来一段时间的输出为：

$$Y(t) = \psi_t\xi(t\mid t) + \Theta_t\Delta U(t) + \Gamma_t\Phi(t) \tag{5-54}$$

其中：

$$\Theta_t = \begin{bmatrix} \tilde{C}_t\tilde{B}_t & 0 & 0 & 0 \\ \tilde{C}_t\tilde{A}_t\tilde{B}_t & \tilde{C}_t\tilde{B}_t & 0 & 0 \\ \cdots & \cdots & \ddots & \cdots \\ \tilde{C}_t\tilde{A}_t^{N_p-1}\tilde{B}_t & \tilde{C}_t\tilde{A}_t^{N_p-2}\tilde{B}_t & \cdots & \tilde{C}_t\tilde{A}_t^{N_p-N_c-1}\tilde{B} \end{bmatrix}$$

$$\psi_t = \begin{bmatrix} \tilde{C}_t\tilde{A}_t \\ \tilde{C}_t\tilde{A}_t^2 \\ \cdots \\ \tilde{C}_t\tilde{A}_t^{N_p} \end{bmatrix} \quad \Phi_t = \begin{bmatrix} \tilde{d}(t\mid t) \\ \tilde{d}(t+1\mid t) \\ \cdots \\ \tilde{d}(t+N_p-1\mid t) \end{bmatrix}$$

$$\Gamma_t = \begin{bmatrix} \tilde{C}_t & 0 & 0 & 0 \\ \tilde{C}_t\tilde{A}_t & \tilde{C}_t & 0 & 0 \\ \cdots & \cdots & \ddots & \cdots \\ \tilde{C}_t\tilde{A}_t^{N_p-1} & \tilde{C}_t\tilde{A}_t^{N_p-2}\,t & \cdots & \tilde{C}_t\tilde{A}_t^{N_p-N_c-1} \end{bmatrix}$$

$$\tag{5-55}$$

由式（5-55）可知，预测时域内的输出量可以通过当前时刻的状态量 $\xi(t\mid t)$，预测时域内未知的控制增量 $\Delta U(t)$ 得到，因此需要进行预测和滚动优化。

1. 优化求解

要求得控制增量 $\Delta U(t)$，必须建立合适的优化目标函数：

第5章 基于LSPI的环境自适应汇入策略建模

$$J(\xi(t),u(t-1),\Delta U(t),\varepsilon) = \sum_{i=1}^{N_p} \left\| \eta(t+i|t) - \eta_{\text{ref}}(t+i|t) \right\|_Q^2 + \sum_{i=1}^{N_c-1} \left\| \Delta U(t+i|t) \right\|_R^2 + \rho\varepsilon^2 \tag{5-56}$$

式中，Q 和 R 为权重矩阵。第一项反映系统对参考轨迹的跟踪能力，第二项反映系统对控制量变化的约束，第三项是松弛因子。当目标函数在控制周期内无最优解时，系统会以次优解代替。经过相应的矩阵运算，目标函数可以转化为：

$$J(\xi(t),u(t-1),\Delta U(t),\varepsilon) = [\Delta U(t),\varepsilon]^T H_t [\Delta U(t),\varepsilon] + G_t [\Delta U(t),\varepsilon] + P_t \tag{5-57}$$

其中，

$$H_t = \begin{bmatrix} \Theta_t^T Q_e \Theta_t + R_e & 0 \\ 0 & \rho \end{bmatrix} \quad G_t = [2E(t)Q_e\Theta_t \quad 0] \tag{5-58}$$

$$P_t = E(t)^T Q_e E(t), E(t) = \psi\xi(t|t) - Y_{\text{ref}}(t) \tag{5-59}$$

2. 约束条件

这里需要考虑控制量约束、控制增量约束和输出量约束。考虑如下矩阵：

$$\Lambda = \mathbf{1}_{N_c} \otimes I_m \quad U_t = \mathbf{1}_{N_c} \otimes u(k-1) \tag{5-60}$$

m 与控制量的维度相同。$\otimes$ 为克罗内克积，$u(k-1)$ 为上一时刻的控制量。建立如下约束条件：

$$\text{s.t. } \Delta U_{\min} \leq \Delta U_t \leq \Delta U_{\max}$$
$$U_{\min} \leq \Lambda \cdot \Delta U_t + U_t \leq U_{\max}$$
$$Y_{c\min} \leq \psi_t \xi(t|t) + \Theta_t \Delta U(t) + \Gamma_t \Phi(t) \leq Y_{c\max} \tag{5-61}$$

每一个控制周期内在约束条件下完成对式（5-58）的求解后可得到控制增量 $\Delta U_t^* = [\Delta u_t^*, \Delta u_{t+1}^*, \cdots \Delta u_{t+N_c-1}^*]$。取该序列的第一个元素为控制输入量，可得到当前时刻的控制量为 $u(t) = u(t-1) + \Delta u_t^*$。

5.4.3 轨迹跟踪算法验证

这里对车辆换道规划的5次曲线进行跟踪。

1. 对参考轨迹点分段插值

设置纵向车速为 $v=10 \text{ m/s}$，将参考的5次曲线分段线性化，车辆在每个线段里进行直线跟踪，线段长度 $L=vT$。

2. 仿真轨迹

图5-14所示为车辆参考轨迹与MPC跟踪轨迹的曲线图。

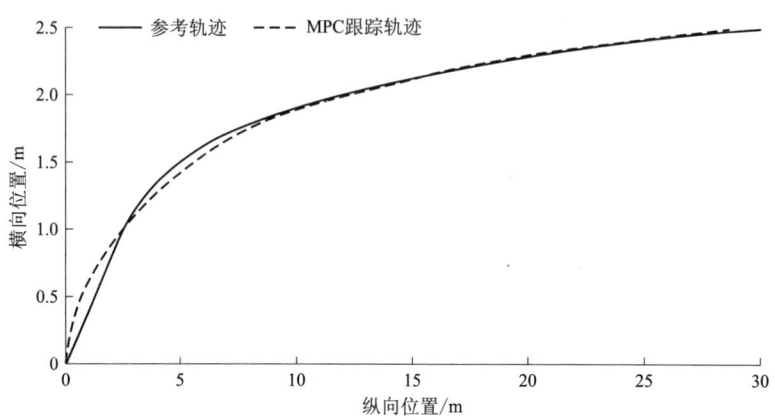

图 5-14 车辆参考轨迹与 MPC 跟踪轨迹的曲线图

由图 5-14 可知,车辆跟踪误差不超过 0.1m,跟踪精度完全满足要求。

图 5-15 所示为跟踪过程中车辆的纵向车速变化曲线。这里主要是对 MPC 控制器的跟踪效果进行评估,所以从零加速到 10 m/s。由图可看出,车辆速度在前 10 s 内急速增加,主要是因为车辆初始的位置与规划的轨迹点差距较大,车辆需要增大速度减小位置误差。加速到 10 m/s 时车速会产生震荡,主要是由于仿真时,路面的高低起伏对车速产生了影响。速度变化量较小,满足设计要求。

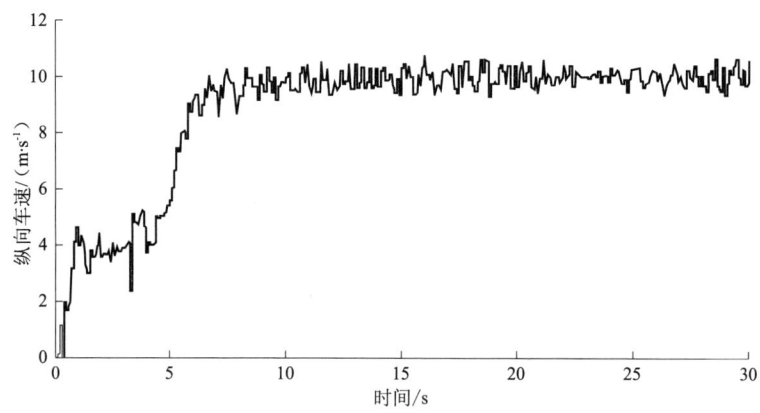

图 5-15 跟踪过程中车辆的纵向车速变化曲线

图 5-16 所示为跟踪过程中车辆的前轮偏角变化曲线。车辆向右转为正,向左转为负。由图 5-16 可以看出,车辆在向右变道时,先向右转,到一定位置时再向左转,使航向与初始相同。图 5-16 中的前轮偏角变化平缓,使车辆

转向时不会发生侧偏现象。前轮偏角数值也没有超出车辆转向极限。

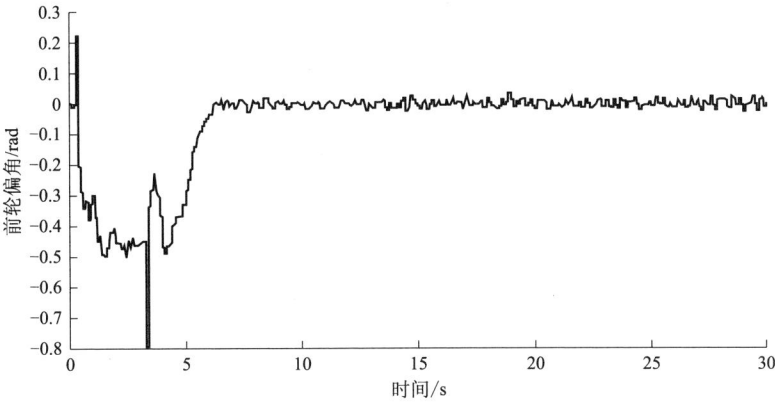

图 5-16　跟踪过程中车辆的前轮偏角变化曲线

参 考 文 献

［1］ González David, Pérez Joshué, Milanés Vicente, et al. A review of motion planning techniques for automated vehicles ［J］. IEEE Transactions on Intelligent Transportation Systems, 2016, 17 (4): 1135-1145.

［2］ Xuemei Chen, Yisong Miao, Min Jin, et al. Driving decision-making analysis of lane-changing for autonomous vehicle under complex urban environment ［C］//2017 29th Chinese Control And Decision Conference (CCDC), 2017.

［3］ 陈海涛. 城市快速路匝道分布类型的通行效率对比分析及优化设计 ［D］. 上海：上海交通大学, 2015.

［4］ Chen X, Wei Z, Zhao X, et al. Conspicuity research on the highway roadside objects: A simulator study ［J］. Discrete Dynamics in Nature and Society, 2014 (1): 1-9.

［5］ Lee Gunwoo, Modeling gap acceptance at freeway merges ［J］. Massachusetts Institute of Technology, 2006.

［6］ Xu Linghui, Lu Jia, Wang Chong, et al. Cooperative merging control strategy of connected and automated vehicles on highways ［J］. Journal of Southeast University (English Edition), 2019, 35 (2): 220-227.

［7］ Brechtel Sebastian, Gindele Tobias, Dillmann Rüdiger. Probabilistic decision-making under uncertainty for autonomous driving using continuous POMDPs ［J］: IEEE, 2014: 392-399.

［8］ Sharifzadeh S, Chiotellis I, Triebel R, et al. Learning to drive using inverse reinforcement learning and deep Q-networks ［C］//Nips Workshop on Deep Learning for Action & Interaction, 2016.

[9] 赵盼. 城市环境下无人驾驶车辆运动控制方法的研究 [D]. 合肥：中国科学技术大学, 2012.

[10] Ntousakis I A, Nikolos L K, Papageorgiou M. Optimal vehicle trajectory planning in the context of cooperative merging on highways [J]. Transportation Research Part C, 2016, 71 (OCT.): 464-488.

[11] Ntousakis I A, Nikolos I K, Papageorgiou M. Cooperative vehicle merging on highways-model predictive control [C]//Transportation Research Board 96th Annual Meeting. Washington, DC, USA, 2017.

[12] Asgharzadeh M, Gubbala P S, Kondyli A, et al. Effect of on-ramp demand and flow distribution on capacity at merge bottleneck locations [J]. Transportation Letters The International Journal of Transportation Research, 2019 (1484): 1-9.

[13] Weng J X, Du G, Li D, et al. Time-varying mixed logit model for vehicle merging behavior in work zone merging areas [J]. Accident Analysis And Prevention, 2018, 117: 328-339.

第 6 章

城市道路交叉口穿越行为决策建模

6.1 城市道路交叉口左转驾驶行为分析

6.1.1 城市道路交叉口车辆通行特点和冲突分析

城市环境道路主要可以分为两种类型。一种是普通单向行驶车道,包含直道和弯道等,同一侧道路中的所有车辆的行驶方向相同;另一种则是用于改变行驶方向的交叉路口,包含十字路口、T形路口和环形路口等,通过城市道路交叉口的车辆其出行目的和行驶方向有所不同。

在城市环境的单向路段上,车辆的驾驶行为主要分为自由行驶、跟驰、超车和换道等行为。在这些行为中,车辆具有自主选择权,可以根据驾驶需求自行选择驾驶动作。这些需求包含了达到期望驾驶速度和获得理想的驾驶空间等,同时,在没有强制性交通规则约束时,以上驾驶行为可以选择在不同时段或路段执行,使驾驶操作更具主观性。

与单向路段上的超车换道行为不同,车辆在城市道路交叉口的行为与匝道汇入行为的性质更加接近,如图 6-1 所示。在这类场景中,车辆需要在有限的时间和有限的空间内完成通行任务,其任务具有强时间约束性。此外,作为一种特殊的城市环境道路,城市道路交叉口的通行环境更具复杂性和不确定性。交叉口处交通参与者种类众多，存在机动车、行人以及非机动车之间的相互作用，行人和非机动车的运动规律相比机动车更加复杂，无人驾驶车辆的通行难度也更大；同时，由于出行目的的不同，来自不同道路的车辆经过同一城市道路交叉口时会产生多处冲突区域，因此增加了驾驶行为分析的难度。

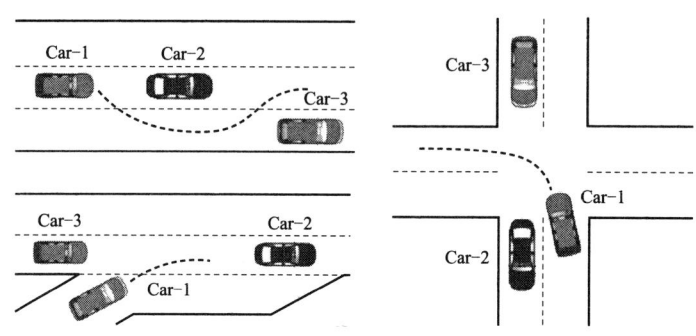

图 6-1　车辆在车道内和城市道路交叉口处的驾驶行为

许多学者在研究车辆在城市交叉口的通行问题时，往往将车辆通行经过的路径划分为不同区域或阶段，针对不同区域设置相应决策，降低了决策过程的状态和动作空间。Nilsson 等在研究让行行为时，将车辆穿过城市道路交叉口走过的路径等效为一个通道，并将其分为前、中、后（Pre、Peri、Post）三个区域。Bellet 等将车辆左转通过城市道路交叉口的行为分为直接通过和让行通过两种类型，并针对让行通过的车辆行驶路径，划分为入口等待区域、1/3 等待区域、2/3 等待区域三部分。Chuna 等在研究车辆直行通过城市道路交叉口的速度变化时，将通行过程分成了接近交叉口前 12 s 的观望区域、城市道路交叉口内通行区域和驶离交叉口区域。

A 区域为左转车与直行机动车冲突区域，B 区域为左转车与非机动车冲突区域，C 区域为左转车与行人冲突区域。

结合上面的分析，本书在研究车辆在城市道路交叉口的左转行为时，将通行全过程划分为不同区域，并针对性地采取不同策略，如图 6-2 所示。

图 6-2 所示为车辆在城市道路交叉口左转过程中与其他交通参与者的冲突关系。当车辆左转通过交叉口时，需要依次经过直行机动车车流、非机动车流以及横穿马路的行人。本书将左转车与其他移动目标在路径上的重合区域设为冲突区域，其他区域视为安全区域。在移动目标通过城市道路交叉口时，若空间上的路径冲突无法避免，需要选择在时间上进行避让，先后通过冲突区域，完成通行任务。

本章以左转车和直行车之间冲突为研究对象，建立车辆的左转决策模型，

第6章 城市道路交叉口穿越行为决策建模

不考虑行人和非机动车的影响。

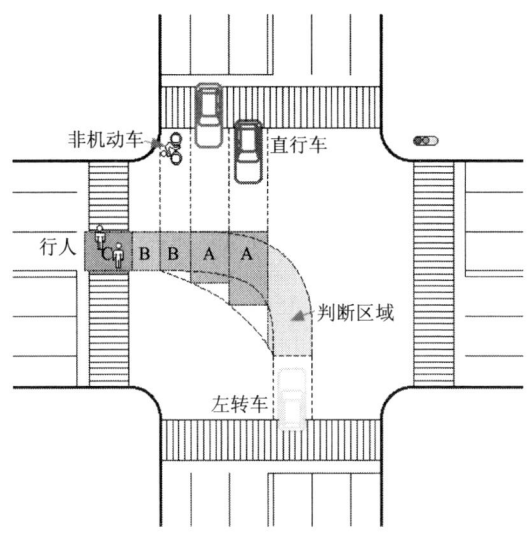

图 6-2 道路交叉口左转行为描述

6.1.2 基于轨迹预测的决策框架

当无人驾驶车辆的行驶路径与其他车辆的路径不可避免地产生冲突时，驾驶系统需要对环境车辆的运动轨迹做出准确的预测，从而在时间维度进行避障。许多学者针对基于环境对象行为预测的决策框架展开了相关研究。

Gu 等以车辆在交叉路口避让横穿马路的行人为研究场景，综合考虑了行人的运动模式、行走速度、运动方向及当前位置等因素，基于动态贝叶斯网络对行人的穿行意图进行预测，然后根据预测结果，计算出当车辆到达冲突点时，行人之间的距离并使用逻辑函数计算出车辆能够通过此间隙的概率。最后，在考虑车辆进入和离开路口时的速度阶段性变化特点的同时，针对不同可接受概率的行人间隙，控制车辆采取不同的行动方案。Rodrigues M 等整合了决策模块与动作选择模块，将决策规划框架划分为态势感知（Situation Awareness，SA）、行为预测（Behavior Prediction，BhvPrd）和行为选择（Behavior Selection，BhvSel）三个部分，分别对应环境信息的处理与评估、周边交通参与者的行为预测以及决策规划和动作选择。在态势感知（SA）部分，综合考虑道路的动静态环境信息，包括道路及车道标识、道路布局、交通规则、通行时段及道路中的动静态障碍物，获得对驾驶环境的整体评价。环境的复杂度可以通过专家评分和信息熵计算来量化；在行为预测部分，主要考虑影响本车驾驶的周边车辆的轨迹预测；在行为选择部分，系统需要根据态势感知和行为预测结果，通过评估每一个决策点处车辆的每一个可能行为的回报，从多个备选行为中选择最优行为，而这些行为是事先根据不同的态势感知结果一一设定的，因此，该行为规划框架将车辆在复杂场景下导航的困难问题转化为使用优化原理解决的控制问题。

本书的研究内容是无人驾驶车辆在城市交叉口的左转驾驶决策，研究对象是左转的无人驾驶车辆与对向直行的有人驾驶车辆，故结合上述理论框架，本书提出了如下决策系统框架，如图6-3所示。

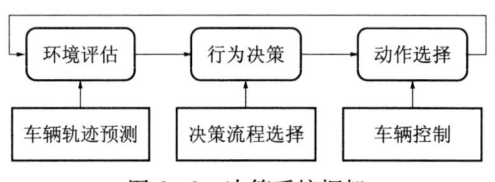

图6-3 决策系统框架

整个决策系统主要分为环境评估、行为决策和动作选择三模块。其中，环境评估模块指的是无人驾驶车辆对直行车辆的未来轨迹预测并根据直行车的数量和距离等参数切换不同的驾驶场景。行为决策模块负责在不同的场景下给出相应的决策流程。动作选择模块在相应的决策流程下，根据一定标准选择合适的具体动作量，完成车辆的运动控制。

6.2　基于运动模式识别的城市道路交叉口周边车辆轨迹预测方法

6.2.1　城市道路交叉口场景建模数据处理

1. 采集数据

准确地采集车辆微观数据对于分析一段时间内的道路交通特性与进行道路环境建模有着至关重要的作用。根据相关研究，有三种常用的微观交通场景下车辆数据采集方法：利用车载传感器采集、直接读取车辆真实数据和基于视频标定车辆运动数据。相对于前面两种采集方法，基于视频标定的采集方法可仅仅通过在高空架设摄像头采集一段时间内城市交叉口所有运动车辆的轨迹数据。本书采用第三种方案为主第一种方案为辅的方式采集了有信号灯控制的城市交叉口车辆轨迹数据，主要用采集到的路基数据集来训练轨迹预测模型。

2. 特征运动参数提取

轨迹建模之前，需要对动态目标的运动模式进行检测。一般的城市交叉口车辆的运动模式检测主要是检测车辆的通过方式（左转、右转还是直行）。本书通过目标车辆运动参数检测车辆是转向运动还是直线运动。图 6-4 所示为车辆运动参数随时间的变化。起始时间为 t，以 t 时刻目标航向为基准，后续位置相对于目标的航向为 $\Delta\varphi$，后续位置相对于起点的方位角为 θ。通过激光雷达获得的车辆运动数据的分析可以发现，转向运动的方位角 θ 和相对航向角 $\Delta\varphi$ 随着时间呈线性变化，左转向与右转向的变化相反，而直线运动则基本不发生变化。

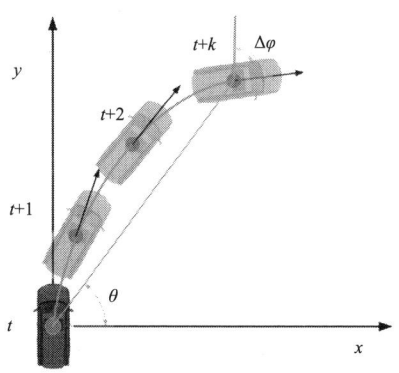

图 6-4　车辆运动参数随时间的变化

根据对城市交叉口冲突的分析，东西方向直行车和左转车辆共用交通信号灯，那么东西方向的直行和左转车辆会产生时空上的冲突点。此时会有两种情况发生，一种是左转车辆减速让行直行车辆，直行车辆正常通过；另一种是直行车辆减速让行左转车辆，左转车辆正常通过。图 6-5 是正常通行车辆和让行车辆穿越交叉口的加速度分布。可以发现，两种运动模式的加速度分布具有不同的特性。通过数据回放发现让行车辆运动模式发生在冲突区域前的 4s 内，在冲突区域前让行车辆和正常行驶车辆的运动模式具有明显差异，于是将轨迹数据在冲突区域前 4s 内轨迹数据提取出来进行分析。冲突区域根据人工手动划分得到，轨迹数据通过手动标定方式得到。

图 6-6 和图 6-7 分别表示了直行车辆和左转车辆正常行驶及让行行驶的加速度分布区间和比例。其中，图 6-6（a）和图 6-7（a）表示的是正常行驶模式下的车辆加速度，图 6-6（b）和图 6-7（b）表示的是让行模式下的车辆加速度分布。通过观察冲突区域附近的让行和正常行驶两种不同运动模式的加速度分布可以发现，正常行驶的左转和直行车辆的加速度普遍分布在 0m/s^2 附近的区间；而让行模式中车辆的加速度普遍分布在 -0.5 m/s^2 附近的区间，二者加速度呈现不同的密度分布。这种差异可以作为后续运动模式识别的

一个参考指标。

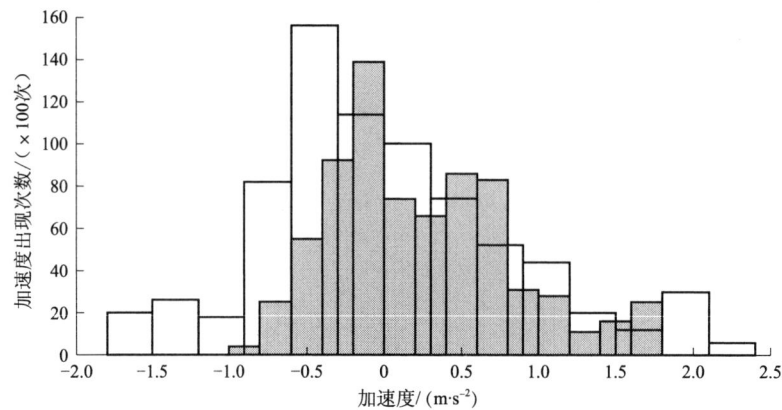

图 6-5 直行车辆不同运动模式分析

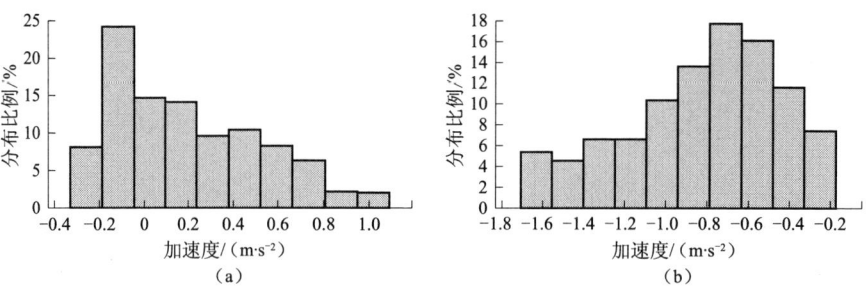

图 6-6 直行车辆不同运动模式加速度分布
（a）正常行驶模式；（b）让行模式

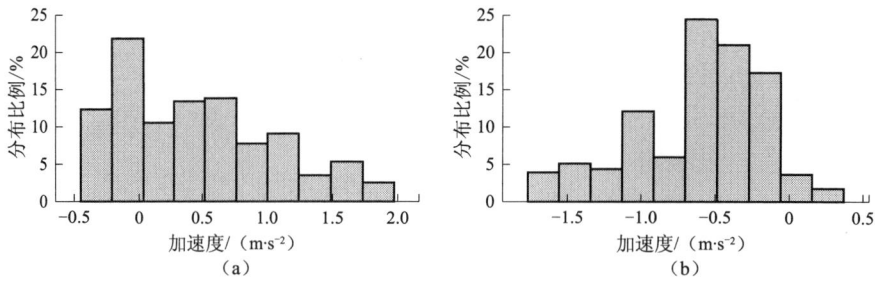

图 6-7 左转车辆不同运动模式加速度分布
（a）正常行驶模式；（b）让行模式

6.2.2 基于高斯混合模型的目标运动模式识别模型

本章采用高斯混合模型对不同运动模式进行划分,从而缩短轨迹预测模型训练和预测的时间,提高了预测模型的精度。对于有信号灯城市交叉口来说,车辆在直行时有两种状态,一种是让左转车辆先行;另一种则是直行车辆先行。左转车辆同样是两种状态,一种是让直行车辆先行;另一种则是左转车辆先行。对于右转车辆,从数据中无法得到特别明显的车辆交互模式,与行人的交互关系较为复杂,而且往往持续时间较长难以通过轨迹数据进行描述,于是本书将右转行为当作一种独立的运动模式进行分析。根据 6.1 节中分析不同运动模式下的运动轨迹重要参数变化,采用机器学习中的高斯混合模型训练轨迹样本,对刚刚进入交叉口的动态目标的运动模式进行识别。

1. 高斯混合模型

十字路口、T 形路口和环形路口等,通过交叉路口的车辆的出行目的和行驶方向有所不同,而高斯混合模型(GMM)作为一种无监督机器学习方法,在图像分割、视频分割、运动目标检测、语音识别等领域得到了广泛运用。

高斯混合模型的定义如式(6-1)和式(6-2)所示,一维及二维示例如图 6-8 所示。

$$p(x) = \sum_{k=1}^{K} p(k)p(x|k) = \sum_{k=1}^{K} \pi_k N(x|\mu_k, \sum\nolimits_k) \qquad (6-1)$$

$$N(x|\mu_k, \sum\nolimits_k) = \frac{1}{\sqrt{2\pi}\sigma_k} \exp\left(-\frac{(x-\mu_k)^2}{2\sigma_k^2}\right) \qquad (6-2)$$

式中,π_k 是第 k 个高斯成分的影响因子,满足约束 $\pi_k \geq 0$,$\sum_{k=1}^{K} \pi_k = 1$,$N(x|\mu_k, \sum\nolimits_k)$ 为单个高斯分布密度函数,$\sum\nolimits_k$ 为标准差,σ_k 为方差。

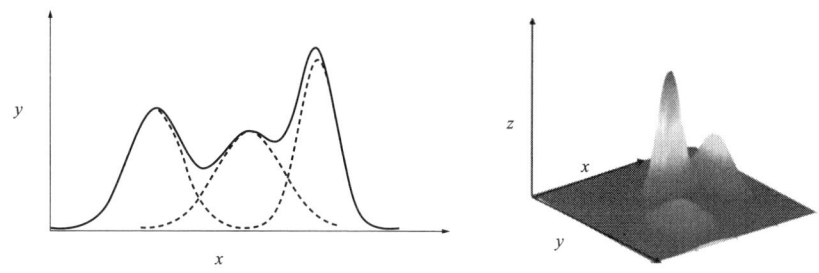

图 6-8 高斯混合模型一维和二维示例

一般采用极大似然估计法来估计概率分布模型的参数,但高斯混合模型的概率密度函数包含几个求和项导致无法对参数显式求导,因此普遍采用期望最大化(Expectation-Maximization,EM)算法对概率密度参数进行求解。

给定 n 个样本数据 $\{x_1, x_2, x_3, \cdots, x_n\}$,每个样本数据的隐含样本类别为 z_i,该隐含样本类别满足一定的概率分布且满足 $p(z_i = k) = \pi_k$。给定 z_i 后,x_i 满足高斯分布,即 $(x_i | z_i = k) \sim N(\mu_k, \sum_k)$,并可由此推导出 (x_i, z_i) 的联合概率分布为:

$$p(x_i, z_i) = p(x_i | z_i) p(z_i) \quad (6-3)$$

已知 z_i,可将式(6-1)表述为:

$$p(x_i; \pi, \mu, \sum) = p(x_i | z_i; \mu, \sum) p(z_i, \pi) \quad (6-4)$$

对数似然函数可以表述为:

$$LL(\pi, \mu, \sum) = \sum_{i=1}^{n} [\lg p(x_i | z_i; \mu, \sum) + \lg p(z_i; \pi)] \quad (6-5)$$

对高斯混合模型中概率密度参数影响因子 π,均值 μ,协方差 $\sum$ 分别求导可得:

$$\pi_k = \frac{1}{n} \sum_{i=1}^{n} p(z_i = k) \quad (6-6)$$

$$\mu_k = \frac{\sum_{i=1}^{n} p(z_i = k) x_i}{\sum_{i=1}^{n} p(z_i = k)} \quad (6-7)$$

$$\sum_k = \frac{\sum_{i=1}^{n} p(z_i = k)(x_i - \mu_k)(x_i - \mu_k)^T}{\sum_{i=1}^{n} p(z_i = k)} \quad (6-8)$$

式中,π_k 为样本类别归属 $z_i = k$ 的概率值;μ_k 为样本类别 k 的样本特征均值;$\sum_k$ 为样本类别 k 的样本特征协方差矩阵。

通过上述分析可知,若已知 z_i,即可根据求导进行极大似然估计求得高斯混合模型的模型参数,且 z_i 可通过已知模型参数的高斯混合模型和样本数据进行求解,则假定隐变量 z_i 后可通过迭代的方式进行模型参数求解,即 EM 算法在高斯混合模型参数估计中的应用。

EM 算法应用于 GMM 参数求解的算法流程如图 6-9 所示。

2. 轨迹运动状态向量

动态障碍物的运动过程是一个连续的状态过程,然而运动模式空间是离散的,运动模式预测就是将城市交叉口周边车辆连续的运动状态映射到离散的运

第6章 城市道路交叉口穿越行为决策建模

初始化

n 个样本数据 $\{x_1, x_2, x_3 \cdots x_n\}$，GMM 模型的初始参数为 π_k、μ_k、$\sum_k$；

迭代执行以下步骤，直至模型收敛

E 步：对于每一个样本 i 和类别 k，计算隐变量的条件概率值：

$$p(z_i = k | x_i; \pi, \mu, \sum) \leftarrow \frac{p(x_i | z_i = k; \mu, \sum) p(z_i = k; \pi)}{\sum_{k=1}^{K} p(x_i | z_i = k; \mu, \sum) p(z_i = k; \pi)}$$

M 步：由隐变量条件概率值计算更新高斯混合模型参数：

$$\pi_k \leftarrow \frac{1}{n} \sum_{i=1}^{n} p(z_i = k)$$

$$\mu_k \leftarrow \frac{\sum_{i=1}^{n} p(z_i = k) x_i}{\sum_{i=1}^{n} p(z_i = k)}$$

$$\sum_k \leftarrow \frac{\sum_{i=1}^{n} p(z_i = k)(x_i - \mu_k)(x_i - \mu_k)^{\mathrm{T}}}{\sum_{i=1}^{n} p(z_i = k)}$$

图 6-9　EM 算法应用于 GMM 参数求解的算法流程

动模式空间。在很多文献中，城市道路交叉口的驾驶行为只考虑了直行、左转和右转三种驾驶意图，少量文献也只是通过设置速度控制点对速度进行多项式拟合来描述转向车辆会对人行横道上行人让行的过程。本书将对城市道路交叉口周边车辆的运动模式分为 5 种，即正常行驶的直行、左转和右转行为以及让行状态的直行、左转。通过第 3 章对轨迹数据特征参数的分析，为了提升运动模式识别的鲁棒性，本书构建如式（6-9）动态障碍物的运动状态向量。

$$\boldsymbol{M} = \{[k_{\Delta\varphi} \ a \ k_\theta]^{\mathrm{T}}\}_n \tag{6-9}$$

式中，n 是在运动模式识别中使用运动状态向量的长度；$k_{\Delta\varphi}$ 表示的是相对航向角的变化率，k_θ 表示的是相对方位角的变化率，$k_{\Delta\varphi}$ 和 k_θ 用来区分车辆是转向还是直行，a 是目标车辆的加速度，用来区分车辆是让行还是正常行驶。本书选择使用 0 均值标准化处理状态向量，标准化状态向量可以消除不同量纲对后续运动模式识别产生的影响，有利于提高识别模型训练的收敛速度。

$$z = \frac{x - \mu}{\sigma} \tag{6-10}$$

式中，μ 是状态向量的期望；σ 是状态向量的标准差。对于长度是 n 的状态向量 $\boldsymbol{M}$，其概率分布函数为：

$$P(\boldsymbol{M} | \lambda) = \Pi_{i=1}^{n} \sum_{k=1}^{K} \omega_k N_k \tag{6-11}$$

其中 k 代表的是高斯混合模型中高斯分布的个数，在这里同样代表运动模式的

无人驾驶车辆智能行为决策建模

个数,由于提前给定了运动模式的个数,因此运动模式预测问题就变成了高斯混合模型参数 λ 的估计问题。对于每一个状态向量 M,可以求出对应的每一个 λ_k 组件的后验概率。其中,状态向量对应概率最大的类别就是运动模式识别的最终结果。

$$i = \arg\max[P(M|\lambda_k)] \qquad (6-12)$$

3. 运动模式识别模型

为得到运动模式识别器,在训练过程中使用 600 组驾驶行为轨迹,每组数据的长度为 $1s$,数据分布于车辆接近冲突区域之前 $4s$ 的穿行过程,驾驶行为轨迹的具体分布如表 6-1 所示,其中左转、右转和直行的轨迹数据分别有 200 条,左转和直行下让行和正常行驶轨迹数据各 100 条。

表 6-1 驾驶行为轨迹的具体分布

单位:条

让行意图＼穿行意图	直行	左转	右转
正常行驶	100	100	
让行	100	100	200

模型训练阶段,首先选取聚类个数 $k=3$,采用高斯混合模型对 $k_{\Delta\varphi}$ 和 k_{θ} 状态向量数据进行训练建模得到穿行意图(左转、右转和直行)的识别模型,然后对左转和直行轨迹数据再次使用高斯混合模型对加速度状态向量数据建模得到让行意图(正常行驶和让行)的识别模型,最后得到完整运动模式识别模型的识别过程如图 6-10 所示。

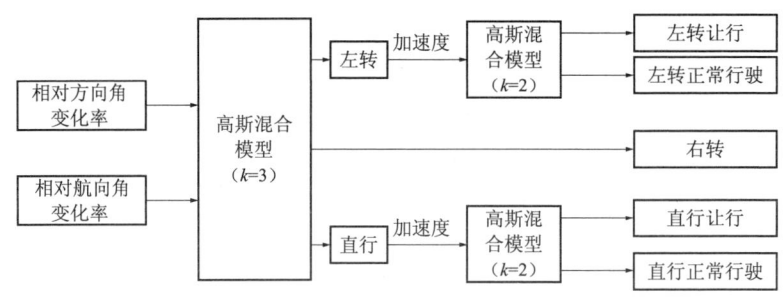

图 6-10 目标运动模式识别模型

在运动模式识别模型建模时,输入不同长度的状态向量会导致检测效果出现很大差异,当输入的状态向量较短时(不足 $0.5s$),模型很容易检测出错,若输入的状态向量过长（如超过 1s），则又会导致实时性达不到实际应用的要求，为确定输入状态向量的长度，本书设置了 10 组对比试验，每组试验状态空间的向量长度为 1~10，试验结果如图 6-11 所示。

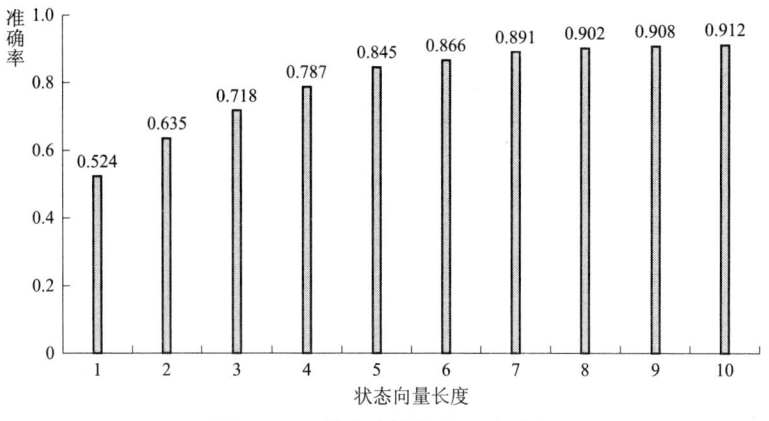

图 6-11 状态向量长度和准确率

试验结果表明，状态向量的长度越长，运动模式识别的准确率就越高，但当状态空间增长到一定的长度时，检测的准确率就不会发生明显变化，试验结果的准确率稳定值为 0.9。状态向量的长度从 1 增加到 6，准确率从 52.4% 增加至 88.6%；而当状态向量的长度为 10 时准确率却只增加了 2.5%，需要的状态量长度增加了 4。基于上述对比试验结果的分析，本书选择的状态量长度是 6，即 0.6 s 的车辆历史状态向量。

6.2.3 基于高斯过程回归的轨迹预测模型

运动模式确定之后，需要确定运动目标的轨迹。对于短时预测来说，根据物理模型即可预测目标的运动轨迹。长时轨迹预测的方法主要有两种，一种是目标驶入车道已知的情况下，通过路径规划出多条目标可能的轨迹，再通过数学函数拟合轨迹，常用的数学函数为高次多项式或者三角函数等；另一种则是利用回归拟合模型对大量的车辆历史通行轨迹进行训练，通过当前状态的匹配得到下一时段的车辆轨迹。对于城市道路交叉口的穿行车辆，本书通过动态障碍物的数据获取得到了大量的城市道路交叉口穿行轨迹并记录了周边车辆各个时刻的位置、速度和加速度，数据采集方法及数据预处理既保证了数据有足够的精度，也忽略了测量误差。然后根据当前观测的车辆状态信息和车辆历史轨迹的先验信息，预测出车辆的运动模式，估计出其未来多个时刻的位置和速度，即可得到周边车辆的长时预测轨迹。因此，本书采用高斯过程回归模型对

无人驾驶车辆智能行为决策建模

大量车辆历史轨迹回归拟合得到车辆轨迹数据与时间的映射关系进行先验建模，模型会先匹配当前车辆的运动状态，再预测之后一段时间的车辆运动状态。

1. 基于高斯过程的运动模式建模

高斯过程（Gaussian Process，GP）是一组任意有限个随机变量都服从联合高斯分布随机变量的集合。高斯过程的性质由其均值函数和协方差函数确定，若已知均值函数 $m(x)$ 和协方差函数 $k(x,x')$，则高斯过程就可以表示为：

$$\begin{cases} m(x) = E(f(x)) \\ k(x,x') = E[(f(x)-m(x))(f(x')-m(x'))] \end{cases} \quad (6-13)$$

高斯过程模型能够平衡观测数据稀疏区域模型和观测数据稠密区域模型过拟合这两个问题，同时，GP 模型对具有无序噪声特性的观测量具有较强的鲁棒性。车辆的历史轨迹点为其空间连续轨迹的离散实测值，高斯过程可以生成运动状态的连续函数分布，因此，本书采用高斯过程对轨迹建立运动模型。

以轨迹坐标建立轨迹的运动模型为例。其中，在 x 方向和 y 方向上的均值函数分别表示为 $E[\Delta x/\Delta y] = \mu_x(x,y)$，$E[\Delta y/\Delta x] = \mu_y(x,y)$。沿 x 方向的协方差函数记为 $k_x(x,y,x',y')$，它描述了 (x,y) 和 (x',y') 处差商间的相互关系。给定一组轨迹样本点 $X=(x_1,x_2\cdots x_d)$ 和 $Y=(y_1,y_2,\cdots,y_d)$，会有一组对应服从联合高斯分布轨迹差商（$\Delta x_1/\Delta t, \Delta x_2/\Delta t, \cdots, \Delta x_d/\Delta t$），由均值为 $\{\mu_x(x_1,y_1), t\in T\}$，协方差矩阵 $\sum$（其中 $\sum_{i,j}=K_x(x,y,x',y')$）。

$$K_x(x,y,x',y') = \sigma_x^2 \exp\left(-\frac{(x-x')^2}{2w_x^2}-\frac{(y-y')^2}{2w_y^2}\right)+\sigma_n^2\delta(x,y,x',y')$$

$$(6-14)$$

式中，σ_n 为训练样本点自身的方差，由测量误差噪声产生；方差函数受周围点影响和受噪声影响的相对关系由 σ_n 和 σ_x 表示；$\delta(x,y,x',y')$ 为克罗内克内积，若 $x=x'$ 且 $y=y'$，则克罗内克内积为 1，否则 $\delta(x,y,x',y')=0$；协方差函数采用指数函数的形式，使高斯过程对同一轨迹得到相同的预测值；w_x 和 w_y 为方差尺度参数，对数据分布范围进行归一化。w_x、x_y、σ_n 和 σ_x 共同组成了运动模式 m_j 的超参数集合。

2. 高斯过程回归模型

高斯过程回归（Gaussian Process Regression，GPR）是近年发展起来的一种机器学习回归方法，在处理高维数、小样本、非线性等复杂的问题上具有很好的适应性，且泛化能力强。与神经网络、支持向量机相比，GPR 具有容易实现、超参数自适应获取、非参数推断灵活以及输出具有概率意义等优点，现已成为机器学习领域的研究热点。

第6章 城市道路交叉口穿越行为决策建模

高斯过程回归是一种非参数及监督学习方法,与贝叶斯线性回归相比,其过程回归采用了核函数。该函数代替了贝叶斯线性回归中的基函数,采用了核函数的高斯过程回归比贝叶斯回归应用更加广泛。

一般带噪声的预测模型可以定义为:$y = f(x) + \varepsilon$,其中 x 为输入向量,y 是观测值,ε 是均值为 0、方差为 σ_n^2 的高斯白噪声,f 是未知的函数关系。协方差函数为:

$$k_x(x,x') = \sigma_x^2 \exp\left(-\frac{(x-x')^2}{2l^2}\right) + \sigma_n^2 \delta(x,x') \tag{6-15}$$

可以把观测值 y 以及预测值视为一个从联合高斯分布采样来的一个点,则观测值和预测值的联合先验分布:

$$\begin{vmatrix} y \\ f^* \end{vmatrix} \sim N\left(0, \begin{vmatrix} K(X,X) + \sigma_n^2 I_n & K(X,X^*)^{\mathrm{T}} \\ K(X,X^*) & K(X^*,X^*) \end{vmatrix}\right) \tag{6-16}$$

式中,X 是训练集,X^* 是测试集;K 表示数据集之间的协方差;I_n 为单位矩阵。

由此计算预测值 f^* 在观测值下的条件分布,即 f^* 的后验分布:

$$\bar{f}^* \mid X, y, x^* \sim N(\bar{f}^*, \mathrm{cov}(f^*)) \tag{6-17}$$

$$\bar{f}^* = K(X, X^*)[K(X,X) + \sigma_n^2 I_n]^{-1} y \tag{6-18}$$

$$\mathrm{cov}(\bar{f}^*) = K(X^*, X^*) - K(X^*, X)[K(X,X) + \sigma_n^2 I_n]^{-1} K(X, X^*) \tag{6-19}$$

均值函数和协方差函数的选取对高斯过程回归模型可靠性的影响很大,如果训练集中的样本数据足够确定均值和协方差函数,那么预测的准确度就会很高。但是,现实中很难获得非常有效的样本数据,因此在实际过程中,需要在已有样本数据基础上选择合适的协方差函数,一组合理的参数可以使预测更加准确和有效。

将协方差函数改写成更高维的形式:

$$k(x,x') = \sigma_f^2 \exp\left[-\frac{1}{2}(x-x')\right]^{\mathrm{T}} \Lambda^{-1}(x-x') + \sigma_n^2 \delta(x,x') \tag{6-20}$$

式中,$\Lambda = \mathrm{diag}([l_1^2, l_2^2, \cdots, l_n^2])$,该协方差函数中包含参数:$l_i^2$($i=1,\cdots,n$)、$\sigma_f$、$\sigma_n$,这些参数共同组成了超参数集合 $\theta = \{l_1^2, l_2^2, \cdots, l_n^2, \sigma_f, \sigma_n\}$。

采用最大后验估计获取合适的超参数集合。根据贝叶斯统计学理论,参数集合的后验估计可以表示为:

$$p(\theta \mid y, x) = \frac{p(y \mid \theta, x) p(\theta)}{p(y \mid x)} \tag{6-21}$$

当条件概率 $p(\theta|y, x)$ 的值取得最大值时，对 θ 的估计为最大后验估计。由于超参数集合的先验知识难以获取，因此按照贝叶斯的建议，采用均匀分布为参数集合的先验分布。

$$\arg\max(p(\theta|y,x)) \approx \arg\max p(y|x,\theta) \quad (6-22)$$

则 $\theta = \arg\max\ (p(\theta|y, x))$ 表示较优的超参数集合。使用极大似然估计（Maximum Likelihood Estimate，MLE）来计算用对数似然形式表示的 $p(y|x, \theta)$，有：

$$L(\theta) = \lg p(y|x,\theta) = -\frac{1}{2}(y-\mu)^T K^{-1}(y-\mu) - \lg|K| - \frac{n}{2}\lg 2\pi$$

$$(6-23)$$

综上所述，通过优化算法可以将选取最优超参数的问题转化成一个优化问题，即使式（6-23）对数似然函数取得最大值对应的超参数集合即是所求的最优参数。常用的求解优化问题的算法有共轭梯度方法等。

3. 城市道路交叉口车辆轨迹预测模型建模

通过上节的分析，建立城市道路交叉口车辆轨迹高斯过程回归模型。建模过程如下：首先，将轨迹数据划分为测试集和训练集；其次，选取合适的核函数并设置超参数的初始值从而确定 GPR 的先验模型；然后，通过训练集训练模型，优化超参数；最后，将测试集的车辆运动状态参数输入训练好的 GPR 模型中，得到预测值及其预测分布估计。高斯过程回归模型训练过程如图 6-12 所示。

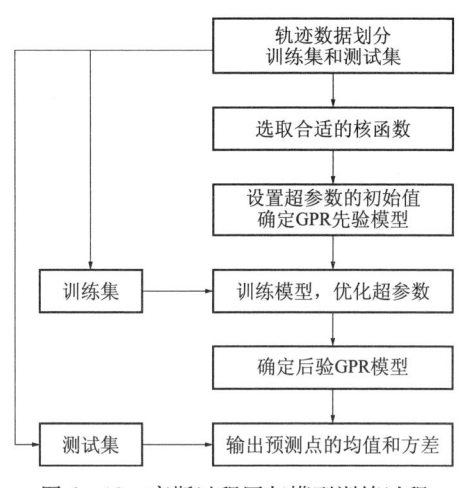

图 6-12 高斯过程回归模型训练过程

高斯过程回归训练模型的建模过程是建立大量互不独立的随机变量的分布

关系的机器学习过程，需要利用大量的真实交通数据进行预测模型的训练。本书利用路基平台采集的轨迹数据训练高斯过程回归模型并优化其超参数，将 x 和 y 方向的加速度预测解耦，减小了模型计算的复杂度。在 x 方向上，使用目标的位置和速度 $(x(t), y(t), v_x(t), v_y(t))$ 作为预测模型的输入，模型的预测值是目标 x 方向上的加速度 $a_x(t)$，在 y 方向上使用 $(x(t), y(t), v_x(t), v_y(t))$ 作为车预测模型的输入，模型的预测值是目标 y 方向上的加速度 $a_y(t)$，通过 GPR 算法建立加速度与车辆当前位置和速度的映射关系，训练得到的 GPR 加速度预测模型如图 6-13 所示。

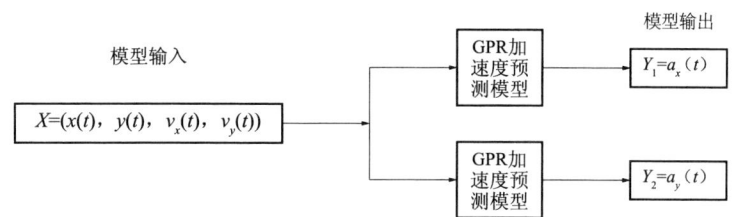

图 6-13　GPR 加速度预测模型

由于局部核函数具有较强的非线性逼近能力，而城市道路交叉口车辆轨迹数据测试集的运动参数空间与训练集的运动参数空间基本相同（即测试集的数据分布在训练集的领域），因此采用局部核函数可以很好描述输出与输入之间的非线性映射关系。本书采用局部核函数的一种平方指数协方差函数（SE）作为核函数。对于超参数的训练寻优，本书采用共轭梯度优化算法搜索最优超参数，收敛标准设为最大迭代步数为 100 或者迭代步之间的相对目标值小于 0.001。GPR 加速度预测模型训练完成后，采用物理学模型计算即可得到下一步车辆的运动状态。本书采用 CA 模型计算得到下一步的车辆运动状态，通过下一步车辆的运动状态得到下一步车辆的加速度，进而迭代计算出未来多步的车辆轨迹，GPR 轨迹预测模型如图 6-14 所示。

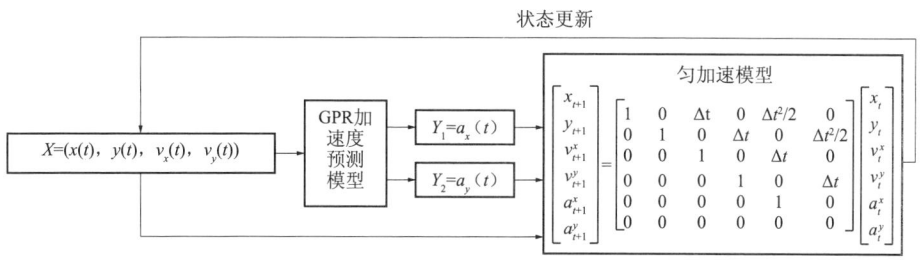

图 6-14　GPR 轨迹预测模型

无人驾驶车辆智能行为决策建模

从测试集中选取一辆由西往东通过城市道路交叉口的直行车轨迹对预测模型进行测试。运动模式识别模型识别到了目标车辆的运动模式为正常直行状态,并且轨迹预测模型成功地预测了之后 6 s 的车辆行驶轨迹。从图 6-15 中 x 方向和 y 方向上加速度的预测结果,可以看出这条真实轨迹从接近交叉口的人行横道处起步然后加速通过城市道路交叉口。车辆以较低车速进入交叉口,在穿越交叉口时加速度一直大于零,并且在到达目标车道人行横道附近加速度会急速降低,在 5 s 左右车辆刚好穿越城市道路交叉口,符合正常直行车辆通过交叉口的行车规律。常用的 CV 和 CA 模型加速度是个恒定值,难以描绘实际车辆在交叉口的加速度变化,而 GPR 模型对于城市道路交叉口车辆运动的加速度预测较准。说明预测模型准确掌握了正常直行状态下车辆通过城市道路交叉口时加速度的变化规律。

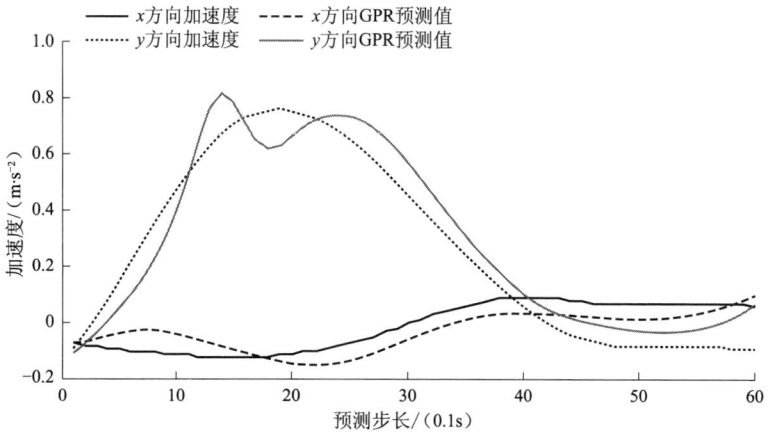

图 6-15 直行车辆加速度预测结果

如图 6-16 所示的 GPR 预测值表示的是:通过 GPR 加速度预测模型得到的加速度,在每个预测步长采用匀加速模型预测得到的直行车辆下一时刻的位置,再通过迭代算法得到未来 6 s 的车辆轨迹;CV 预测值则代表通过 CV 模型得到的未来车辆轨迹;CA 预测值则代表通过 CA 模型得到的未来车辆轨迹。比较三种预测模型的预测结果与真实值的接近程度,GPR 模型在直行运动模式下的长时轨迹预测效果明显优于传统基于物理学的预测模型,并且 GPR 轨迹预测模型的预测结果在一段较长的预测时间内能保证预测结果的准确性。

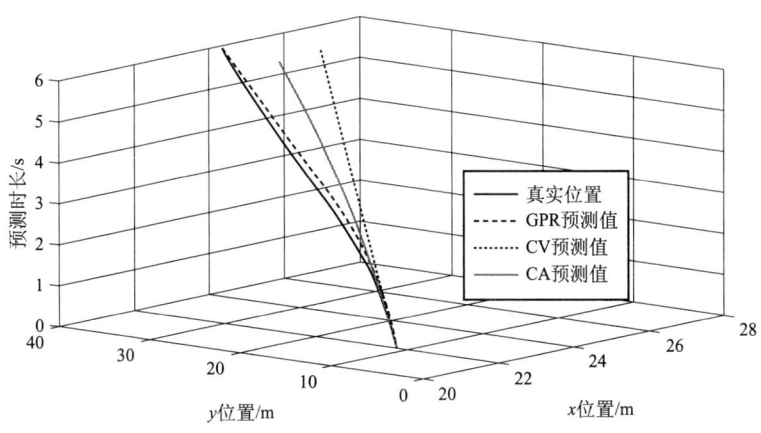

图 6-16 直行车辆轨迹预测结果

在无人驾驶车辆的决策规划模块中，如果预测模型仅仅给出预测结果的确定值，那么规划出来的路线很难适应复杂多变的路口场景，而 GPR 轨迹预测模型给出的就不仅是预测结果的均值，而且还有相应的概率值即置信区间。如图 6-17 所示为直行车辆 x 位置和 y 位置坐标的预测结果，预测模型给出了预测结果的均值（预测值）和分布范围（即概率值）。其中阴影区域表示的是置信度为 95% 的预测结果范围，即在车辆位置处于阴影区域范围的可能性为 95%。随着预测时间的增加，置信区间会变得越来越大，预测模型的误差也会积累得越来越大，体现了目标车辆运动的不确定性。

6.2.4 预测模型评价指标

进行轨迹预测时，将测试轨迹数据集输入训练好的预测模型中得到预测输出轨迹，其中测试轨迹由车辆的历史轨迹和实际轨迹组成，实际轨迹和预测轨迹如图 6-18 所示。

本书采用均方根误差 RMSE 来计算预测模型的误差：

$$\text{RMSE} = \frac{\sum_{i=1}^{k}\sqrt{(x_i' - x_i)^2 + (y_i' - y_i)^2}}{k} \quad (6-24)$$

式中，(x_i', y_i') 表示的是预测位置；(x_i, y_i) 表示真实位置；k 为预测轨迹点的数量。

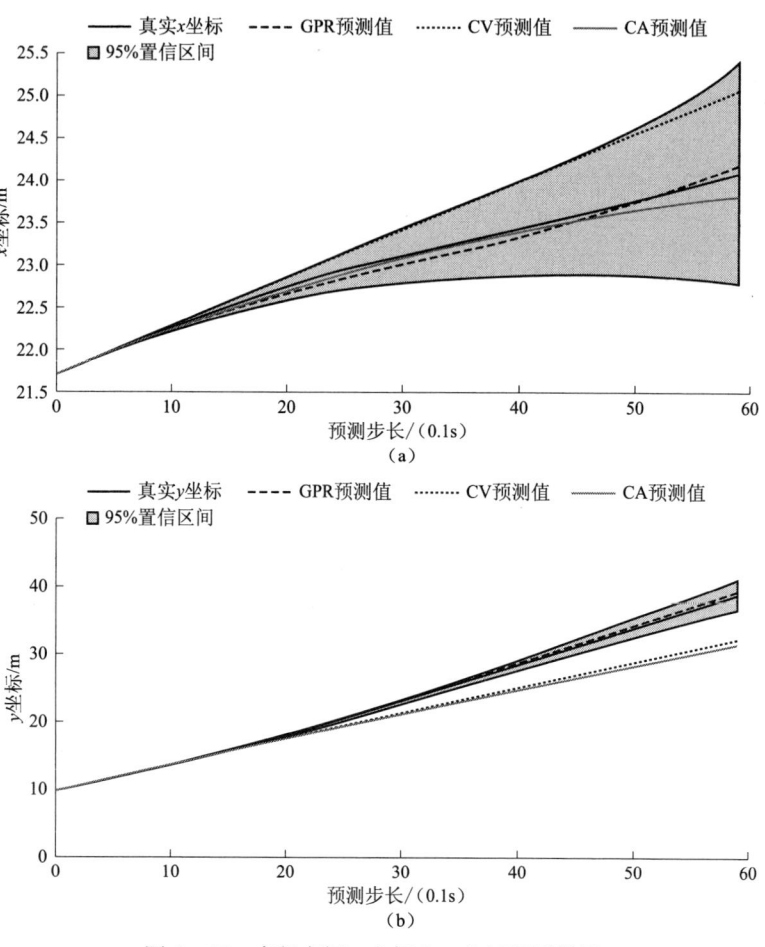

图 6-17 直行车辆 x 坐标和 y 坐标预测结果

6.2.5 轨迹预测模型的试验验证及结果分析

1. 路基平台数据验证

本书采用 10 组数据对 GPR 轨迹预测模型的精度进行折交叉验证,其流程如图 6-19 所示。将采集到的路基数据集 D 分割成 10 个样本数据集(D_1,D_2,D_3,…,D_{10}),其中 9 个样本数据集用来训练模型。另外,使用 1 个样本数据集来测试,重复上述步骤 10 次,得到 10 次测试的预测误差后,取其平均值作为模型最终的预测误差。为了便于与传统基于物理学模型的状态估计算法进行比较,本书根据运动模式将转向车辆轨迹和直行车辆轨迹分开进行验证。为了验证不同运动状态下的车辆轨迹预测效果,本书将轨迹数据分成了不同片段，将直行车辆轨迹预测时长分别设为 3s、4s、5s、6s，转向车辆轨迹预测时长设为 3s、4s、5s，每组测试数据有 80 条轨迹片段。

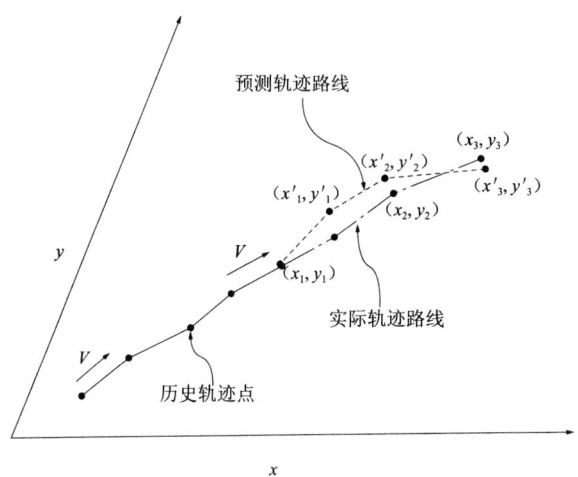

图 6-18　实际轨迹与预测轨迹

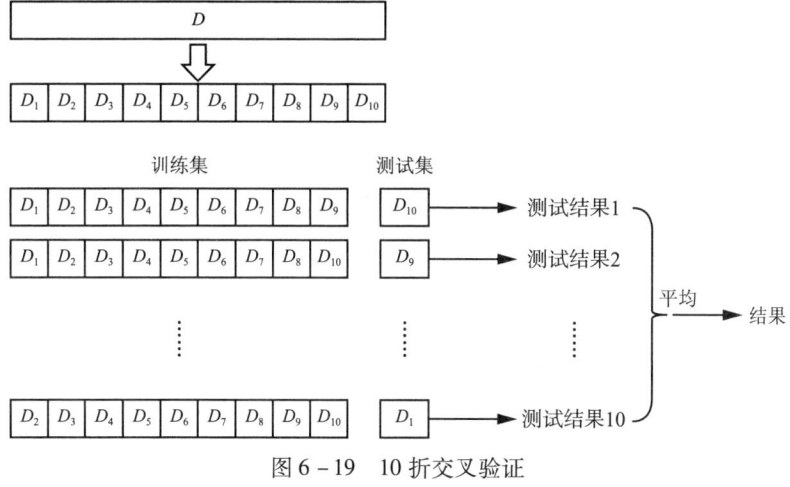

图 6-19　10 折交叉验证

预测模型在不同的测试轨迹下进行了预测结果分析，采用 RMSE 作为预测误差计算指标，试验结果取测试集下的轨迹预测误差的平均值来评价预测的准确性。图 6-20 所示为直行车辆轨迹的预测误差，可以发现，相对于目前常用的常加速模型，GPR 轨迹预测模型对于直行车的长时轨迹预测更加准确，并且在运动模式没有发生显著变化的情况下，预测模型可以捕捉到直行车辆在交叉口的运动变化。图 6-21 所示为转向车辆轨迹的预测误差。可以发现，相对于使用常用的恒速率转向运动模型（CTRV）来表示目标的转向运动过程，预测模型对于转向车辆的长时轨迹预测更加准确。在相同的预测时间内，转向车辆的预测误差普遍高于直行车辆的预测误差，这是由于转向车辆的运动状态变化往往更大，很难用一种运动模式模型去完整刻画转向车辆的运动模式，同时，也和路基数据的采集到的转向车辆数据的充分性有关。

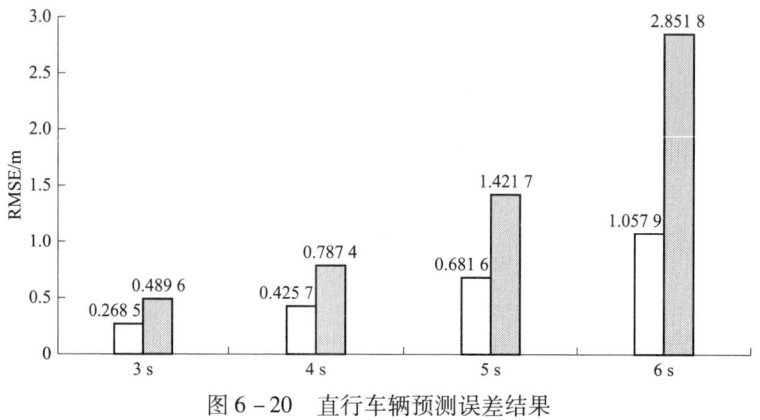

图6-20　直行车辆预测误差结果

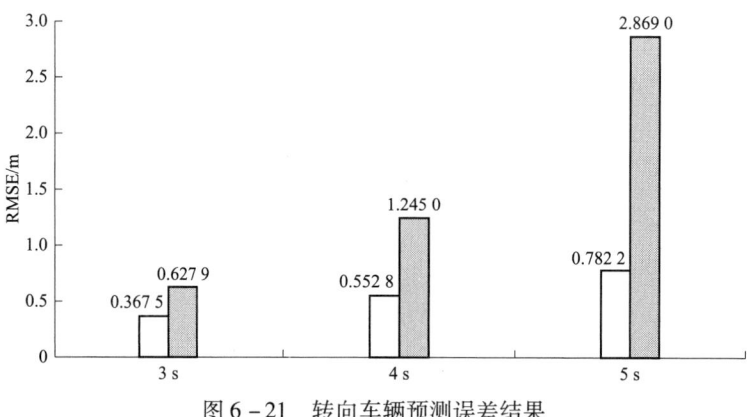

图6-21　转向车辆预测误差结果

本书从测试集中挑出两条转向轨迹数据对目标运动模式识别模型和GPR轨迹预测模型进行了统一验证。图6-22中是一条从西往北左转的车辆轨迹的预测结果，通过运动模式识别判断车辆处于左转让行的运动模式，并对后面3s的运动轨迹进行预测。可以发现，在3s左右的预测时长内，预测模型较为准确地预测了车辆未来的运动轨迹，并且预测模型准确地捕捉到了让行车辆加速度的变化趋势。

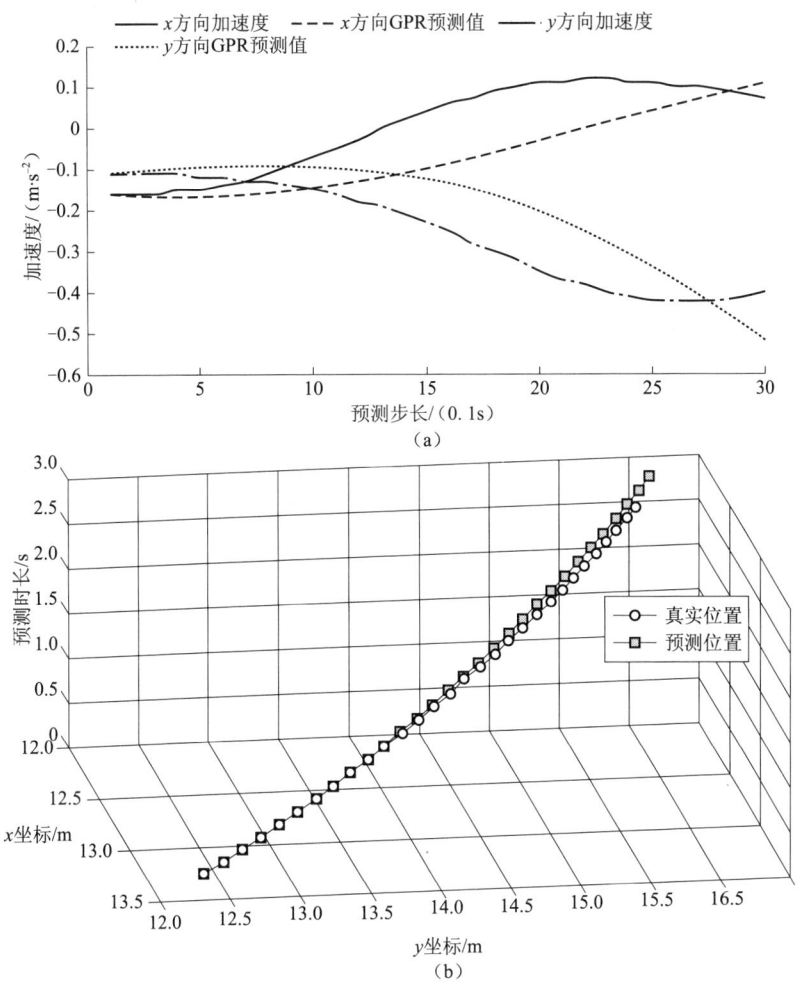

图 6-22 左转车辆轨迹预测结果

图 6-23 所示为一条从东往北右转的车辆轨迹预测结果,通过运动模式识别判断车辆处于右转的运动模式,并对未来 5 s 的运动轨迹进行预测。车辆在 2.6 s 左右穿过城市道路交叉口,在穿越城市道路交叉口阶段,预测模型对 x 方向加速度的预测误差较大。通过数据回放发现这辆车选择了靠近道路中间的车道作为进入车道,标定的数据中这种数据并不多,因此预测模型在该阶段对 x 方向加速度给出了误差较大的预测值。

当车辆的状态发生变化后,使用 1s 后的车辆状态进行轨迹预测,加速度的预测结果如图 6-24 所示,相比之前的预测结果,加速度的预测值和真实值更加接近,说明随着车辆状态的更新,轨迹预测算法能够不断地给定概率较大

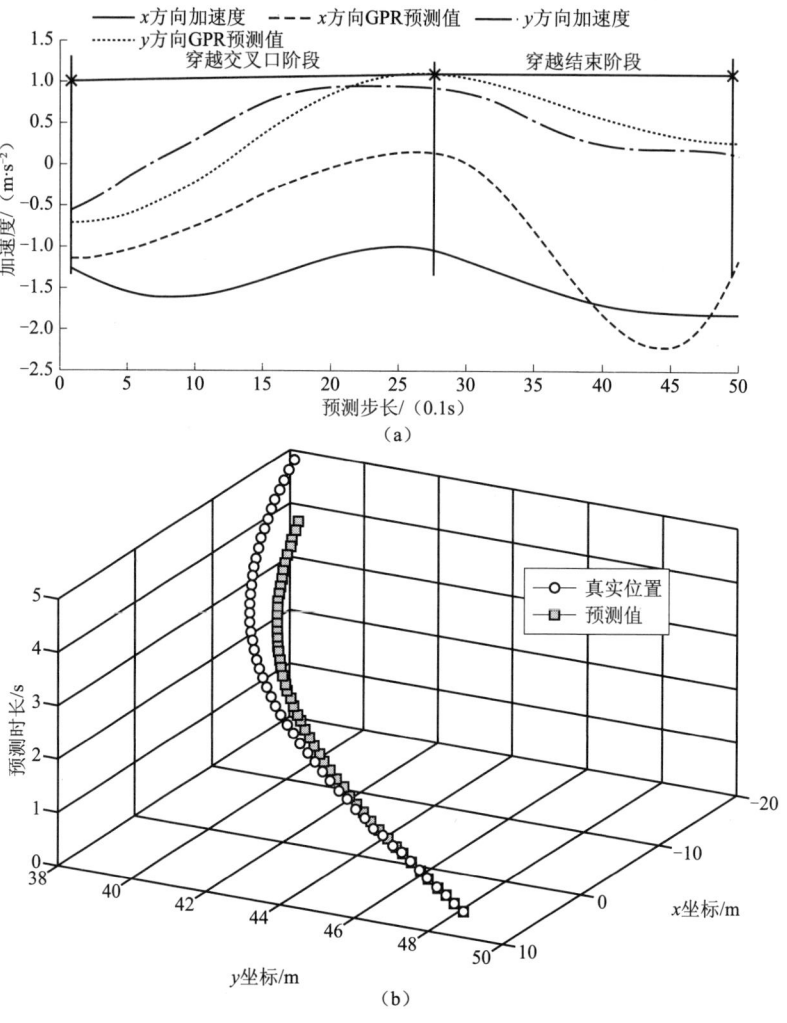

图 6-23 右转车辆轨迹预测结果

的车辆未来运动状态,对解决城市道路交叉口这种强时空约束的动态避障问题能提供很大的帮助。

通过路基数据集的交叉验证可以得出以下结论:与基于物理学的预测模型相比,基于 GPR 算法建立的轨迹预测模型误差较低并且长时预测误差较为稳定。其原因在于基于物理模型的轨迹预测仅仅基于车辆当前状态进行轨迹预测,没有对轨迹的不同运动模式进行聚类分析,因此预测误差相对 GPR 轨迹预测模型来说偏大。在处理城市道路交叉口轨迹预测的问题上,本书提出将预测的误差量控制在更小的范围内,不仅体现出了自身算法的稳定性,同时,学

第6章 城市道路交叉口穿越行为决策建模

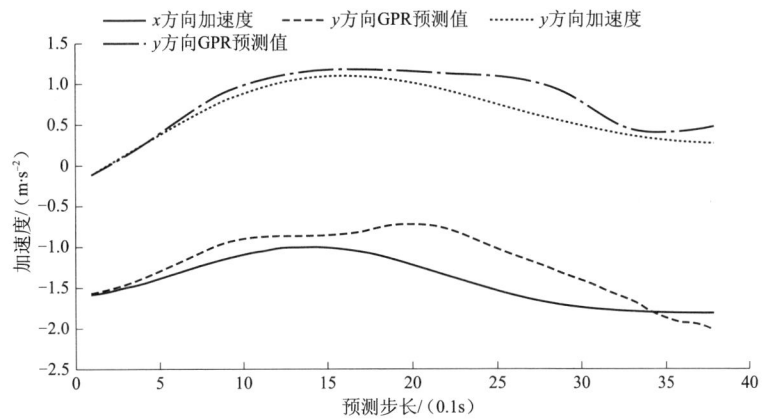

图 6-24 状态变化后右转车辆加速度预测

习了车辆轨迹不同运动模式的运动特性。

2. 虚拟仿真场景验证

本书利用 PreScan 仿真平台搭建交通场景及车辆平台,并在 Matlab/Simulink 中建立轨迹预测模块,通过二者联合仿真实现对轨迹预测模型的在线测试。

针对城市道路场景的构建,PreScan 提供了地图数据的导入功能(图6-25),比较常用的是导入 OpenStreetMap(OSM,公开地图)的地图数据,生成实际道路,然而通过 OSM 数据构建的道路场景经常会报错并且会将城市道路交叉口附近的单条道路划分成两条平行的道路。这些场景往往需要手工调整。

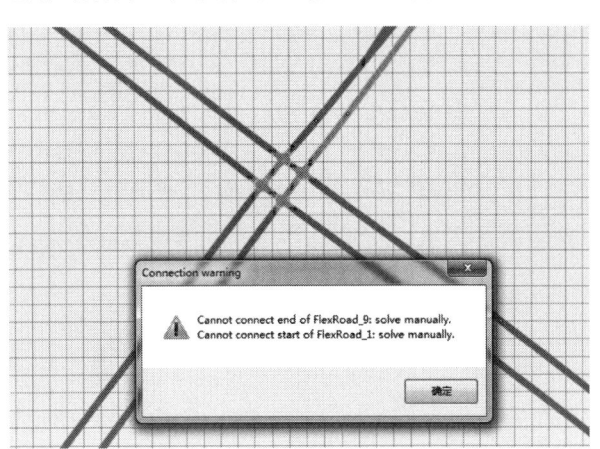

图 6-25 OSM 数据导入

为了满足预测模型的在线测试需求及相关决策算法的在线验证。本书针对部分城市道路交叉口环境进行了场景搭建。

图 6-26 展示了部分城市道路交叉口场景的搭建效果。场景中包括有交通信号灯的十字交叉口、无交通信号灯的 T 形交叉口、带有交通参与者的交叉口以及环形交叉口等。针对本书提出的预测模型的测试，主要用到的场景是有交通信号灯的十字交叉口。

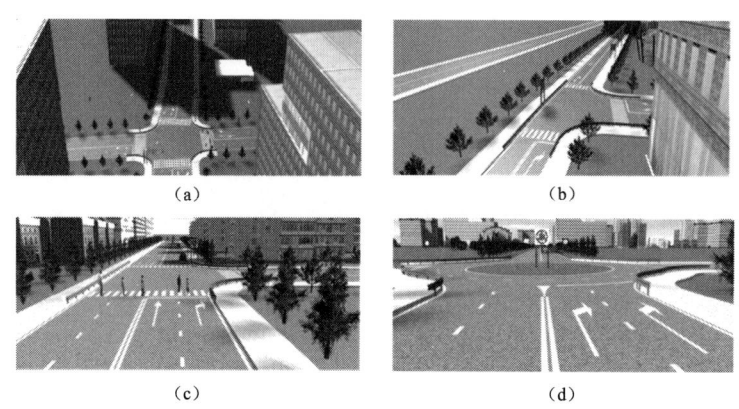

图 6-26 部分交叉口场景效果图
(a) 有交通信号灯的十字交叉口；(b) 无交通信号灯的 T 形交叉口；
(c) 带有交通参与者的交叉口；(d) 环形交叉口

3. 车辆模型及传感器模型

PreScan 中有多种真实车型（如奥迪 A8）可供使用，车型对应的参数已知。本书采用仿真平台自带的车辆模型，该车辆模型使用的是传统二自由度车辆动力学模型。

无人驾驶车辆只有实时准确地获得周边车辆的状态信息，才能实现对环境车辆的轨迹预测，并做出合理决策。在仿真过程中，由于仿真测试的重点在于验证预测模型的有效性，因此为了保证试验车辆能得到周边车辆的实时准确位置和速度信息，本书使用从 V2X 模块获得的周边车辆轨迹数据作为预测模型的输入。

4. 周边车辆的运动控制模型

车辆的运动轨迹融合了路径和速度信息，其设置如图 6-27 所示。试验中，周边车辆的轨迹参考真实轨迹数据设置车辆的轨迹，通过标定的轨迹数据，在场景中还原了车辆从东方向接近交叉口到穿过城市道路交叉口的三种轨迹曲线，图 6-27（a）分别设置了左转、右转和直行接近城市道路交叉口到穿过交叉口的轨迹曲线，其中左转和直行的都为正常行驶状态，没有让行意图。在城市道路中行驶时，车辆的速度有多种设定方式，试验中，周边车辆的速度参考真实交通流数据手动设定每一步的期望速度，仿真车辆的速度如图 6-27（b）所示。

选择 PathFollow 模块，利用其内置的 PID 控制器，将从速度设置模块传来的期望速度信息转化为车辆的运动参数，控制车辆运动。图 6 – 27（b）所示为设置直行仿真车辆期望速度的真实车辆速度变化曲线，图 6 – 27（c）所示为仿真预测时车辆的实际速度变化曲线。

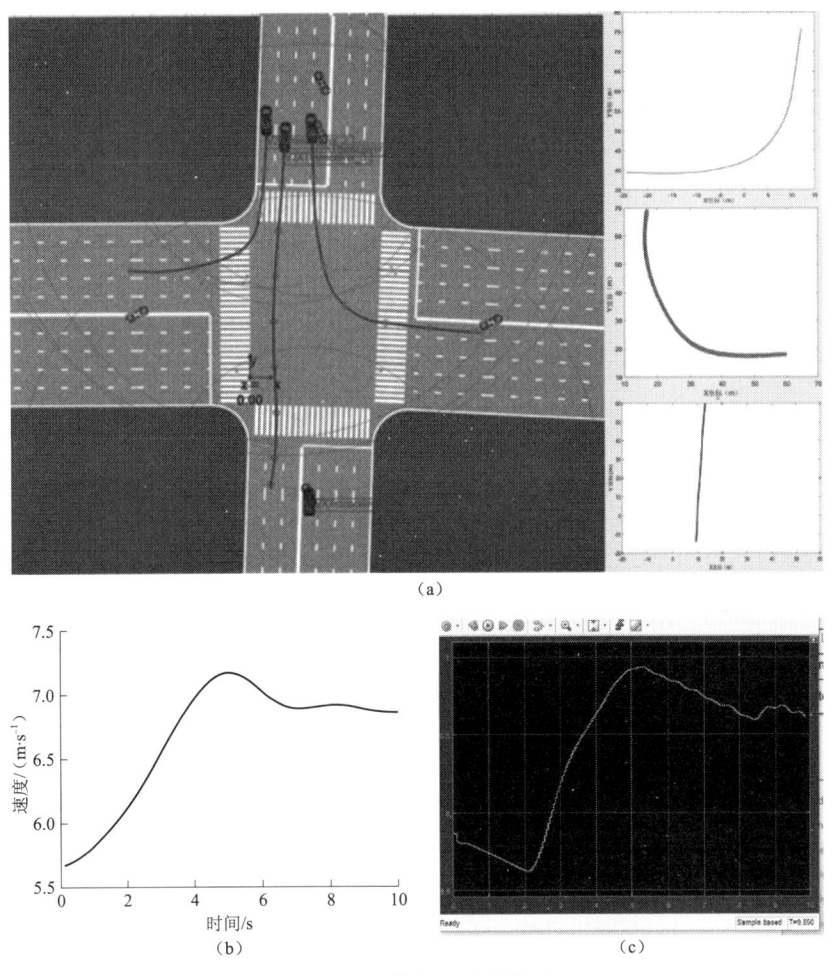

图 6 – 27 轨迹和速度设置
（a）轨迹设置；（b）输入期望速度；（c）仿真速度变化

5. 轨迹预测模型

轨迹预测模型接收并存储来自车辆通信模块的环境车辆运动信息，识别车辆的运动模式并在本车到达判断点后对其他车辆的未来轨迹进行预测，输出其未来一段时长的预测轨迹。期望速度输入模块和轨迹预测模块如图 6 – 28 所示。

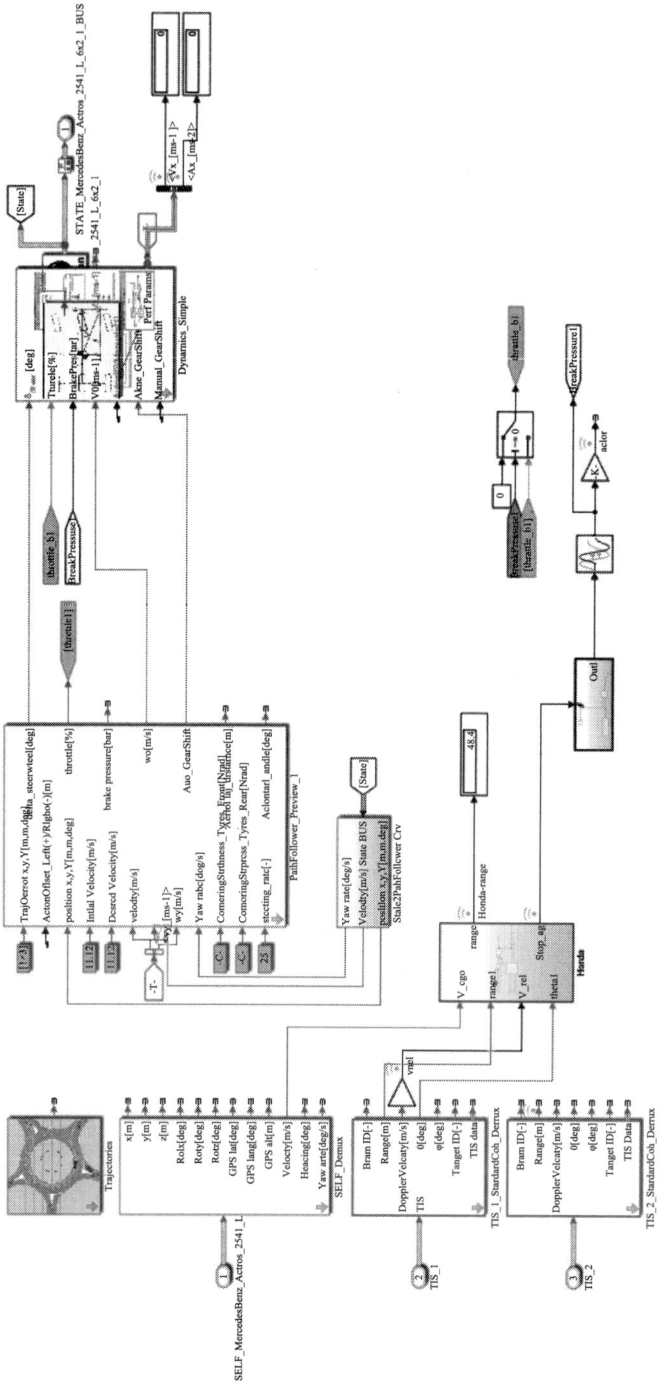

图 6-28 相关模块

(a) 期望速度模块

第6章 城市道路交叉口穿越行为决策建模

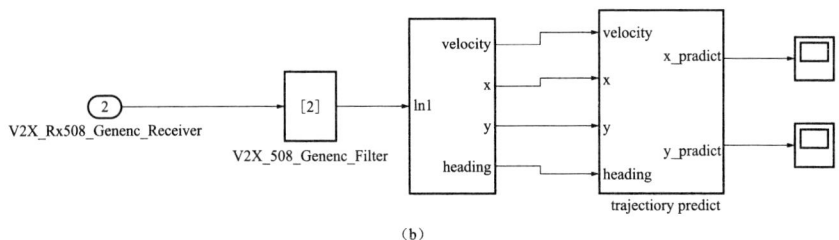

(b)

图 6-28 相关模块（续）

(b) 轨迹预测模块

将各部分间的模块联通并设置相关仿真参数，便可使系统顺利运行。如图 6-29 所示，通过 V2X 模块可以得到 10 s 内的周边车辆行驶轨迹。

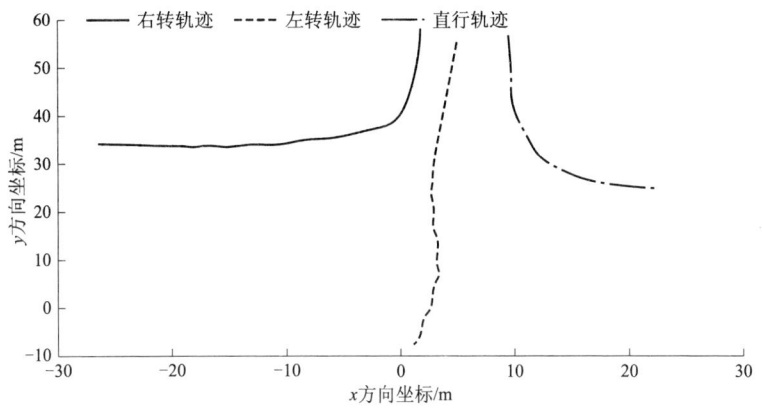

图 6-29 仿真环境周边车辆轨迹

由于各段轨迹的时长不同，本车于仿真开始 1s 后到达路口，5s 过后左转和右转车辆已经通过交叉口并且直行车辆也已通过冲突区域，因此本书选取本车到达交叉口的时间作为预测起点，4s 的时间长度作为预测时长，预测步长为 0.1s，对 4s 内的周边车辆轨迹的预测结果进行误差分析，最终得到如图 6-30 所示的预测结果及其误差。与现有交叉口周边车辆轨迹预测方法的误差相比，预测结果的误差在可接受范围内，预测精度较高。通过仿真环境下的在线验证可以发现，在相同结构的交叉口中，预测模块算法可以在虚拟仿真环境中实时预测周边车辆的轨迹，且预测准确度较高。在此基础上，可以在仿真场景中验证各种基于轨迹预测的城市交叉口穿行决策算法。例如，设置本车为左转通行目的，通过目标运动模式识别选取对向直行车作为动态障碍物建模分析对象，对其未来一段时间的轨迹进行预测，进而规划出一条综合考虑安全性和效率的行驶路径。

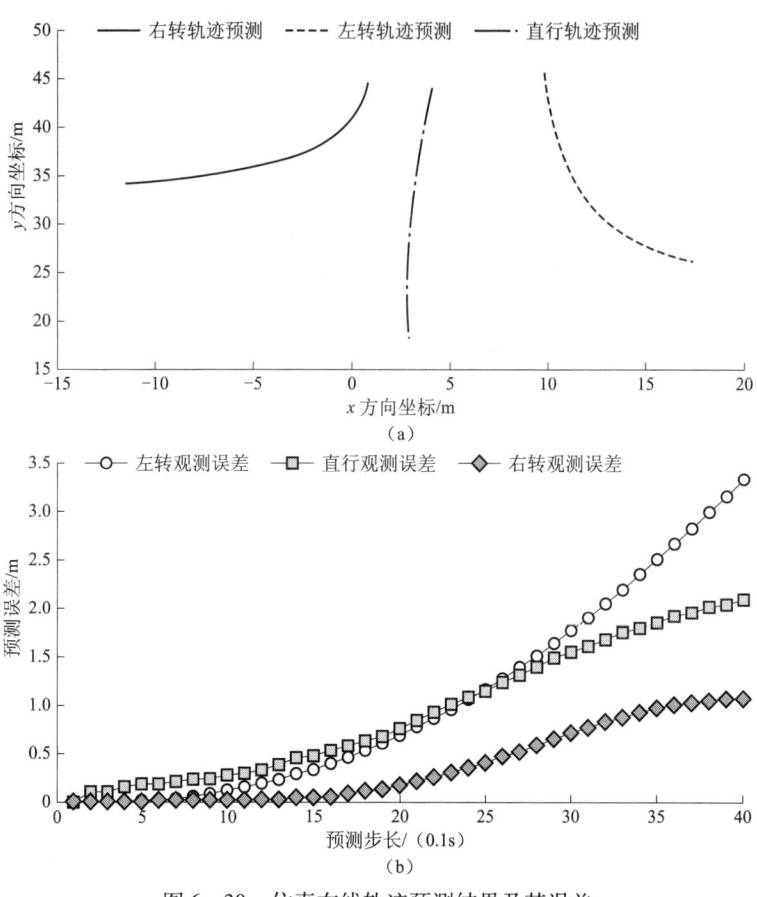

图6-30 仿真在线轨迹预测结果及其误差

6.3 基于冲突消解的城市道路交叉口无人驾驶车辆左转决策

车辆在城市交叉口处的左转行为是强时空约束下的驾驶行为。当无人驾驶车辆与环境车辆在行驶路径上产生不可避免的冲突时，无人驾驶车辆需要对环境车辆的运动轨迹进行准确预测，给出通行条件的判断和通行时间选择结果。本节不仅结合直行车辆的轨迹预测模型，提出基于冲突消解的无人驾驶车辆左转决策方法；而且还结合具体驾驶场景，提出无人驾驶车辆的决策流程和动作选择标准。

6.3.1 城市道路交叉口通行流程及冲突消解方法

本节以典型十字交叉口为例,描述无人驾驶车辆在交叉口处左转的通行流程以及左转车与直行车之间的冲突消解方法。如图6-31(a)所示,1号车为左转的无人驾驶车辆(Car1),2号车为直行的有人驾驶车辆(Car2)。两车在通过交叉口时,其路径上的重叠区域形成了图中的冲突区域。由于该路径冲突不可避免,因此两车需要在时间维度上进行协调,先后通过该区域后,才能安全抵达目标车道。

设左转车辆进入冲突区域的时间为t_{10},离开冲突区域的时间为t_{11};直行车辆进入冲突区域的时间为t_{20},离开冲突区域的时间为t_{21}。其中,车辆进入和离开冲突区域的时间是指车头到达和车尾离开冲突区域对应边界的时间,需考虑车身长度的影响,故两车通过冲突区域的顺序有如图6-31所示的几种组合。

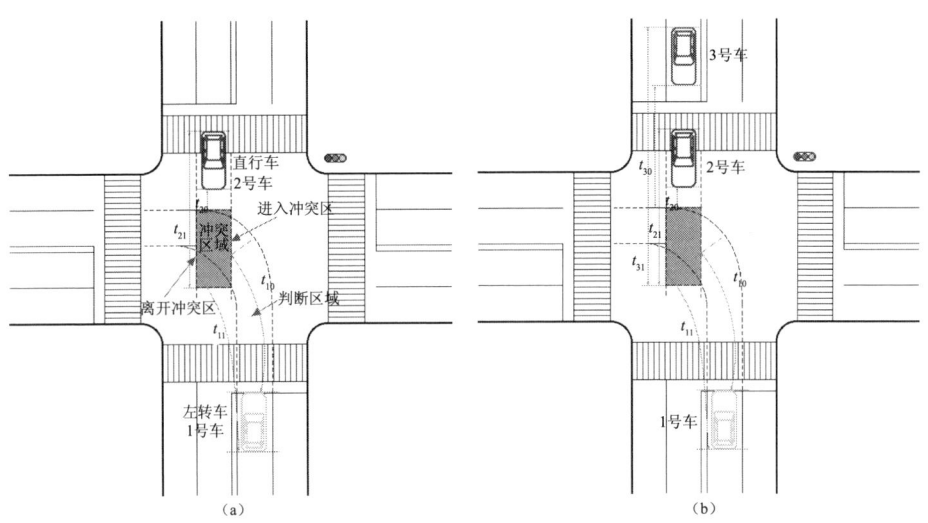

图6-31 车辆到达冲突点的时间关系
(a) 单直行车辆对应场景;(b) 两辆直行车辆对应场景

(1) 当$t_{20} \leqslant t_{10} \leqslant t_{21}$时,直行车先进入冲突区域,在其离开冲突区域前,左转车辆进入,会发生碰撞;

(2) 当$t_{10} \leqslant t_{20} \leqslant t_{11}$时,左转车先进入冲突区域,在其离开冲突区域前,直行车辆进入,会发生碰撞;

(3) 当$t_{21} \leqslant t_{10}$时,直行车先通过冲突区域,在其离开冲突区域后,左转车辆进入;

（4）当 $t_{11} \leqslant t_{20}$ 时，左转车先通过冲突区域，在其离开冲突区域后直行车辆进入。

以上四种情况覆盖了一辆左转车和一辆直行车通过路口的所有可能场景。当两辆直行车先后通过路口时，设第二辆直行车为 Car3，其进入和离开冲突区域的时间分别为 t_{30}、t_{31}，如图 6-31（b）中的 3 号车。受限于传感器感知通信范围及车载计算机的数据处理能力，无人驾驶车辆在决策时不可能将周围环境内的所有目标都考虑在内，只有距离本车较近且会对本车驾驶行为产生显著影响的目标才会被纳入考虑范围，因此，当无人驾驶车辆感知到两个目标时，可以理解为两辆直行车与本车的距离很近，前车已进入或十分接近冲突区域。在此场景中，本车在 Car2 之前先通过冲突区域的可能性较低，更倾向于在两车之间或两车之后通过。故三辆车安全通过交叉口的顺序有如下两种组合：

（1）当 $t_{21} \leqslant t_{10} < t_{11} \leqslant t_{30}$ 时，通过冲突区域的顺序为 Car2、Car1、Car3；

（2）当 $t_{30} \leqslant t_{10}$ 时，通过冲突区域的顺序为 Car2、Car3、Car1。

综上所述，若要使无人驾驶车辆安全完成左转通行任务，则需要保证左转车辆和直行车辆不同时占用冲突区域。上面列举的安全通行方式可按图 6-32 中的时间轴的方式表示。

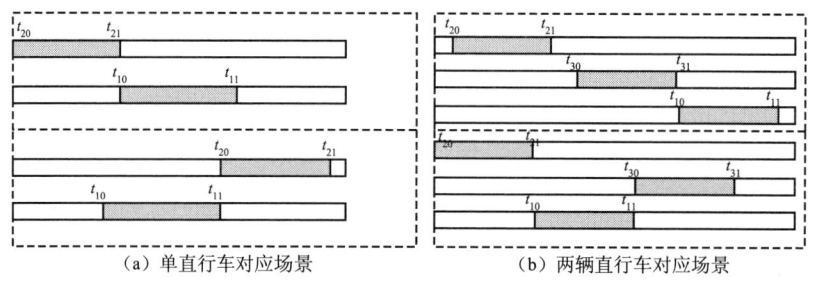

图 6-32 安全通行方式对应的时间关系
（a）单直行车对应场景；（b）两辆直行车对应场景

其中阴影矩阵表示车辆占用冲突区域的时间段，每辆车辆进入和离开冲突区域的时间均已标出。在只有一辆直行车辆时，左转车辆需要判断从直行车前方或后方通过；当有两辆直行车辆时，左转车需要考虑从两个车辆之间或后方通过。此时，需要关注的重点是 t_{21}、t_{30} 和 t_{31}。

6.3.2 状态转移模型和决策流程

与有人驾驶车辆类似，无人驾驶车辆在通过交叉口的全程是一个复杂动态的过程，其中包含了一系列连续的状态和动作。为了将研究过程简化和清晰化,可以将驾驶过程离散为不同的状态。驾驶过程的演进相当于驾驶状态的转移,状态的转移需要满足一定条件并输出相应动作,继而反过来影响状态。有限状态机可以有效地对状态转移关系进行建模。

1. 有限状态机介绍

有限状态机(Finite State Machine,FSM)能够完成具有离散输入输出信号系统的仿真,是一种性能强大的动态建模工具,被广泛应用于逻辑控制建模、电路系统设计、软件工程和计算机科学的研究。

有限状态机内部包含有限个状态,同时,定义了相应的动作。系统在当前状态下通过事件触发等方式接收信号,执行对应动作,引起状态的切换。在有限状态机的各个要素中,状态(state)表示系统当前所处状况,可通过某些属性、执行某些特定动作等方式确定;事件(event)是系统的输入条件,能够引起状态的切换和转移;转移(transition)表示状态之间的关联。满足一定条件后,系统将根据转移方向和顺序完成状态的转移;动作(action)表示系统在特定状态或转移下采取的操作,动作可以在进入或退出某状态时产生,也可在状态转移过程中产生。

有限状态机可用一个五元组表示:

$$F = (Q, \sum, \delta, q_0, F) \qquad (6-25)$$

式中,Q 表示有限状态集合;$\sum$ 表示引起系统状态转移的事件集合;δ 表示状态转移函数;q_0 表示初始状态;F 表示终止状态集合。即当有事件 $e_i \in \sum$ 发生时,系统从当前的状态 $q_i \in Q$ 转移到对应的新状态。有限状态机可以通过状态转移表或矩阵等形式描述。

2. 状态机建模

城市道路交叉口处车辆的通行场景复杂多样,不同的场景下可以按不同标准设置不同的状态。如在转弯过程中,车辆根据自己是否为第一辆左转辆车,设置头车状态和非头车状态,不同状态下采取的决策有所不同;又如,车辆在无信号灯路口右转时,可能会与由左向右直行的车辆共用同一目标车道,此时的通行状态可设置为独立行驶和跟车行驶。此外,加入信号灯的影响后,还可设置分层状态机,将接近路口与通过路口和信号灯等待设为顶层状态,并将通过路口细分为不同子状态。

由于本书主要研究左转车与对向直行车辆之间的冲突消解,主要考虑因素为直行车辆的数量,故本书将车辆通过路口的过程设置为以下几个状态,状态机模型如图 6-33 所示。

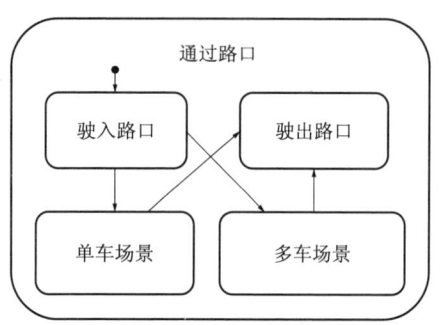

图 6-33 状态机模型

其中，驶入路口和驶出路口状态可通过本车的位置进行判断。左转车辆驶入路口后需要触发轨迹预测模块，实现对直行车辆轨迹的预测和冲突区域占用时间的计算。不同的场景状态需根据左转车辆与直行车辆间的距离、直行车辆速度及数量进行确定，左转车辆将在当前场景下执行对应的决策流程。最后，系统需对左转车辆位置及当前时间进行判断，由不同场景状态切换至驶出路口状态，将车速恢复至初始的期望行驶速度并驶出城市道路交叉口。

3. 决策流程

制定车辆通行过程的相应状态后，需要对本车速度进行控制，以便无人驾驶车辆在不同状态下选择不同的策略。无人驾驶车辆进入路口时，由于对直行车辆的轨迹进行了预测，因此得到了其通过冲突区域的时间区间。左转车辆需要选择合适的速度，控制车辆在时间上避开直行车辆。

车辆在城市道路交叉口的通行过程是连续过程，其相关状态和动作都为连续值，然而在决策制定时，无法将连续的车辆动作一一列举，故本书将无人驾驶车辆的动作空间离散化，设置多个待选动作值。本书提出的决策算法输出的是车辆的速度期望值，在考虑了决策合理性和算法效率后，设置了如下动作空间：

$$v\_collect = \{v_1, v_2, \cdots, v_n\} \quad (6-26)$$

动作空间包含了多组加速动作和减速动作，分别对应了左转车辆优先通过和滞后通过的场景。在实际仿真应用过程中，车辆速度由 PID 模块控制，根据当前车速和输入的期望车速生成加速和减速的动作量。

由于车辆左转的参考路径已知，因此根据本车给出的期望速度并结合运动学理论可以估算出本车到达和离开冲突区域的时间；得到的时间可以表示相应动作带来的安全性收益。此外，进行动作选取时，还应考虑高效性、舒适性和利他性等影响因素。

(1) 单车场景下的决策流程如图6-34所示。

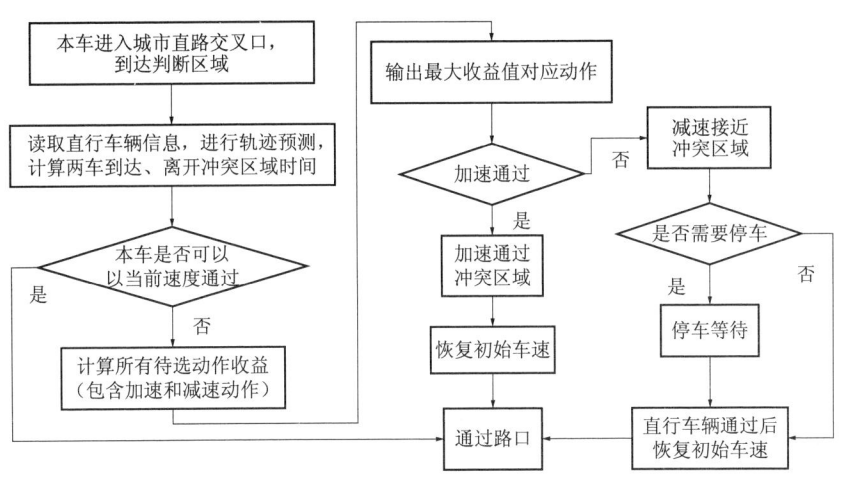

图6-34 单车场景下的动作选择流程

(2) 在检测到对向直行车道有两辆或多辆直行车时,模型需要及时切换状态并调整决策流程。此时,供左转车辆选择的通行方案有两种,一种是在前两辆车之间通过,另一种是在两车后方通过,具体的决策流程如图6-35所示。

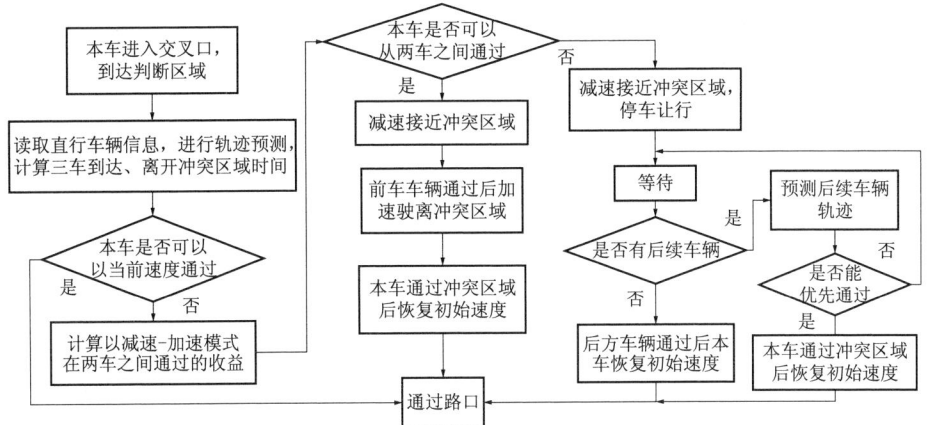

图6-35 多车场景下的决策流程

6.3.3 动作选择标准

1. 动作选择参考指标

在实现了目标车辆的轨迹预测与驾驶场景切换后,需要在当前状态下选择最合适的驾驶动作以完成驾驶任务。在实际道路环境中，驾驶动作的选择往往不是一个单目标问题，而是一个考虑了多种因素的多目标寻优过程，其中包含了驾驶安全性、通行的高效性等因素。在不同的驾驶场景中，无人驾驶车辆需要能够自动根据当前环境计算出最合理的通行方案，使本车获得更大的收益。

（1）安全性。

安全性是车辆驾驶过程中最重要的评价指标。安全性的高低决定了整个驾驶任务的成功与否。安全性是通过检测车辆之间是否发生碰撞而定义的。本书通过对直行车辆轨迹的预测，计算出其到达和离开冲突区域的时间，从而控制本车运动，在时间维度上避开直行车辆，因此，决策模型在进行动作选择时的安全性参考指标应该为直行车与左转车通过冲突区域的时间差值。

当只有一辆直行车辆时，时间差值的计算为：

$$\begin{cases} t_{20} - t_{11} = \Delta t_1 \geq 0, \text{Car1 先通过} \\ t_{10} - t_{21} = \Delta t_2 \geq 0, \text{Car2 先通过} \end{cases} \quad (6-27)$$

当有两辆直行车辆时，时间差值的计算为：

$$\begin{cases} t_{10} - t_{21} = \Delta t_1 \geq 0, t_{30} - t_{11} = \Delta t_2 \geq 0, \text{Car1 从中间通过} \\ t_{10} - t_{31} = \Delta t_3 \geq 0, \text{Car1 最后通过} \end{cases} \quad (6-28)$$

动作选择的安全性参考指标是最重要的指标，只有当该动作下本车通过冲突区域的时间满足上述条件时，该动作才有可能被选择。在实际应用过程中，考虑到车辆运动的不确定性和轨迹预测算法的误差以及本车通过时间的计算误差，时间差值应设置一个最低阈值并可根据需要自行调整，即：

$$\Delta t \geq \Delta t_{\text{safe}} \quad (6-29)$$

考虑到预测时长与模型预测误差之间的关系，本书设计了针对时间差值的补偿系数。补偿系数 c 通过 RMSE 与预测时长的比值确定，如式（6-30）所示。

$$\begin{cases} er = \dfrac{\text{RMSE}(i)}{t(i)}, i = 1,2,\cdots,15 \\ c = (er - \min(er))/(\max(er) - \min(er)) \end{cases} \quad (6-30)$$

经过标准化处理的补偿系数及 GPR 模型的预测误差如图 6-36 所示。由于预测模型的误差随着预测时长的增加而增大，因此为了提高决策的安全性，当轨迹预测时刻与直行车辆到达或离开冲突区域的时刻相隔时间越长，动作选择的时间差值阈值应该越大。

不同预测时长下模型应该补偿的时间差值可以调整为：

$$\Delta t \geq \Delta t_{\text{safe}}(1 + c) \quad (6-31)$$

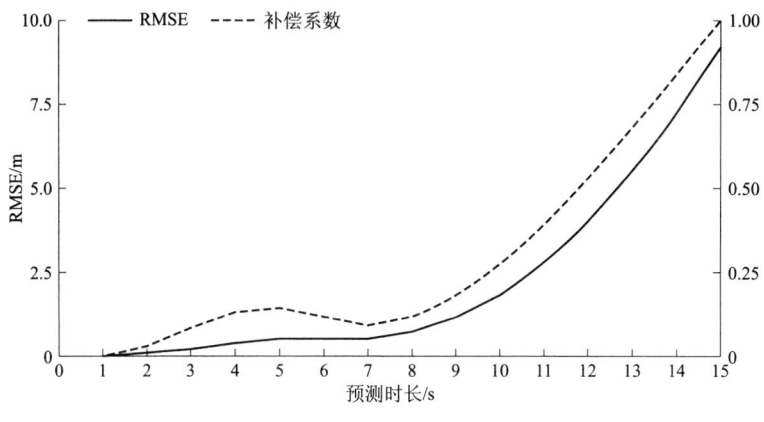

图 6-36 预测误差与补偿系数

（2）高效性。

车辆通行的高效性是仅次于安全性的评价指标。无人驾驶技术的诞生不仅可以解决驾驶安全问题，而且在缓解交通拥堵、提高通行效率及提高道路交通运输能力等方面具有重要意义。车辆通行的高效性主要体现在驾驶过程的用时长短，即通过一个拥堵交叉口所用的总时长越短，其通行效率越高。由于本书考虑的是无人驾驶车辆与有人驾驶车辆混合行驶的状况，且假设无人驾驶车辆对有人驾驶车辆的驾驶行为不产生影响，因此驾驶高效性仅与无人驾驶车辆从进入城市道路交叉口到离开冲突区域的驾驶总用时有关。

当只有一辆直行车辆时，驾驶总用时如式（6-32）所示：

$$\begin{cases} T_1 = t_{11} & \text{Car1 匀速或加速通过} \\ T_2 = t_{wait} + t_{pass} & \text{Car1 让行} \end{cases} \quad (6-32)$$

当有两辆直行车辆时，驾驶总用时如式（6-33）所示：

$$\begin{cases} T_1 = t_{11} & \text{Car1 匀速通过} \\ T_2 = t_{dec} + t_{acc} & \text{Car1 从中间通过} \\ T_3 = t_{wait} + t_{pass} & \text{Car1 让行} \end{cases} \quad (6-33)$$

在式（6-32）和式（6-33）中，t_{wait} 为减速让行的总用时（包括停车等待时间）；t_{pass} 为直行车通过后，左转车通过冲突区域的时间；t_{dec}、t_{acc} 分别为 Car1 选择在两车间通过时减速和加速阶段所用的时间。在保证安全性条件的基础上，需要选择总用时尽可能短的动作，才能保证通行过程的高效性，即：

$$action = act\_c(\min(T_{action})) \quad (6-34)$$

2. 动作选择约束条件

考虑到交通法律法规和驾乘人驾乘体验，无人驾驶车辆的动作选择不应一味地追求驾驶高效性,还应考虑驾驶舒适性和利他性,提高决策过程的合理性。此外,还需根据实际交通情况,进行安全性约束设定。

(1) 安全性。

本书使用冲突碰撞时间(Time to Collision,TTC)作为约束来提高动作选择的安全性。由于左转车辆与直行车辆不同时受到车道线的约束,无法直接计算 TTC,因此需要根据坐标转换建立二者之间的位置关系。

如图 6-37 所示,1 号车为无人驾驶车辆,2 号车为直行的有人驾驶车辆。无人驾驶车辆左转准备通过直行车流。本书用四个参数描述车辆在某时刻的运动状态,其中 x、y 表示车辆此时的位置坐标,v 表示车辆速度,φ 表示车辆航向角。为建立两车之间的运动关系,建立 1 号车的车辆坐标系,并将 2 号车进行坐标变换,1 号车的新状态为 $(0, 0, v_1, 0)$,2 号车的新状态为 (x, y, v_2, φ_r),故二者的运动关系如式 (6-35) 所示。

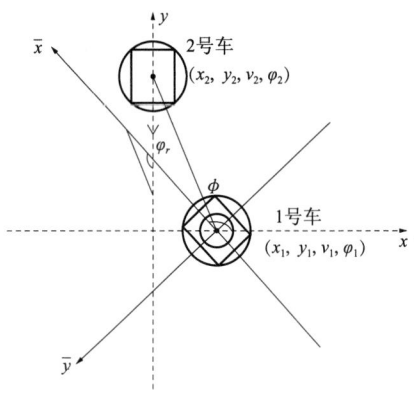

图 6-37 车辆运动关系

$$\begin{cases} x = (Y_2 - Y_1)\sin\varphi_1 + (X_1 - X_2)\cos\varphi_1 \\ y = (Y_2 - Y_1)\cos\varphi_1 + (X_1 - X_2)\sin\varphi_1 \\ \varphi_r = \varphi_2 - \varphi_1 \\ v_x = v_2\cos\varphi_r - v_1 \\ v_y = v_2\sin\varphi_r \end{cases} \quad (6-35)$$

设两车的质心距离为 L,质心连线与 v_1 方向夹角为 φ,则有:

$$\begin{cases} L = \sqrt{x^2 + y^2} = \sqrt{(X_2 - X_1)^2 + (Y_2 - Y_1)^2} \\ \tan\phi = \dfrac{y}{x} \end{cases} \quad (6-36)$$

由于车辆具有一定的体积,其外形不规则,故为了方便计算,本书以车辆质心为圆心，取车辆质心至车体上最远点为半径，将车体膨胀为一个圆，当两圆相交时即视为车辆相碰。两车距离产生碰撞的实际距离为：

$$l = L - r_1 - r_2 \qquad (6-37)$$

两车在其质心连线方向上的相对速度为 v_L：

$$v_L = v_x \cos\phi + v_y \sin\phi \qquad (6-38)$$

根据以上公式可得到碰撞时间 TTC 为：

$$\text{TTC} = \frac{l}{v_L} \qquad (6-39)$$

在车道内驾驶行为中，冲突碰撞时间的阈值通常设置为 TTC > 2s，但由于计算方式及实际车辆运动形式不同，当左转车辆停车避让后，直行车辆与左转车擦肩而过时 TTC 将下降到很小，此时应该用两车距离对安全性进行判断。故基于 TTC 的安全约束只用在本车非让行的场景中。通过估算本车到达冲突区域时，与直行车辆间的 TTC 最小值，从而对该动作的可执行性进行判断。

（2）舒适性。

为提高驾乘舒适性，保证交通流通畅、稳定，需要结合交通法规对车辆在通过城市道路交叉口时的速度和加速度进行限制，如式（6-40）所示。

$$\begin{cases} 0 \leqslant |v_i| \leqslant v_{\max} \\ 0 \leqslant |a_i| \leqslant a_{\max} \end{cases} \qquad (6-40)$$

速度和加速度的阈值设定可参考实际交通流数据。如图 6-38 所示为多辆车辆在通过城市道路交叉口全程时对应的速度和加速度曲线。结合相关文献，本书设定 $v_{\max} = 10 \text{ m/s}$，$a_{\max} = 3 \text{ m/s}^2$。

3. 利他性

利他性评价的是无人驾驶车辆行驶过程中对其他车辆产生的干扰的严重程度。在真实交通流中，无人驾驶车辆驶入驾驶场景中后，必定对当前环境中的周边车辆产生干扰，包括驾驶速度的降低及驾驶位置的改变（如周边车辆发生换道等行为）。决策系统需尽量减小这一影响，保证交通流的流动性和稳定性。根据交通法律法规，在城市道路交叉口，左转车辆与直行车辆发生会车时，左转车辆需让行直行车辆，即直行车辆具有优先通过权。尽管本书的决策建模是基于左转车辆与直行车辆的单向交互，但为了增加模型的真实性和实用性，本书通过估计直行车辆在左转车辆影响下可能产生的制动加速度，判断左转车辆对直行车辆驾驶行为的影响程度，从而对左转车辆的驾驶动作选择进行约束。

考虑左转车辆优先于直行车辆通过冲突区域的场景，此时左转车辆在冲突区域内，直行车辆会根据其到达冲突区域的距离及其当前速度，判断是否进行

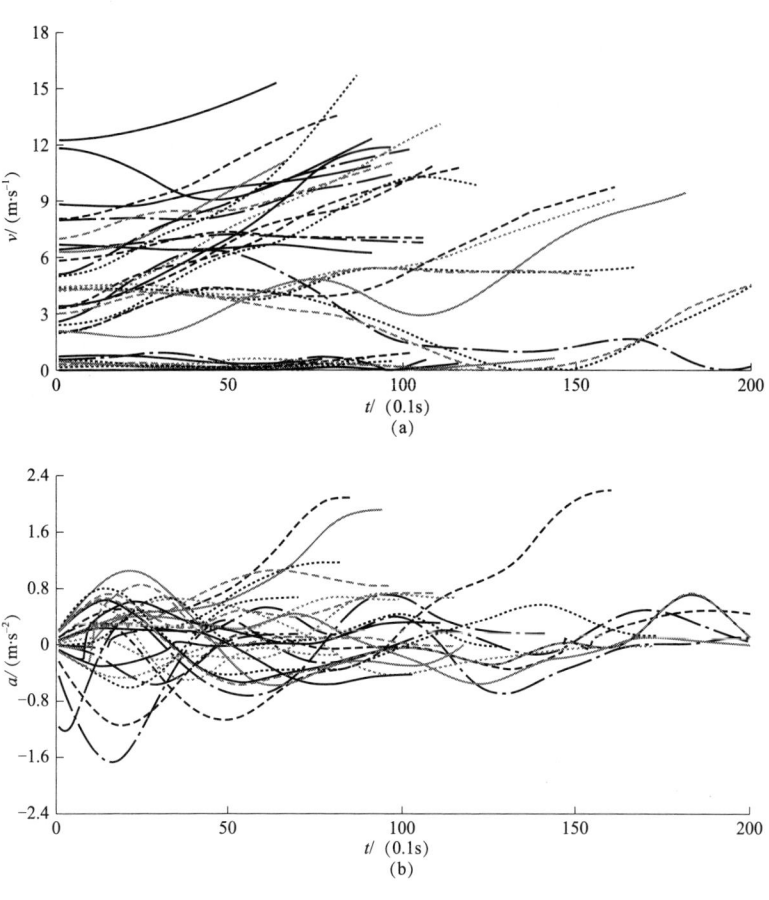

图 6-38 实际车辆速度和加速度曲线
（a）速度；（b）加速度

减速。本书选择经典车辆跟驰模型中的 GM 模型描述左转车辆对直行车辆的影响。它是刺激-反应模型中的一种，能够描述驾驶行为受到外界刺激的影响程度，如式（6-41）所示。

$$\ddot{x}_{n+1}(t+T) = \frac{a\dot{x}_n^m(t+T)[\dot{x}_n(t) - \dot{x}_{n+1}(t)]}{[x_n(t) - x_{n+1}(t)]^l} \quad (6-41)$$

式中，下角标 n、$n+1$ 代表前方车辆和后方车辆，在本书中指代左转车辆和直行车辆；T 表示后方车辆的反应延迟时间，包括驾驶员反应时间及驾驶操作时间。本书设定 $T=1s$；x 代表车辆位置，l、a、m 为相关参数。通过查阅文献，本书中设定 $l=1$，$a=0.5$，$m=1$。针对本书的研究场景，可将式（6-41）变换成如式（6-42）所示的形式：

第6章 城市道路交叉口穿越行为决策建模

$$a_{stra} = \frac{0.5v_{stra}(v_{left} - v_{stra})}{d_1} \quad (6-42)$$

式中，v_{stra} 表示左转车辆驶入路口时直行车辆的速度；d_1 表示当前直行车辆到冲突区域的距离；v_{left} 表示跟驰模型中的前车速度，在本场景中，考虑到左转车辆横穿冲突区域时，横向速度较小，故令 $v_{left} = 2$ m/s，直行车辆受到左转车辆影响产生的加速度主要与其在预测时刻的速度和到达冲突区域的距离有关。

为降低无人驾驶车辆的左转行为对直行车的影响，需要对直行车辆产生的加速度进行限制，如式（6-43）所示。

$$|a_{stra}| < a_{thre} \quad (6-43)$$

若左转车辆采取让行策略，其对直行车辆的影响可以忽略不计。此时，驾驶动作的选择不受利他性约束。

6.3.4 决策模型仿真试验及结果分析

1. 虚拟场景设置及结果分析

为验证本书中提出的城市交叉口无人驾驶车辆左转决策模型的可行性和适应能力，本节基于 PreScan 和 Matlab/Simulink 在仿真环境中对模型在不同场景下的表现进行了测试并结合相关指标，对试验结果进行了分析。

左转车辆与直行车辆同时通过路口时，根据通过冲突区域的先后次序将产生多种细分场景。下面主要针对其中的四种场景进行仿真并分析相应的仿真结果。

场景一：无人驾驶车辆 Car1 左转通过交叉口，初始运动状态为 $X_1 = (x_1, y_1, v_1, \varphi_1) = (9.5, -3.3, 5, 90)$，有人驾驶车辆 Car2 直行通过交叉口，其初始运动状态为 $X_2 = (3.5, 71.7, 8.8, 270)$。为验证算法的有效性，先在不执行算法的情况下使两车自行通过交叉口。从图 6-39 中可以观察到，当仿真时间 $t = 5.8$ s 时，系统检测到碰撞信号，两车发生碰撞。

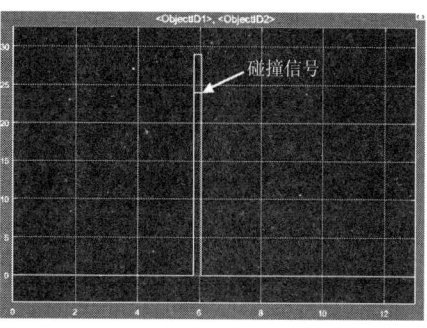

图 6-39 碰撞检测信号

以同样的初始条件进行仿真,此时 Car1 的运动由决策算法控制。当 Car1 驶入路口后,将基于 Car2 在当前时刻的运动状态对其未来轨迹做出预测,如图 6-40(a)所示。将轨迹预测获得结果传入决策算法后,动作选择算法根据多因素影响下的目标函数选择最优动作,输出期望速度,从而决定本车优先通过或让行。

在本场景中,当左转车辆进入路口时,直行车辆已十分接近冲突区域,在此情况下,算法得出让行结论,左转车辆 Car1 减速让行,直行车 Car2 优先通过。算法给出的期望速度信号及实际车速变化如图 6-40(b)所示。仿真开始时,Car1 以 5 m/s 的期望速度行驶,在驶入路口得出让行决策后,将速度调整为 1m/s,减速让行。并在直行车离开冲突区域后恢复原始期望速度 5 m/s。此外,通过图 6-40(c)和图 6-40(d)可以看出,算法执行前,两车的距离和 TTC 曲线均经过零点,说明此时碰撞发生。算法执行后,两车间距和 TTC 始终保持在安全范围内,保障了通行过程的安全性。

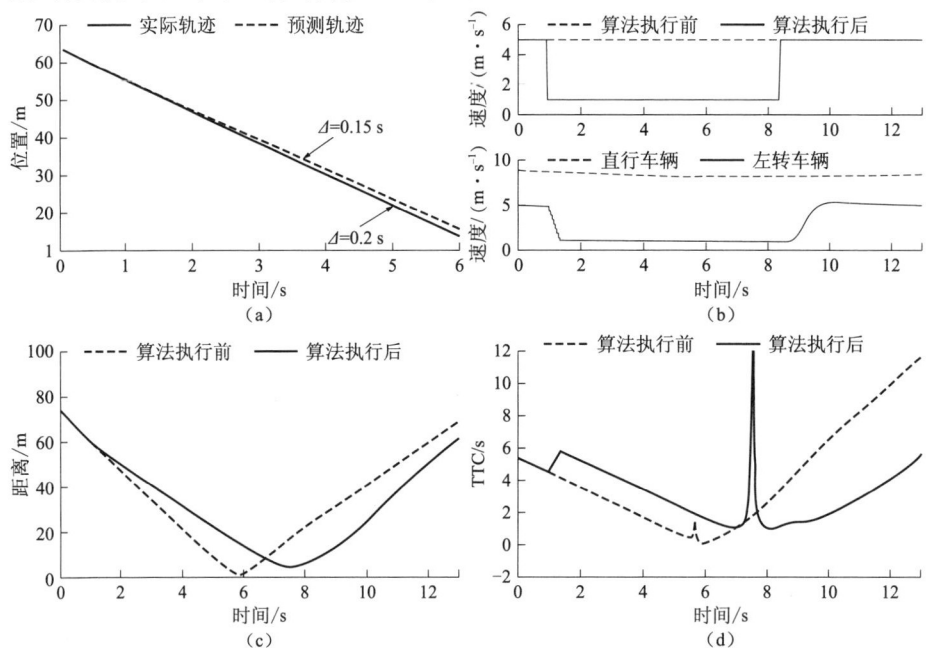

图 6-40　算法执行前后效果对比
(a) 轨迹预测结果；(b) 车速变化曲线；(c) 距离变化曲线；(d) TTC 变化曲线

如图 6-41 所示为在同一时刻,算法执行前后两车的位置及其历史轨迹。从图 6-41(b)中可以看出,在加入决策算法后,左转车辆 Car1 在左转穿行前有着明显的减速行为,在距离直行车辆 Car2 较远的地方采取了减速让行策略。

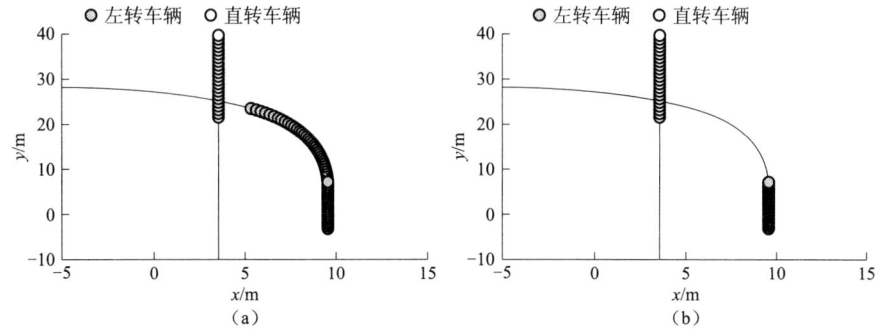

图 6-41 车辆运动轨迹
(a) 算法执行前两车轨迹;(b) 算法执行后两车轨迹

场景二:左转车辆 Car1 的初始状态为 $X_1 = (9.5, -3.3, 5, 90)$,以 5 m/s 的速度匀速行驶;Car2 的初始状态为 $X_2 = (3.5, 66.7, 4.2, 270)$。

与场景一不同,由于 Car2 的出发位置较远,当 Car1 到达判断区域时,Car2 刚刚进入交叉口,距离冲突区域相对较远。在此情况下,决策算法倾向于让左转车辆 Car1 加速优先通过冲突区域,如图 6-42 所示。Car1 在驶入路口后,将期望速度调整为 7m/s;当 Car1 完全通过冲突区域后,其期望速度又恢复到 5m/s。两车的距离和 TTC 变化如图 6-42(c) 和图 6-42(d) 所示。尽管在加入决策算法前,Car1、Car2 分别先后通过城市道路交叉口时没有发生碰撞,但在加入决策算法后,无人驾驶车辆选择加速通过冲突区域,提高了两车距离和 TTC 的最小值。这样的通行方法在实际道路上不仅可以提高本车的通行效率,而且还降低了对直行车流的影响。算法执行前后两车在不同时刻的运动位置和历史轨迹如图 6-42(e) 和图 6-42(f) 所示。可以看出,在算法执行后,左转车辆 Car1 提前加速通过了路口,提高了行驶安全性和通行效率。

场景三:在场景三中,对向的直行车道中存在两辆直行车,分别先后通过路口。左转车 Car1 的初始状态为 $X_1 = (9.5, -3.3, 5, 90)$,以 5 m/s 的速度匀速行驶;前车 Car2 的初始状态为 $X_2 = (3.5, 56.7, 5.9, 270)$;后车 Car3 的初始状态为 $X_3 = (3.5, 76.7, 4.8, 270)$。当系统通过计算直行车与交叉口的距离,将驾驶场景切换为多车场景后,无人驾驶车辆的决策流程也相应做出改变。由于本书采集的轨迹数据及搭建的轨迹预测模型均针对交叉口附近车辆,而 Car3 的出发位置距离城市道路交叉口较远,因此在仿真过程中将 Car3 设为匀速行驶,并通过匀速模型对其进行轨迹预测。场景四中 Car3 的设置与本场景相同。

轨迹预测结果及车速变化曲线如图 6-43(a)~图 6-43(c) 所示。在本

无人驾驶车辆智能行为决策建模

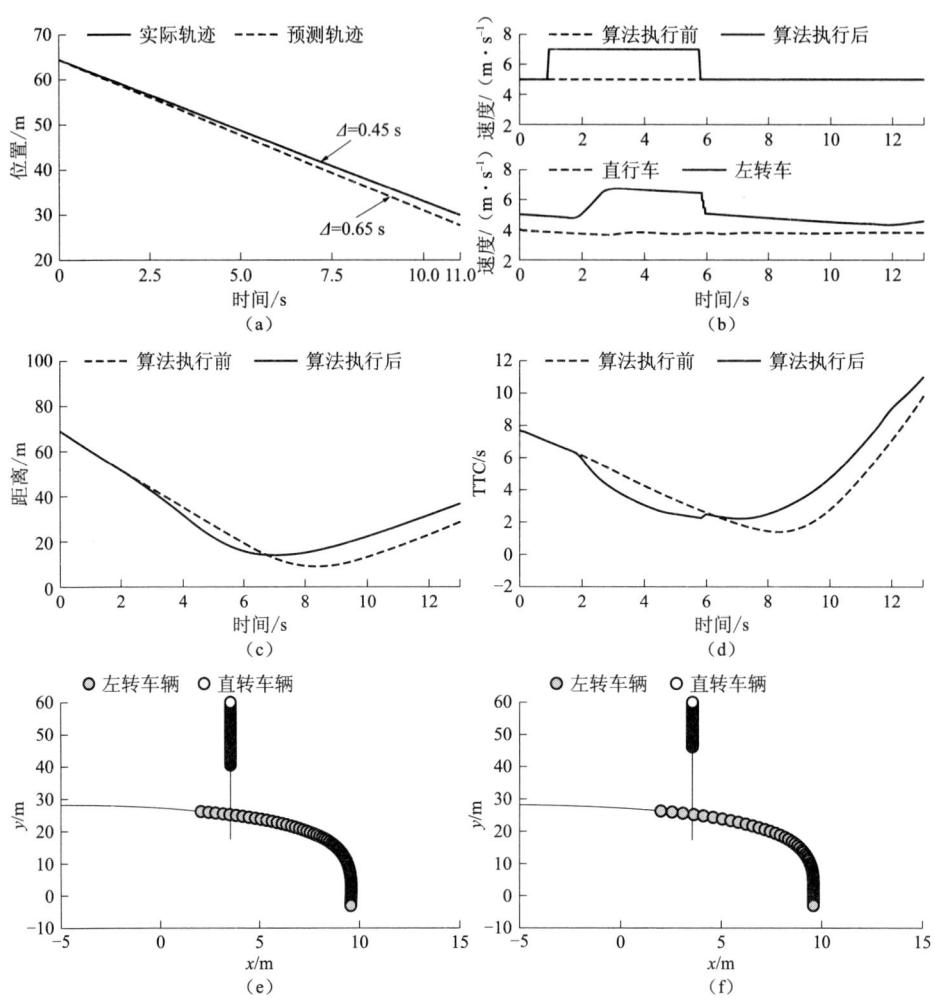

图 6-42 算法执行前后对比
(a) 轨迹预测结果；(b) 车速变化曲线；(c) 两车距离变化；(d) 两车 TTC 变化；
(e) 算法执行前两车轨迹；(f) 算法执行后两车轨迹

场景中，左转车辆在面对两辆直行车辆时，选择让直行车优先通过。在得出让行决策后，左转车辆首先进行减速，在接近冲突区域入口前，将速度减为零，停车等待直行车辆通过。待 Car3 完全驶离冲突区域后，Car1 又恢复至期望速度，快速通过路口。Car1 与 Car2、Car3 之间的距离关系及 TTC 关系如图 6-43（d）和图 6-43（e）所示，虽然 Car1 与两车间的 TTC 最小值较小，但最小值发生在 Car1 在冲突区域外等待两直行车辆通过的时刻，故不会发生碰撞危险。

第6章 城市道路交叉口穿越行为决策建模

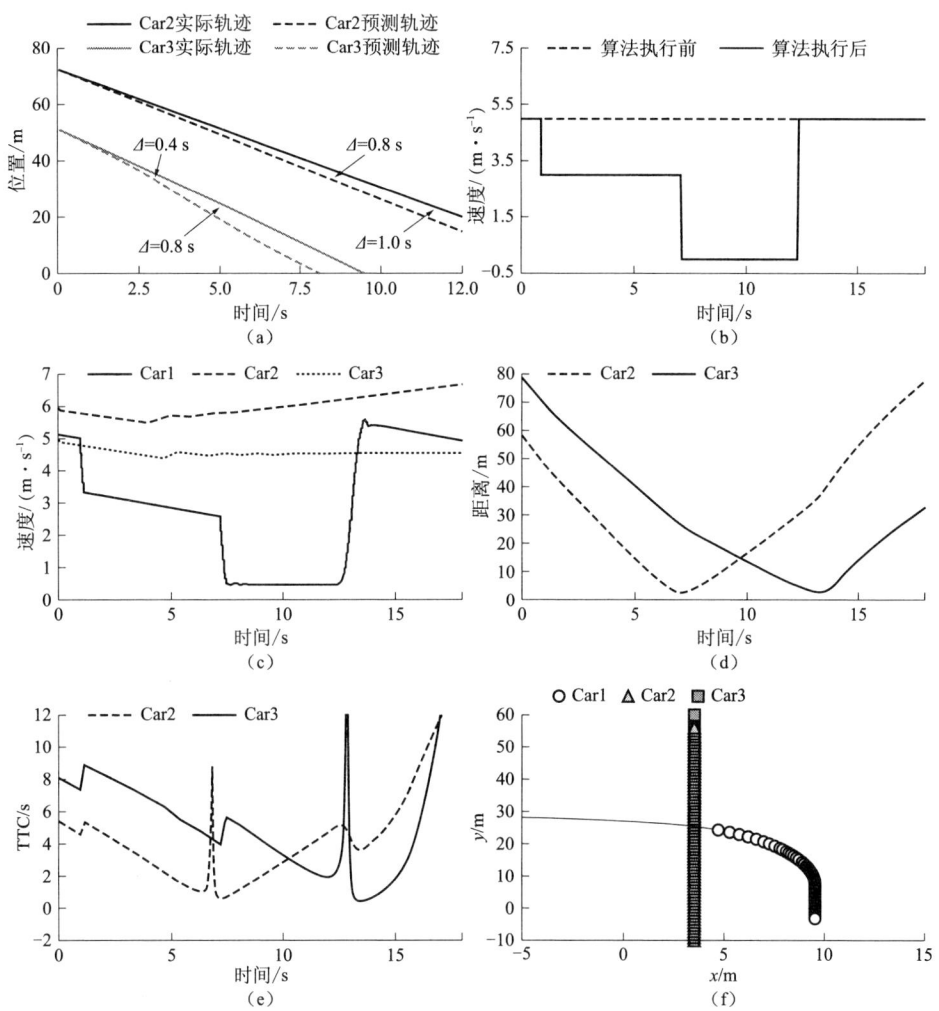

图 6-43 左转车辆与两直行车辆间的关系

(a) 轨迹预测结果; (b) 期望车速变化曲线; (c) 实际车速变化曲线; (d) 车距变化曲线; (e) TTC变化曲线; (f) 车辆运动轨迹

仿真过程中三辆车在某时刻的位置和历史轨迹如图 6-43 (f) 所示。图中可明显看出左转车辆 Car1 的减速行为以及三车通过冲突区域的先后顺序。

场景四:场景四设置与场景三类似,不同之处在于我们人为地增加了 Car2 的速度并降低了 Car3 的速度,从而使两车通过交叉口时保持较大的前后间距,以便验证决策算法中对从两车之间穿越场景的判断。三辆车的初始状态分别为 Car1: $X_1 = (9.5, -3.3, 5, 90)$; Car2: $X_2 = (3.5, 56.7, 5.9, 270)$; Car3:

$X_3 = (3.5, 101.7, 5.3, 270)$。

轨迹预测结果及车速变化曲线如图 6-44（a）~图 6-44（c）所示。可以看出 Car1 在整个过程采取的是减速、加速、减速的策略。Car1 减速接近冲突区域；当 Car2 离开冲突区域后 Car1 选择加速通过；Car1 完全通过冲突区域后减速恢复到初始期望速度。Car1 与 Car2、Car3 之间的距离和 TTC 变化情况如图 6-44（d）和图 6-44（e）所示。

仿真过程中三辆车在某时刻的位置和历史轨迹如图 6-44（f）所示。其中可明显看出左转车辆 Car1 在不同阶段的速度变化以及三车通过冲突区域的先后顺序。

本书共设计了 50 次仿真试验来对本书提出的决策模型的合理性和适应能力进行验证。其中单直行车辆试验 30 次，成功穿行 28 次，成功率 93%；两辆直行车辆试验 20 次，成功 16 次，成功率 80%。通过分析决策模型建模过程和仿真条件设置过程，可以得出试验中产生失败的主要原因如下：

（1）轨迹预测的不确定性。轨迹预测模型是通过学习大量的轨迹数据的概率分布对预测轨迹进行拟合，其模型准确性取决于训练数据的数量和质量。本书采集的直行车辆轨迹数据有限，无法覆盖所有的直行车辆运动模式，影响了预测模型效果。此外，随着直行车辆数量的增加，需要预测的变量增加，同时也影响了决策模型的效果。

（2）仿真环境设置误差。试验中仿真车辆的运动控制通过人为给出每个时刻的期望速度进行设定，不同时刻的车速变化将引起车速波动，影响模型的预测效果，未来需考虑加入在线滤波模块降低输入数据的噪声。此外，试验主车的纵向运动由 PID 控制，其速度变化的响应时间也会对冲突时间计算造成一定影响，从而影响试验结果。

2. 真实城市道路交叉口数据验证

本节主要利用真实车辆轨迹数据对本书提出的决策模型进行验证和分析，其中真实数据记录了在实际道路环境中，一对左转车辆和直行车辆在通过城市道路交叉口时的驾驶行为变化过程，而决策模型的结果则通过在仿真环境中搭建相似的驾驶场景进行计算得出。分析真实数据和仿真数据之间的相同点和不同之处，可以得知模型的优点和缺点。

受到仿真软件的功能限制以及实际交叉路口几何尺寸测量的误差影响，仿真场景中的道路结构与几何尺寸与真实环境会存在一定差别，同时，由于实际道路环境中不同车辆的行驶速度差异较大，因此其连续变化的车速也很难在仿真软件中还原，但是，仿真场景能够对车辆的决策过程进行较为真实的模拟，能够满足模型验证的基本需要。

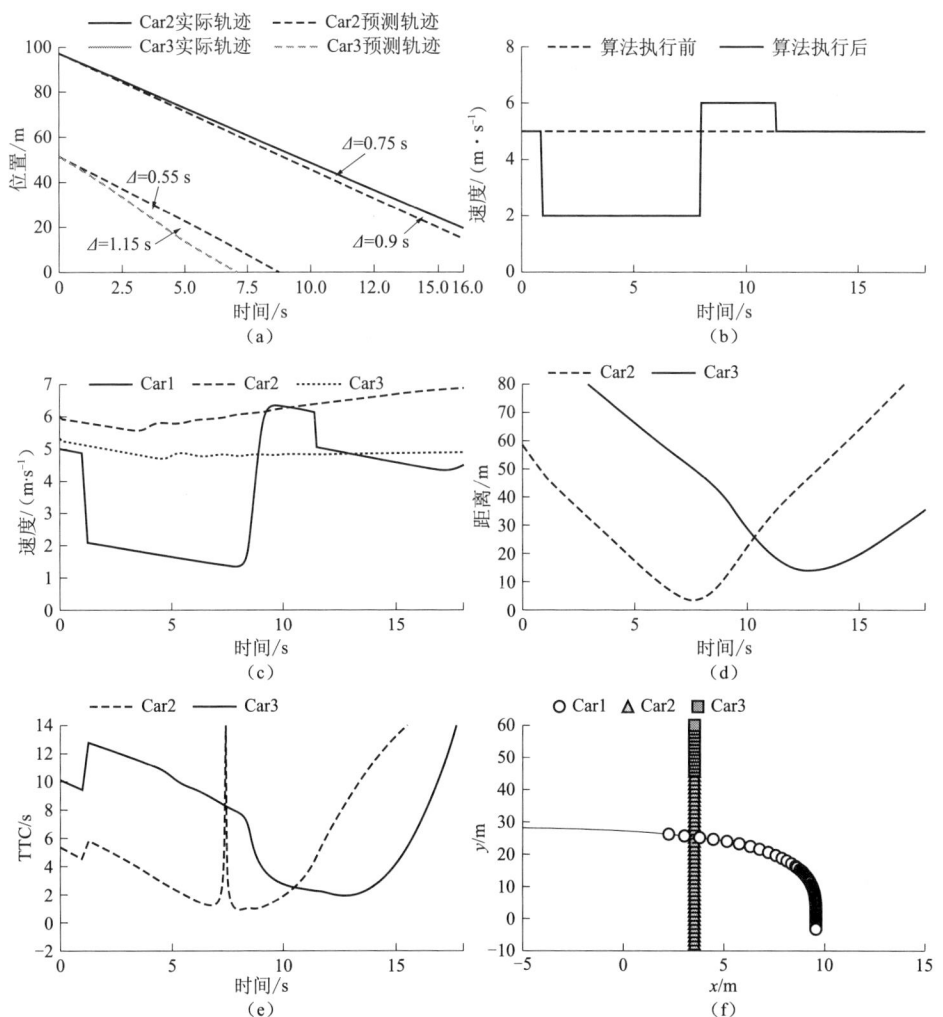

图 6-44 左转车辆与两直行车辆间关系

(a) 轨迹预测结果;(b) 期望速度变化曲线;(c) 实际车速变化曲线;(d) 车距变化曲线;
(e) TTC 变化曲线;(f) 车辆运动轨迹

本节验证主要选取了两个典型场景。场景一中主要包括一辆左转车辆和一辆直行车辆。回放实际交通流视频可以从中找出左转车辆与直行车辆交互的驾驶行为,并标定记录它们的轨迹。在视频第 10min 57s 处,左转车辆 Car1 (图 6-45 中 1 号框) 从西侧路口进入,左转后从北侧路口驶出;对向直行车辆 Car2 (2 号框) 由东向西直行通过城市道路交叉口。该过程中,左转车优先于直行车通过冲突区域。两车初始状态分别为 Car1:$X_1 = (9.5, -3.3, 5, 90)$;

Car2：X_2 = (3.5, 56.7, 3, 270)。

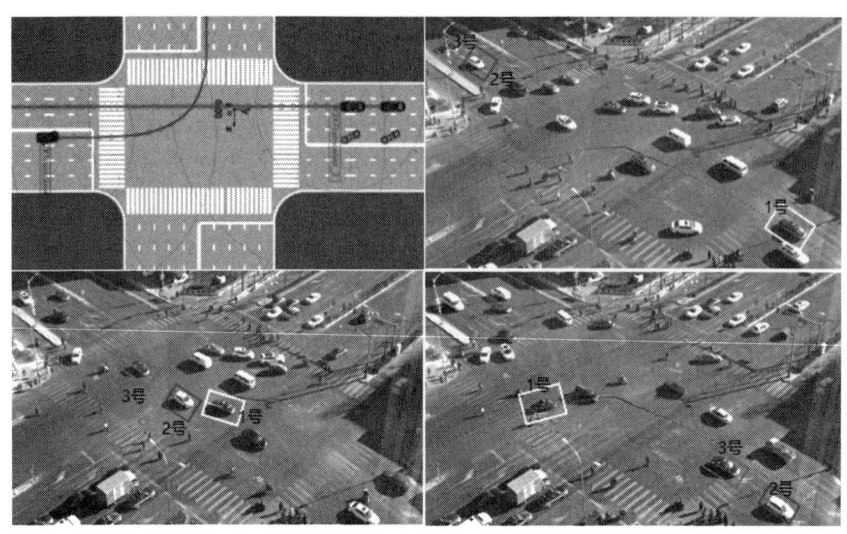

图 6 - 45　仿真场景和真实场景验证

图 6 - 46 所示为真实场景和仿真场景下两辆车辆在通过城市道路交叉口全程 10 s 内的车速变化情况。整个通行过程中车辆的车速变化趋势相近。

在左转车辆优先通过的场景中，其车速变化主要分为以下三个阶段，进入城市道路交叉口的稳定行驶阶段，动作选择后的加速通过阶段以及通过冲突区域后的速度恢复阶段，如图 6 - 47 所示。其中实际车速曲线在 9 s 后逐渐上升，主要是因为驾驶员在判断城市道路交叉口处没有行人及非机动车影响后，提前加速到了车道内行驶的期望速度。

通过时空轨迹图可以明显看出车辆在不同时刻的位置与速度信息，如图 6 - 48 所示。算法得出的数据与真实数据在整体变化趋势上非常接近。

场景二主要对左转车辆与两辆直行车之间的运动关系进行分析。实际场景如图 6 - 49 所示。从视频第 4min 05s 开始，一辆出租车 Car1（1 号框）由西侧路口进入，左转从北侧路口驶出，直行车辆前方车辆 Car2（2 号框）、后方车辆 Car3（3 号框）由东向西通过城市道路交叉口。

仿真持续 13 s，整个过程中三辆车的速度变化如图 6 - 50 所示。三辆车的初始状态分别为 Car1：X_1 = (9.5, -3.3, 5, 90)；Car2：X_2 = (3.5, 56.7, 5.4, 270)；Car3：X_3 = (3.5, 64.7, 4.7, 270)。

在左转车辆减速让行的该场景中，其速度变化过程主要分为三个阶段。如图 6 - 51 所示，分别为进入路口时的稳定行驶阶段，对目标车辆进行判断后的

第6章 城市道路交叉口穿越行为决策建模

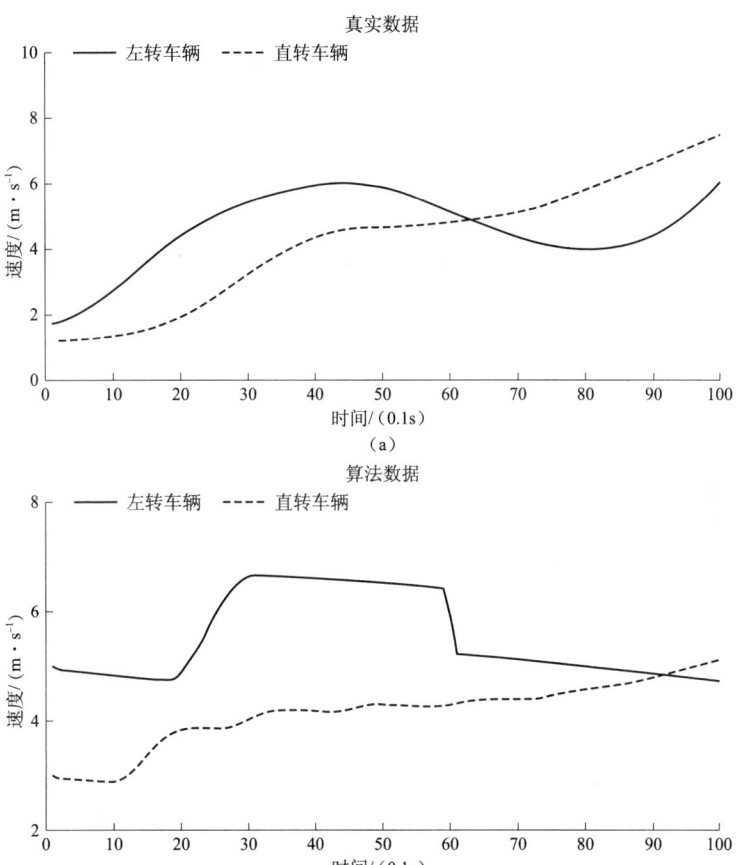

图 6-46 真实道路与仿真环境下的车速变化

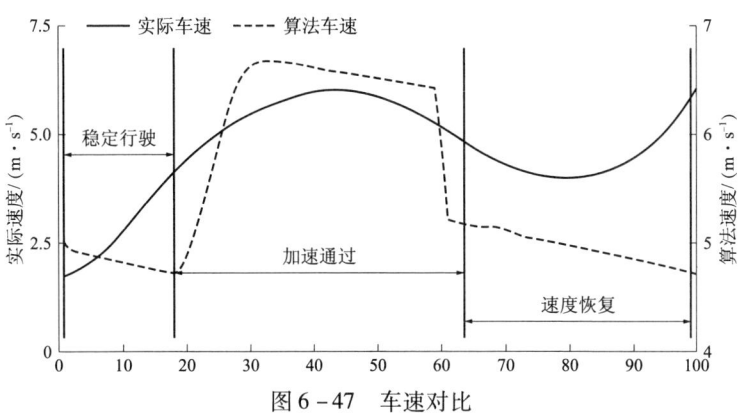

图 6-47 车速对比

无人驾驶车辆智能行为决策建模

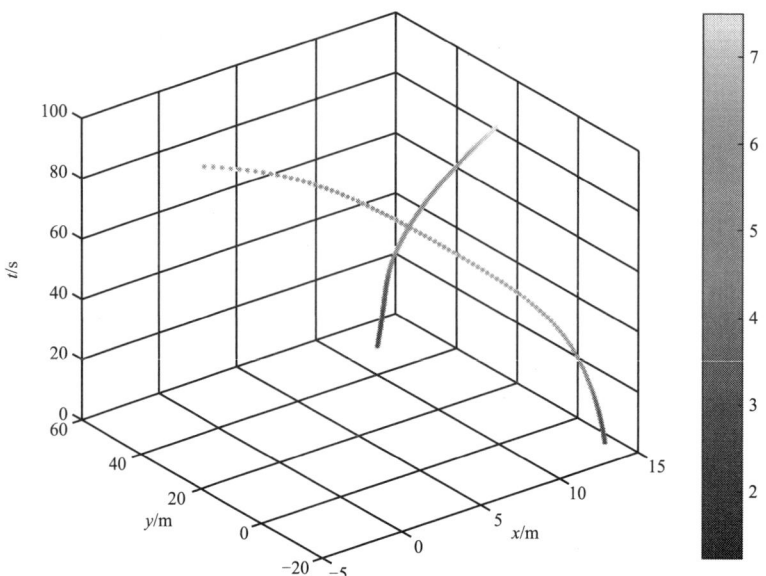

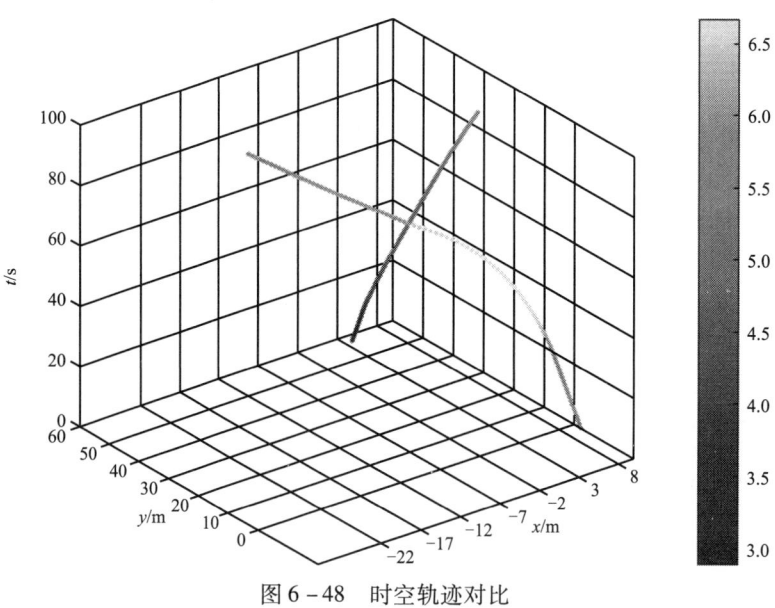

图 6-48 时空轨迹对比

减速让行阶段,目标通过冲突区域后,安全通过冲突区域的加速通过阶段。左转车辆在通过城市道路交叉口时的速度变化过程体现了驾驶员(算法)在让行场景中的决策过程。

第6章　城市道路交叉口穿越行为决策建模

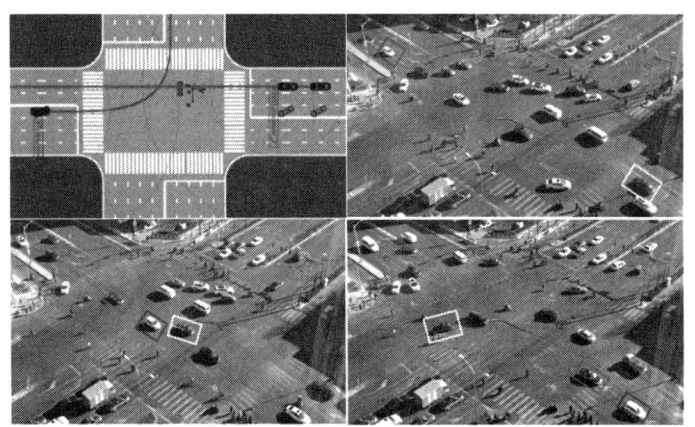

图 6-49　仿真场景和真实场景

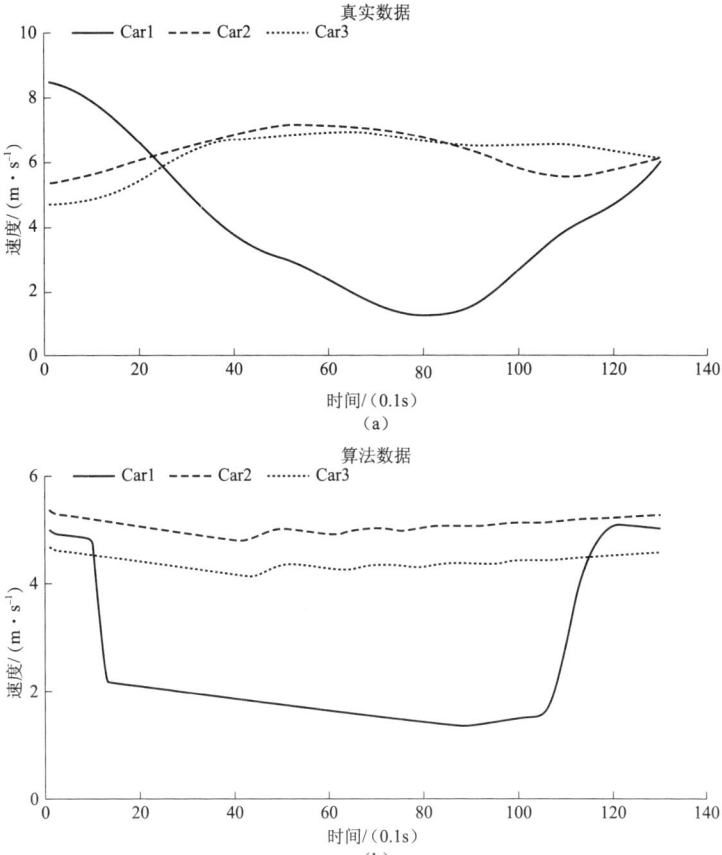

图 6-50　真实场景和仿真场景下的车速变化

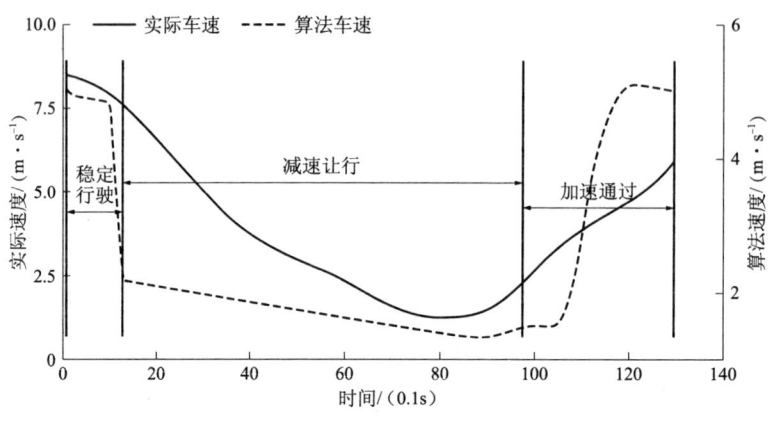

图 6-51　仿真场景和真实场景

图 6-52 所示为三辆车的真实时空轨迹以及仿真环境下由算法生成的车辆时空轨迹。从图 6-52 中可以直观地看出，无论是在真实或仿真场景下，左转车辆都是采取了让行策略，让两辆直行车辆优先通过。不同的是，在真实场景中，左转车辆进入城市道路交叉口后，其车速是根据对向来车的速度逐渐调整的，是一个持续性的决策过程。而在仿真场景中，由算法控制的无人驾驶车辆在进入路口后便开始减速行驶，当直行后方车辆通过冲突区域后，左转车距离冲突区域的距离较远，安全性较高。在驶出城市道路交叉口阶段，由于真实城市道路交叉口处行人及非机动车的影响，左转车的速度变化仍然是一个缓慢调整的过程，而本书的决策模型主要的研究对象是机动车，故在左转车辆驶离冲突区域后便恢复至理想期望速度。

将算法结果与真实数据进行对比可以发现，在对向车道有一辆或两辆直行车辆时，由算法控制的无人驾驶车辆的决策动作与真实车辆决策相近，与人类驾驶员在不同场景下的决策习惯较为符合，然而，面对复杂路况时，环境车辆的驾驶行为具有高度不确定性，驾驶操作的突然变化使预测算法无法准确获得其轨迹的预测值，从而影响决策的成功率。另外，决策算法产生的驾驶动作是预设的离散动作值，在面对连续的驾驶场景变化时灵活性不足。针对以上不足，相关状态选择以及备选动作的设定需要进一步优化，使算法能够更加灵活地应对城市道路交叉口中各类驾驶场景。

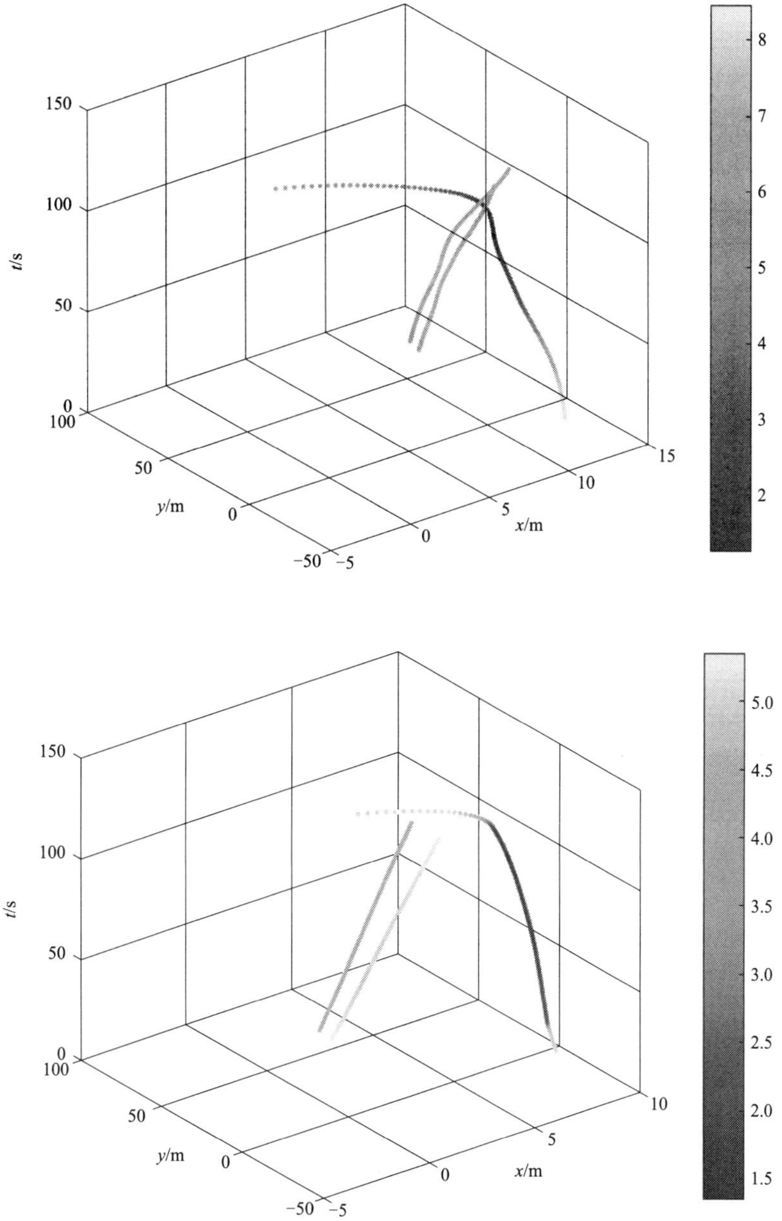

第6章 城市道路交叉口穿越行为决策建模

图6-52 时空轨迹对比

6.4 基于 NQL（Neural Q-Learning）的城市道路交叉口通行决策

6.4.1 Q-Learning 算法与 Neural Q-Learning 算法分析

1. Q-Learning 算法

Q-Learning 算法参数在前面已经做了详细阐述，请参考第 4 章。

2. Neural Q-Learning 算法

（1）误差逆传播 BP 神经网络。

NQL 中实现最优动作值函数迭代的关键就是利用误差信号的反向传播进行残差计算分析，必须要用到 BP 神经网络。BP 神经网络中的信息传递和处理流程如下：外界信号由输入层输入，经过隐层（可能有多层结构）和输出层的激活函数计算得到输出值，与样本值进行差值比较，再将该误差值反过来从输出层传回。在反向传递时，利用梯度下降算法修正各节点间的连接权重 ω 和偏置量 b，这样才完成一个更新迭代过程，重复循环直至训练完所有样本数据为止。BP 神经网络架构如图 6-53 所示。

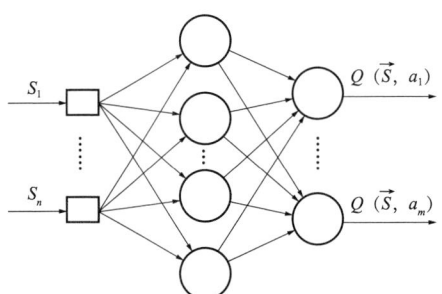

图 6-53 BP 神经网络架构

假设现在有个训练集 $P = \{(x_1, y_1), (x_2, y_2), (x_3, y_3) \cdots (x_n, y_n)\}$，利用 BP 神经网络进行从输入层到输出层的计算，假设分别为某两层中的节点 i 和节点 j 间的权重为 ω_{ij}，b_j 为节点 j 的偏置，每个节点的输出为 h_j，并且每一层节点的输出值均是由本节点与上一层所有相连节点间的权重与本节点的偏置及上一层所有相连节点的输出值与每层之间的激活函数计算得来，具体表达式如式（6-44）所示。

$$V_j = \sum_{i=0}^{m-1} \omega_{ij} x_i + b_j$$

$$x_j = f(V_j) \tag{6-44}$$

式中，V_j 为当前节点的输入；x_j 为当前节点的输出（其也为下一层的输入值）；$f(\cdot)$ 为每层间的激活函数。激活函数常见类型有双曲正切函数（tanh 函数）和 S 型函数（sigmoid 函数），激活函数的选择往往与所研究对象的特性有关系。

上述过程是神经网络正向计算过程，但是由于计算得到的结果与训练样本值（真实值）间还存在或大或小的误差，这就需要将误差进行反向传播来修正节点间的权重和偏置值。假设输出层所有节点的输出值为 h_j，真实值 y_i 与输出值间的均方误差函数为 $E(\omega, b)$，则有：

$$E(\omega, b) = \frac{1}{2} \sum_{j=1}^{n} (h_j - y_j)^2 \tag{6-45}$$

基于梯度下降和相对误差下降最快策略，对神经网络节点间的权重和偏置进行修正和迭代，那么对于神经网络输出层的第 j 个节点有：

$$\Delta \omega_{ij} = -\eta \frac{\partial E(\omega, b)}{\partial \omega_{ij}}$$

$$\frac{\partial \delta_j}{\partial \omega_{ij}} = b \tag{6-46}$$

式中，η 为更新学习率；δ_j 为第 j 个节点的输入值。对于激活函数的导数，有如下规律：

$$f'(x) = f(x)[1 - f(x)] \tag{6-47}$$

那么，对 ω_{ij} 则有：

$$\frac{\partial E(\omega, b)}{\partial \omega_{ij}} = \frac{1}{\partial \omega_{ij}} \cdot \frac{1}{2} \sum_{j=1}^{n} (h_j - y_j)^2$$

$$= (h_j - y_j) \cdot \frac{\partial h_j}{\partial \omega_{ij}}$$

$$= (h_j - y_j) \cdot f'(V_j) \cdot \frac{\partial V_j}{\partial \omega_{ij}}$$

$$= (h_j - y_j) \cdot f'(V_j) \cdot x_i$$

$$= \tau_{ij} \cdot x_i$$

其中

$$\tau_{ij} = (h_j - y_j) \cdot f'(V_j) \tag{6-48}$$

对于每个节点的偏置 b：

$$\frac{\partial E(\omega, b)}{\partial b_{ij}} = \tau_{ij} \tag{6-49}$$

上述推导是为了计算和更新输出层与隐层间的权重以及输出层的偏置来降低训练样本的真实值与输出值间的差距。同样，对于隐层和输入层也是同样的更新迭代过程，假设隐层第 i 个节点与输入层第 k 个节点间的权重为 ω_{ki}，具体推导如下：

$$\begin{aligned}
\frac{\partial E(\omega,b)}{\partial \omega_{ki}} &= \frac{1}{\partial \omega_{ki}} \cdot \frac{1}{2} \sum_{j=1}^{n} (h_j - y_j)^2 \\
&= \sum_{j=1}^{n} (h_j - y_j) \cdot f'(V_j) \cdot \frac{\partial V_j}{\partial \omega_{ki}} \\
&= \sum_{j=1}^{n} \delta_{ij} \cdot \omega_{ij} \cdot f'(V_j) \cdot x_k \\
&= \tau_{ki} \cdot x_k \\
\tau_{ki} &= \sum_{j=1}^{n} \tau_{ij} \cdot \omega_{ij} \cdot f'(V_j)
\end{aligned} \qquad (6-50)$$

那么输出层与隐层节点间的权重 ω'_{ij} 和偏置 b'_j 更新有：

$$\begin{aligned}
\omega'_{ij} &= \omega_{ij} - \eta_1 \cdot \frac{\partial E(\omega,b)}{\partial \omega_{ij}} = \omega_{ij} - \eta_1 \cdot \tau_{ij} \cdot x_i \\
b'_j &= b_j - \eta_2 \cdot \frac{\partial E(\omega,b)}{\partial bj} = b_j - \eta_2 \cdot \tau_{ij}
\end{aligned} \qquad (6-51)$$

同理，对于隐层和输入层节点间的权重 ω'_{ki} 和偏置 b'_i 更新有：

$$\begin{aligned}
\omega'_{ki} &= \omega_{ki} - \eta_1 \cdot \frac{\partial E(\omega,b)}{\partial \omega_{ki}} = \omega_{ki} - \eta_1 \cdot \tau_{ki} \cdot x_i \\
b'_i &= b_i - \eta_2 \cdot \frac{\partial E(\omega,b)}{\partial b_i} = b_i - \eta_2 \cdot \tau_{ki}
\end{aligned} \qquad (6-52)$$

（2）NQL 算法原理。

针对 Q-Learning 算法中存在的问题有：①当环境状态空间为连续变化时，Q-Learning 算法必须要离散状态量，那么最终的算法可能会因为离散化不当而产生波动甚至不收敛；②Q-Learning 算法计算最大动作的 Q 值存储在 Q 存储矩阵，会产生"维度灾难"的问题。首先，NQL 算法是利用 BP 神经网络将环境状态量作为输入、动作值函数作为输出，这样就可以解决状态量为连续的问题了；其次，神经网络训练所有样本数据每次都用来更新节点间的权重和偏置，不存在存储问题，并且计算和更新的速度远比 Q-Learning 算法快。最后，与 Q-Learning 算法相比，NQL 算法的先进性体现在用一个误差反向传播神经网络来代替 Q 存储矩阵和直接计算给出决策的期望动作；NQL 算法不仅在算法的收敛速度上更快，更重要的是能保证决策的精确性。

Q-Learning 算法给出的决策动作是基于当前状态下，依照更新迭代好的 Q 存储矩阵选取相应的动作；而 NQL 利用当前状态量 S_k，动作量 A_k 和动作值函数 $Q(S_k, A_k)$ 进行当前的决策动作的计算，具体推导如下：

第6章 城市道路交叉口穿越行为决策建模

$$S_{k+1} = DS_k + FA_k$$

$$R_k = S_k^T BS_k + A_k^T CA_k$$

$$Q(S_k, A_k) = \begin{bmatrix} S_k^T & A_k^T \end{bmatrix} \begin{bmatrix} H_{xx} & H_{ux} \\ H_{xu} & H_{uu} \end{bmatrix} \begin{bmatrix} S_k \\ A_k \end{bmatrix}$$

令

$$\frac{\partial Q(S_k, A_k)}{\partial A_k} = 2H_{uu} A'_k + 2H_{ux} S_k = 0$$

则

$$A'_k = -(H_{uu})^{-1} H_{ux} S_k \Rightarrow A'_k = \bar{L} S_k \tag{6-53}$$

式中，矩阵 D 和矩阵 F 为算法决策系统的相关系数矩阵；矩阵 B 为状态量对奖励函数的权重，矩阵 C 为动作量对奖励函数的权重；矩阵 H_{xx}、H_{ux}、H_{xu}、H_{uu}、$\bar{L}$ 为 NQL 算法决策系统的参数矩阵；A'_k 为此刻的最优动作量，R_k 为神经网络损失函数。那么根据上述 NQL 算法的原理，针对交叉路口无人驾驶车辆穿越行为的问题，第一步要确定决策系统的动作空间和状态空间，再利用神经网络取代 Q-Learning 算法中的 Q 存储矩阵，最后利用式（6-53）来直接求解每个时刻的最佳动作量。

6.4.2 基于 NQL 的城市道路交叉口穿越行为分析

1. 行为决策算法的参数设定

本次仿真场景为无信号灯和行人的简单城市道路交叉口，研究的对象只考虑城市道路交叉口由北向东行驶的左转车辆和对向直行车辆。研究状态空间集、动作空间集、奖惩函数和决策算法的迭代机理，利用 NQL 算法或 Q-Learning 算法解决交叉路口安全、高效地穿越通行的问题。

（1）状态量的设定。

在穿行决策过程中，算法在每一时刻都要根据当前环境状态实现决策任务。在设定状态变量之前，本次研究需要对试验对象进行横向控制和纵向控制的解耦，其设定的环境状态量 S，主要是考虑对试验车辆整个穿越行为有影响的因素，其中包括试验车辆与仿真车辆 Car1 间的相对速度 ΔV_1 和相对距离 D_{L1}，试验车辆与仿真车辆 Car2 间的相对速度 ΔV_2 和相对距离 D_{L2}，试验车辆与仿真车辆 Car3 间的相对速度 ΔV_3 和相对距离 D_{L3}。相对速度 ΔV_1、ΔV_2 和 ΔV_3 分别为试验车辆的纵向速度 V_1 与仿真车辆 Car1、Car2、Car3 速度间的差值，相对距离 D_{L1}、D_{L2} 和 D_{L3} 分别为试验车辆位置坐标 y 与仿真车辆 Car1、Car2、Car3 位置坐标 y 的差值。

其中 $S = \{\Delta V_1, \Delta D_{L1}, \Delta V_2, \Delta D_{L2}, \Delta V_3, \Delta D_{L3}\}$ 可以表征一个城市道路交叉口单元穿越行为系统，这样不仅可以描述一般的穿越行为，更能减少状

态量的维度，确保决策算法有效和收敛。在策略迭代过程中，通过 NQL 算法实现马尔科夫决策建模并且训练样本数据可以实现以最优策略进行穿行。环境状态量的设定、试验车辆本身的速度量及加速度量和简单的穿行场景如图 6 - 54 所示。

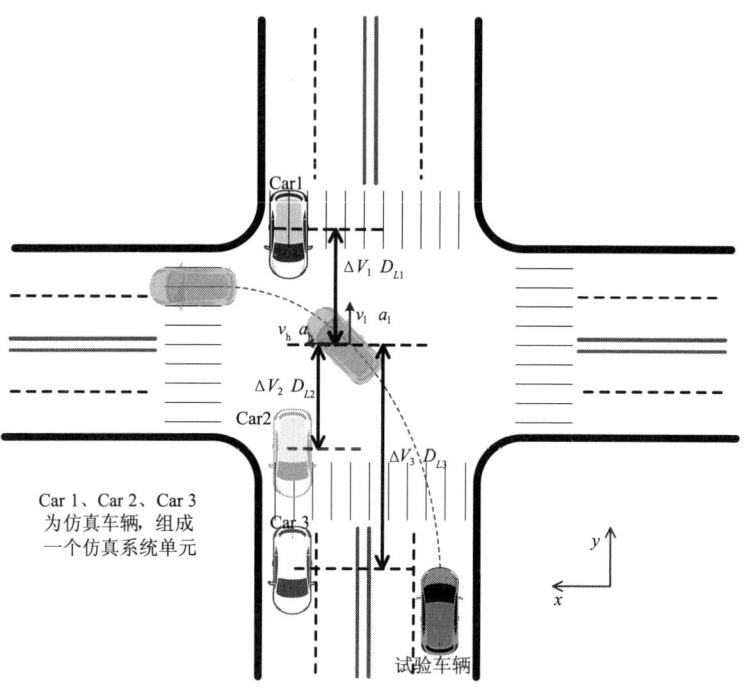

图 6 - 54 城市道路交叉口穿行场景

（2）动作量的设定。

由于无人驾驶车辆在城市道路交叉口穿越过程中有横向和纵向两个方向上的运动决策，需将横向和纵向运动解耦，同时决策动作的选取也根据学习目的和具体解决的问题而定。考虑到整个穿越过程要在较短时间内和较为安全的前提下完成。本次算法决策的动作空间设置包括车辆的纵向加速度 a_l 和横向加速度 a_h，即 NQL 算法决策动作集 $A = \{a_l, a_h\}$。其中纵向加速度 a_l 受到试验车辆和仿真车辆之间的相对速度和相对距离的影响，对保持前后车距、控制本车纵向速度 v_l 至关重要；横向加速度 a_h 控制车辆的横向速度 v_h，能更好地完成穿越行为。故决策出良好的 a_l 和 a_h 值便能既安全又高效地实现穿越策略。

(3) 奖励函数的设定。

设置决策的奖励函数（Reward Function）将从安全性、通行效率和驾驶舒适性三个方面来考虑。考虑穿越过程中的安全性奖励函数 R_s 时，要从车辆横向运动和纵向运动两个方面进行设定。在考虑车辆的纵向运动上，既要避免试验车辆的车头与仿真车辆 Car1 的车头相撞，也要避免与仿真车辆 Car2 的车尾相撞。本次研究选择碰撞时间 TTC 及其倒数来衡量通过安全性，保证在 TTC 内避免与车辆碰撞，而在其他安全行驶区域没有碰撞发生时，设定的奖励值为零。具体函数设定为：

$$R_1 = \begin{cases} -\left|\dfrac{TTC_{th}^2}{TTC} - TTC\right|, & (TTC > 0) \\ 0, & (TTC = 0) \end{cases}$$

$$TTC = \frac{\min(D_{L1}, D_{L2})}{\max(\Delta V_1, \Delta V_2)} \tag{6-54}$$

其中，碰撞时间 TTC 由前后车距与前后相对车速决定；TTC_{th} 表示碰撞时间的阈值，考虑到本次研究选取车辆的质心位置来计算相对车距，故要车身大小对碰撞的影响，同时，结合原始数据的分析而选取阈值为 2 s。

另外，考虑车辆在穿越过程中横向的速度控制，对于试验车辆而言，其车辆质心位置从相邻车道穿越目标直行车道，可认为安全穿行。本次设定车道宽度为 3.5 m，横向穿越距离为 8.75 m，要求车辆的横向运动在最大 TTC 时间内横向穿过对向直行车道，函数设定为（车辆横向速度为 V_h）：

$$R_2 = \begin{cases} -\left(\dfrac{8.75}{V_h \cdot TTC_{th}}\right)^{-1}, & (V_h \cdot TTC_{th} < 8.75) \\ 0, & (V_h \cdot TTC_{th} \geqslant 8.75) \end{cases} \tag{6-55}$$

综合横向和纵向两个方向上的安全性得出总安全性的奖励函数为：

$$R_s = k_1 R_1 + k_2 R_2 \tag{6-56}$$

式中 k_1、k_2 分别为纵向和横向的安全系数。然后再从穿越通行效率上进行奖励函数的设定。穿越行为要在一定时间和空间范围内高效地完成，其表征效率的奖励函数 R_e 的表达式为：

$$R_e = \begin{cases} 0, & \min(D_{L1}, D_{L2}) > 6, 且 \dfrac{\min(D_{L1}, D_{L2})}{V_1} \geqslant TTC_{th}, \\ & 且 \dfrac{8.75}{V_h} > \dfrac{D_{L1} + D_{L2}}{TTC_{th}} \\ -1, & (其他) \end{cases} \tag{6-57}$$

其中，通过对原始标定数据分析和考虑高密度城市交通环境，设计的直行车辆间距要小于高速或快速道路。本次研究设定实行穿越行为的试验车辆与直行车道的前后通行车辆的相对距离的安全阈值为 6 m；若穿越条件不能同时满足上述三个条件，则认为穿越失败，给出奖惩值 -1，其中包括在规定的仿真时间内不能正常地完成仿真试验的情况。

最后，还要考虑车辆在城市道路交叉口穿越过程中的驾驶员的舒适性。驾驶舒适性纵向上体现在纵向加速度在整个穿越过程中的平均变化，没有出现急加速或急减速的情况来评价纵向控制方法的优劣；而横向上控制瞬时加速度的大小来控制横向上的舒适性，其评价指标为瞬时变化率。表征舒适性的奖惩函数 R_c 的表达式为：

$$R_c = \mu_1 \frac{|\Delta a|}{a_{\max} - a_{\min}} + \mu_2 \frac{|\Delta a|}{T} \qquad (6-58)$$

式中，Δa 表示相邻时刻的加速度变化值；$a_{\max}$ 表示此过程中的最大加速度，$a_{\min}$ 表示此过程的最小加速度；T 表示相邻两个仿真步长的时间（即采样时间）；μ_1、μ_2 分别表示加速度平均变化率和加速度瞬时变化率的参数。

综上所述，决策更新迭代过程中设定的奖励函数 R_r 由安全性奖励函数、效率性奖励函数和舒适性奖励函数三部分组成，具体如下：

$$R_r = k_s R_s + k_e R_e + k_c R_c + C \qquad (6-59)$$

式中，k_s、k_e、k_c 分别表示各自对应的奖励函数的权重值；C 为常数。

2. 穿越通行决策的 NQL 分析

根据 6.2.2 节介绍的 NQL 算法的基本原理，本书根据具体研究场景给出的状态空间量 $S = \{\Delta V_1, \Delta D_{L1}, \Delta V_2, \Delta D_{L2}, \Delta V_3, \Delta D_{L3}\}$ 和动作决策量为 $A = \{a_1, a_h\}$，将传统 Q-Learning 算法中的 Q 存储矩阵用合适的 BP 神经网络来代替。

由式（6-53）推导得知，算法决策系统系数矩阵为 $\boldsymbol{H}_{xx}$、$\boldsymbol{H}_{ux}$、$\boldsymbol{H}_{xu}$、$\boldsymbol{H}_{uu}$，分别表示为：

$$\boldsymbol{H}_{xx} = \begin{bmatrix} \omega_1 & 0 \\ 0 & \omega_2 \end{bmatrix}; \boldsymbol{H}_{ux} = \begin{bmatrix} \omega_3 & 0 \\ 0 & \omega_4 \end{bmatrix}; \boldsymbol{H}_{xu} = \begin{bmatrix} \omega_5 & 0 \\ 0 & \omega_6 \end{bmatrix}; \boldsymbol{H}_{xx} = \begin{bmatrix} \omega_7 & 0 \\ 0 & \omega_8 \end{bmatrix};$$

$$(6-60)$$

将 BP 神经网络中各层的权重组成一个参数向量 $\boldsymbol{\omega} = [\omega_1, \omega_2, \omega_3, \omega_4, \omega_5, \omega_6, \omega_7, \omega_8]$，再把环境状态量的二次型表示作为神经网络的输入向量 $\boldsymbol{X}_k$，最后通过动作值函数 $Q(\boldsymbol{X}_k) = \boldsymbol{X}_k \cdot \boldsymbol{\omega}^T$ 对输入量求偏导数来计算和迭代权重值 $\boldsymbol{\omega}$。本次神经网络的层数采用以下公式确定：

$$q = \sqrt{p + u} + b \qquad (6-61)$$

式中，p 为输入层节点数，取 $p = 6$；u 为输出层节点数，$u = 2$；b 是取值为

[1,10] 的调整参数,本次研究取 $b=2$。通过经验公式计算得到的隐藏层节点数为6。此次研究确定的神经网络的输出量 $Q(X_k)$ 可以由以下推导得到:

$$Q(X_k) = f^{(2)}(\boldsymbol{\omega}_{(2)}^T \cdot f^{(1)}(\boldsymbol{\omega}^{(1)} X_k^T + \boldsymbol{b}^{(1)})) + \boldsymbol{b}^{(2)}$$
$$= \boldsymbol{\omega}_{(2)}^T \cdot \tanh(\boldsymbol{\omega}^{(1)} X_k^T + \boldsymbol{b}^{(1)}) \quad (6-62)$$

其中 $f^{(2)}$ 为输出层的线性隐藏函数,则有 $f^{(2)}(x) = x$;且其输出层偏置矩阵 $\boldsymbol{b}^{(2)}$ 为零。$\boldsymbol{\omega}_{(2)}^T$ 表示输出层与隐层间所有权重组成的矩阵,$f^{(1)}$ 为隐层的激活函数,$\boldsymbol{\omega}^{(1)}$ 为输入层与隐层间的权重矩阵,隐层的偏置矩阵 $\boldsymbol{b}^{(1)}$。本次试验选取的激活函数为 tanh(双曲正切)函数,即有 $f^{(2)}(x) = \tanh(x)$。式(6-62)中的输出量对权重求偏导有:

$$\omega^k(x) = \frac{\partial Q(X_k)}{\partial x_i}$$
$$= \sum_{i=1}^{6} \omega_{ji}^{(1)} \cdot \omega_{oj}^{(2)} \cdot (1 - \tanh^2(\omega_{ji}^{(1)} x_i + b_i^{(1)}))$$
$$= \underbrace{\sum_{i=1}^{6} \omega_{ji}^{(1)} \cdot \omega_{oj}^{(2)}}_{\text{线性部分}} - \underbrace{\sum_{i=1}^{6} \omega_{ji}^{(1)} \cdot \omega_{oj}^{(2)} \cdot \tanh^2(\omega_{ji}^{(1)} x_i + b_i^{(1)})}_{\text{非线性部分}}$$

$$(6-63)$$

其中,求得的权重值是隐层权重 $\omega_{ji}^{(1)}$ 与输出层权重 $\omega_{oj}^{(2)}$ 的乘积,这一部分为线性部分;而非线性部分里面含有激活函数,当其中的权重和偏置很小时,其值可以忽略不计。这种设计可以简化结构,便于迭代计算。

这样,通过式(6-63)计算出来的权重值就可以得到各个权重矩阵 H_{xx}、H_{ux}、H_{xu}、H_{uu},从而得到动作量计算公式 $A_k' = \overline{L} S_k$ 中的系数矩阵 $\overline{L}$,再根据式(6-53)计算得到动作值。可以发现,求得系数矩阵 $\overline{L}$ 和动作量的关键就是更新权重 $\omega_{ji}^{(1)}$、$\omega_{oj}^{(2)}$ 值,具体实现过程为:将通过数据预处理之后的样本数据去训练 BP 神经网络并使其收敛,再用收敛的神经网络中的权重参数去计算动作值函数和最大动作量。本次研究使用的 NQL 算法流程如图6-55 所示。

综上所述,整个 NQL 算法由初始化参数矩阵、正向计算和误差分析计算以及参数更新迭代三大部分组成。从代码中可以看出,整个过程可以进行样本数据批量计算,在满足决策计算要求的时间范围内进行参数的更新,这样能达到车辆决策实时性的要求,而且能从一定程度上减少决策系统的突变性。

NQL算法流程：
    初始化：零置神经网络参数（权重矩阵和偏置向量）；
    $Q(X_k) = \mathbf{0}$ 且令神经网络初始输入为零矩阵；
    在训练样本未完成前，循环以下步骤：
    (1) 根据当前时刻状态 S_k 和动作 A_k，得到下一时刻的状态量 S_{k+1}；
    (2) 根据式（6-53）计算出下一时刻动作量 A'_k；
    (3) 利用误差逆传播算法的残差分析计算权重矩阵和偏置向量偏导数：

$$\nabla \boldsymbol{\omega}^{(s)} = \sum_{m=1}^{g} \frac{\partial E_k(\boldsymbol{\omega}, \boldsymbol{b})}{\partial \omega_{ji}^{(1)}}; \nabla \boldsymbol{b}^{(s)} = \sum_{m=1}^{g} \frac{\partial E_k(\boldsymbol{\omega}, \boldsymbol{b})}{\partial b_{ji}^{(1)}} \quad (g \text{ 为更新频次})$$

    (4) 每次计算完权值和偏置，就进行一次更新：

$$\boldsymbol{\omega}^{(s)} = \boldsymbol{\omega}^{(s)} + \frac{\varphi}{g} \nabla \boldsymbol{\omega}^{(s)}$$

$$\boldsymbol{b}^{(s)} = \boldsymbol{b}^{(s)} + \frac{\varphi}{g} \nabla \boldsymbol{b}^{(s)}$$

    其中 φ 为梯度下降步长

图 6-55　NQL 算法流程

根据上述流程编写的 NQL 算法的 Matlab 代码如下：

```
%================ conf 定义参数
maxiter = 1000;
n_hidden = 6;
n_state = 6;
n_action = 2;
init_std = 1e-4;
learning_rate = 0.01;
%================ init 神经网络参数初始化
x = randn(1,n_state);
x_ = randn(1,n_state);
u = randn(1,n_action);
R_w = randn(n_state,1);%R 的权重系数
W1 = randn((n_state+n_action)^2,n_hidden);
W2 = randn(n_hidden,1);
b_h = randn(1,n_hidden);
b_o = 0;
%w = randn(n_state+n_action,n_state+n_action);
```

```
% w = w(:);
for iter =1;maxiter
    w = W1 * W2;
    H = reshape(w,n_state +n_action,n_state +n_action);
    H_uu = H(n_state +1:end,n_state +1:end);
    H_ux = H(n_state +1:end,1:n_state);
    u_ = ( -inv(H_uu) * H_ux * x_)';
% ----------- forward 正向传播
    net_in =[x u]'*[x u];
    net_in = net_in(:);
    net_in =net_in';
    net_in_=[x_ u_]'*[x_ u_];
    net_in_=net_in_(:);
    net_in_=net_in_';
    Q_ =tanh(net_in_*W1 +b_h)*W2 +b_o;
    h_out =tanh(net_in*W1 +b_h);
    Q =h_out*W2 +b_o;
% -------------- backward 误差逆向传播
    R =x.^2*R_w;
    d_loss = -(R + Q_-Q);
    d_q_in =d_loss;
    d_h_out =(d_q_in*W2)';
    d_W2 =h_out'*d_q_in;
    d_b_h =d_h_out;
    d_h_in =d_h_out.*d_tanh(h_out);
    d_W1 =net_in'*d_h_in;
% ------------- update 更新权重
    W1 =W1 - learning_rate*d_W1;
    W2 =W2 - learning_rate*d_W2;
end
```

6.4.3　基于强化学习算法的试验结果分析与验证

为验证针对城市道路交叉口环境构建的无人驾驶车辆穿越行为决策系统的有效性和准确性，本节基于 PreScan 和 Matlab/Simulink 联合仿真平台搭建环境模型，同时，采集、标定及预处理相关试验仿真数据和实际交叉路口车辆通行轨迹数据，对穿越通行策略和神经网络参数进行优化训练，得到每一时刻的决策动作量。最后，本节对采用 Q-Learning 算法和 NQL 算法得到的决策结果进行了对比分析与研究，说明 NQL 算法在处理连续状态和动作空间问题上具有优越性，并且验证了算法的有效性与可行性。

1. 车辆轨迹聚类

通过第 3 章中对原始试验数据的标定和处理，本次研究得到在一定区域内的城市道路交叉口一系列左转车辆的行驶轨迹，而这些存在误差且较为杂乱的车辆轨迹无法直接进行强化学习训练。为了使该决策算法顺利进行且在一定范围内约束无人驾驶车辆的运动，必须尽可能多地减少强化学习算法决策的状态空间维度以及找到较为优秀的轨迹来更好地指导无人驾驶车辆的仿真策略，而且需要找到具有优秀驾驶员经验的左转车辆特征轨迹，因此要对这些轨迹进行聚类分析。

本次研究就这个思路提出了虚拟车道线的概念，达到引导无人驾驶车辆在"虚拟车道线"内行驶的目的。虚拟车道线是由标定所有选择时间段内的左转车辆的轨迹组成的，其中所有轨迹中的最内侧的一条曲线和最外侧的一条曲线为该虚拟车道的边界线，边界线上的轨迹会相互交缠，因此需要进行一定的优化处理，同时，标定车道边界线的过程中需要剔除偏差明显的且不具备参考意义的车辆轨迹，要充分保证其有效性。图 6-56 所示为虚拟车道线。

基于"虚拟车道线"进行在线强化学习计算指导，是为了尽量保证无人驾驶车辆城市道路交叉口穿越通行决策算法的准确性和有效性，同时，让算法尽可能快地收敛，因此本书离线使用轨迹聚类方法获得"虚拟车道线"区域内的优秀左转车辆轨迹，再利用这类优秀轨迹来指导在线强化学习算法进行动作决策；当无人驾驶车辆的行为决策在设定的范围内，系统将会得到较大的动作函数值；反之，则会给出负反馈。这样，当神经网络收敛之后给出的决策动作会在很大程度上符合优秀的车辆行驶轨迹，从而验证该算法的可行性。

图 6-56 中显示了虚拟车道线的区域范围、经验左转驾驶轨迹和原始车辆轨迹曲线，且选择标定的所有车辆原始轨迹都位于内侧、外侧两条边界线之间，同时经验左转车辆轨迹是通过使用轨迹聚类方法得到的。轨迹聚类常用的方法有以下两种：一种是把一条车辆轨迹上的每一个点作为一个聚类单体，再

基于车辆轨迹上的点定义相似点之间的隶属函数，从而得到一簇轨迹；另一种则是基于整条原始车辆轨迹或者提取上面相关片段，再对这些特征片段进行轨迹聚类，从而得到聚类曲线。本次车辆轨迹聚类采用第二种方法，得到较为优秀的轨迹曲线，其聚类结果如图 6-57 所示。

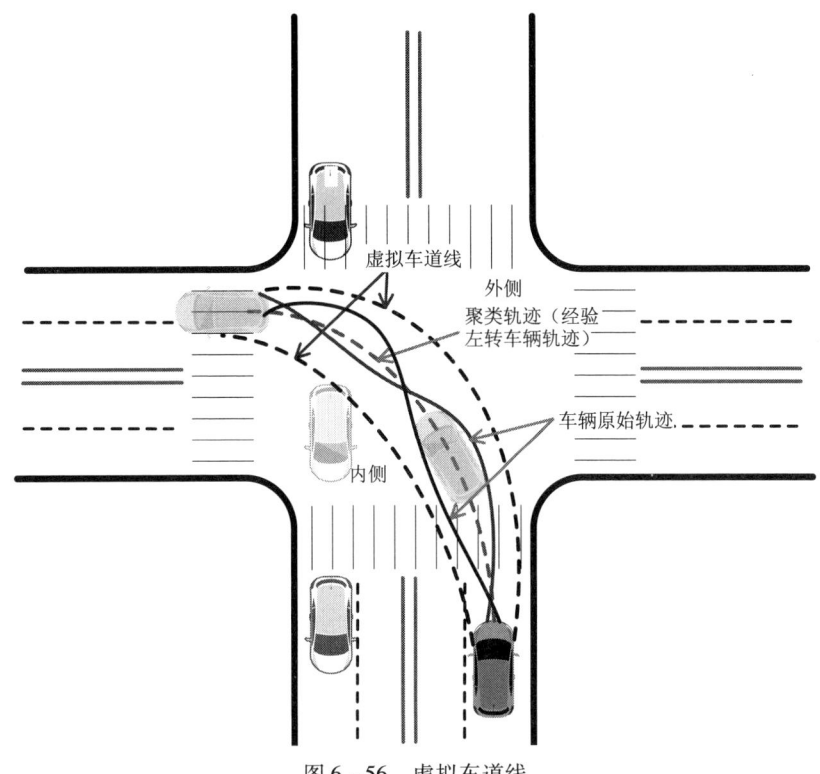

图 6-56　虚拟车道线

如图 6-57 所示，首先，将所有待聚类的子轨迹在车辆位置坐标（$x-y$）图中标出，其中每条曲线就代表一辆左转车辆在标记时间内的轨迹；然后，将这些轨迹进行一次线性拟合得到初聚类曲线；最后，再进行优化处理得到最后的特征车辆轨迹聚类曲线。

2. Q-Learning 算法和 NQL 算法的结果分析

设计 Q-Learning 算法和 NQL 算法的对比试验，简单地对比说明两种算法在原理上的根本差别，从最后的结果分析并验证后者在城市道路交叉口无人驾驶车辆穿越通行问题上的决策优越性。

Q-Learning 算法遍历所有状态空间，使用 ε-greedy（其中 ε 为探索率）策略去探索当前状态最大收益的动作量，并将所有的 Q 值存储于矩阵中，于是

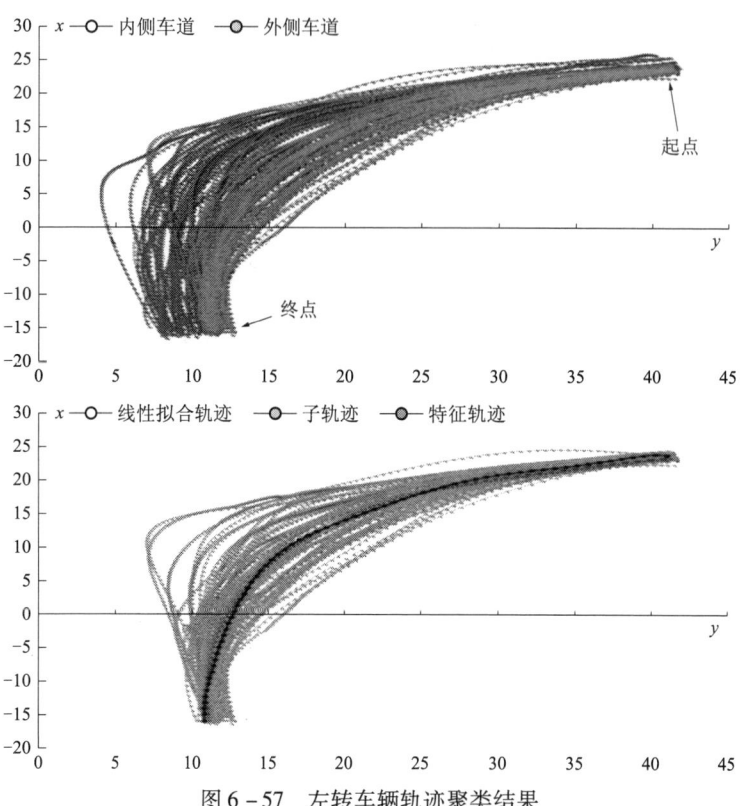

图 6-57 左转车辆轨迹聚类结果

便会造成整个算法迭代的冗杂和无实时性；这样便会产生在将连续状态和动作量离散后算法收敛时间长且成功率较为低下的现象，这是算法原理结构造成的，而 NQL 算法则用一个神经网络去逼近 Q-Learning 算法中的 Q 函数，利用训练样本来更新迭代神经网络参数再利用式（6-53）直接计算出最优动作量，减去了离散化和动作量存储的过程，可以直接处理连续状态空间的决策问题。

为了使两种强化学习算法的收敛时间更短，本次研究对算法的参数进行了如下设定，同时，对比两种算法的训练结果发现，NQL 算法比 Q-Learning 算法在收敛时所需要的训练样本数和训练时间都较为优秀。两种强化学习算法分析对比如表 6-2 所示。

第6章 城市道路交叉口穿越行为决策建模

表6-2 两种强化学习算法分析对比

算法	学习率	折扣因子	探索率	衰减率	平均训练样本数	平均收敛时间/s
NQL	0.01	0	0	0.0001	32 672	458
Q-Learning	0.10	0.98	0.05	0	98 153	1 642

在判定两种算法收敛的规则时,NQL算法在连续的两个迭代周期(每1s进行一次迭代)内神经网络的所有残差率的平方和小于0.05;而Q-Learning算法在相邻的更新周期内计算Q值的差值平均率小于0.1,即$[(Q_{k+1}-Q_k)/Q_k]<0.1$。从表6-2中可以看出,Q-Learning算法的平均训练样本明显多于前者,同时收敛速度也较慢,甚至有时会出现不收敛的情况。这样可以反映出在解决离散化的高维度状态空间问题时,Q-Learning算法不具备环境的泛化能力;一旦更加细致地划分状态空间,Q-Learning算法的计算量将几何倍数增加且会有部分丢失的状态量,这些都会大大增加训练样本数据和收敛的难度。

为了更加直观地对比了解两种算法的功效,本次研究对基于Q-Learning算法的无人驾驶试验车辆穿越成功率和对NQL算法的神经网络残差率进行了统计分析,图6-58(a)和图6-58(b)分别表示了Q-Learning算法穿越成功率和NQL算法的残差率随仿真步长变化的关系。

当无人驾驶试验车辆在PreScan与Matlab/Simulink联合仿真平台中进行最优穿行策略训练时,Agent通过算法不断地与周围车辆及环境进行交互并得到相应的反馈,不停地尝试穿越对象直行车辆并更新自身通行策略,直至成功穿越为止。图6-58(a)记录了成功穿越的次数(此刻并不代表算法收敛)从而得到穿越成功率;本次分析选取了其中较为优秀的三组穿越行为试验,每次试验均进行了8 000次仿真迭代。从结果图可以看出,随着仿真时间的增加其穿越成功率也增加,但并不呈现线性变化。可以发现,在1 500次试验之前,穿越成功率高低起伏变化,说明此时Agent并没有学到前面成功穿越的经验,还是随机任意学习过程;当进行3 000次试验以后,可以发现成功率逐渐上升,说明前半段的通行策略已经符合实际车辆通行策略了;6 000次试验完成后,可以发现,穿越成功率在0.6上下浮动,说明此时算法基本收敛。

与图6-58(a)统计的不同,图6-58(b)只能统计相邻两次神经网络迭代计算的动作值的残差率。因为NQL算法自身只能利用样本数据去更新神经网络参数,通过式(6-53)直接计算出此刻的动作值,但无法知道采取这个动作能否成功穿越,故无法通过穿越成功率来判定算法是否收敛,只能通过残差率分析。

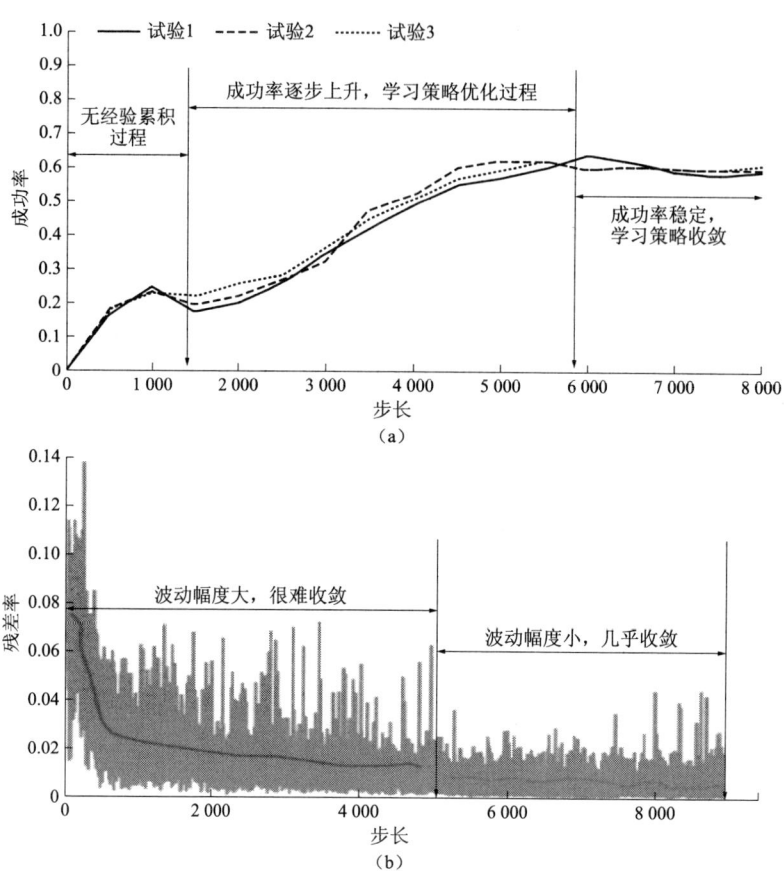

图 6-58　Q-Learning 算法穿越成功率和 NQL 算法残差率分析
(a) Q-Learning 算法仿真结果；(b) NQL 算法残差率分析

图 6-58(b) 中前 5 000 次仿真的残差率的平均值曲线曲率变化大且形状波动很大，说明残差率变化大，其达不到收敛的条件；而 5 000 次仿真以后的残差率的平均值曲线的波动很小，其相邻两次的残差率均值小于 0.02，说明神经网络计算的最优动作在某个值附近小范围变化，此时 NQL 算法已经收敛，Agent 通过学习优秀的样本数据已经找到良好的通行策略。其中，NQL 强化学习算法中迭代权重收敛情况如图 6-59 所示。可以看出，经过 500 s 的更新迭代后，BP 神经网络中输入层到隐层的权重和隐层到输出层的权重均波动很小，说明此时 BP 神经网络已经收敛。

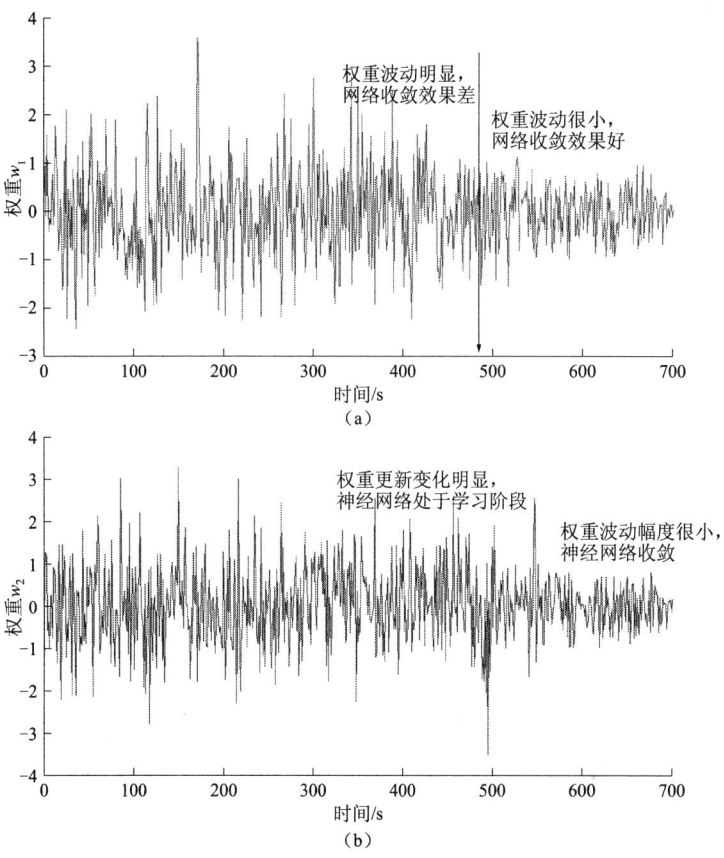

图 6-59　BP 神经网络权重 w_1 及 w_2 收敛情况

通过用得到的样本数据来更新训练深度，强化学习框架中的神经网络，Q 矩阵成功迭代并使其收敛，NQL 算法中的神经网络每层的权重和 q 值的残差波动变化很小。那么下面需要通过标定的实际城市道路交叉口的车辆轨迹数据来验证 Q-Learning 算法和 NQL 算法的有效性；同时，分析研究试验车辆在横向和纵向两个方向上的动作决策结果，说明 Q-Learning 算法和 NQL 算法在处理连续状态动作空间问题上的差异，从而证明基于 Q-Learning 算法改进后的 NQL 算法的成功性。

3. 试验车辆加速度变化规律

在仿真时间内，本次试验统计分析了试验车辆纵向加速度 a_t 和横向加速度 a_h 的变化；本次仿真时间从试验车辆进入交叉口开始，到成功穿越对向直行车辆为止。其中，车辆的横纵向加速度 a_h 和 a_t 的变化规律分别如图 6-60

(a) 和图 6-60 (b) 所示。

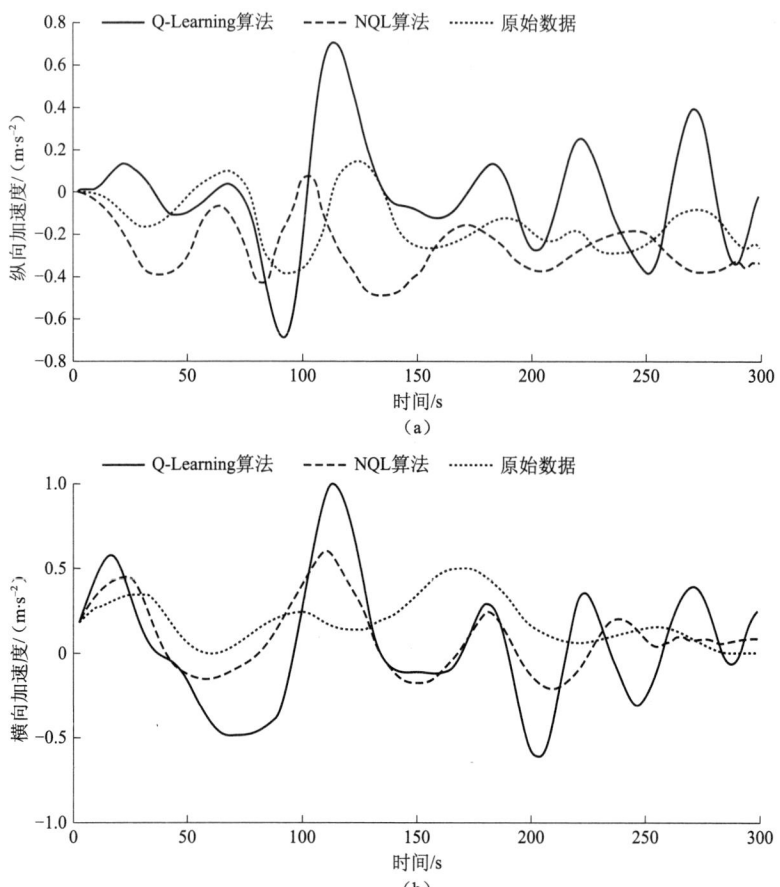

图 6-60 试验车辆加速度仿真结果分析
(a) 试验车辆纵向加速度变化结果; (b) 试验车辆横向加速度变化结果

图 6-60 中分别显示了验证算法的原始试验数据、Q-Learning 算法迭代结果和 NQL 算法迭代结果,其中图中标示的原始数据是指经过 EWMA 方法平滑处理之后的数据。从图 6-60 (a) 可以发现采集的具有优秀经验的车辆的纵向加速度为 $-4 \sim 0.2 \text{ m/s}^2$,横向加速度为 $0 \sim 0.5 \text{ m/s}^2$。

其中,仿真时间在 150 s 之前,纵向加速度变化明显且幅度很大,说明此时左转车辆受到对向车辆和本车道前车的干扰;而之后纵向加速度变化变缓,说明此时车辆在稳定穿行直到最后完全穿过。对比 Q-Learning 算法和 NQL 算法的结果,可以发现从开始仿真到 150 s 这段时间,前者纵向加速度为 0.8 m/s^2,波动非常明显；而后者在 $-0.5 \sim 0.2 \text{ m/s}^2$ 之间变化，幅度相对较小，同时，前者的横向加速度为 $-0.5 \sim 1 \text{m/s}^2$；而后者的波动较小，为 $-0.5 \sim 0.6 \text{ m/s}^2$，但是二者相对于验证的原始数据样本都存在一定的误差，说明两种算法在这段时间内的决策不算优秀，受其他车辆的影响较大。

而在之后的决策变化过程中，NQL算法控制的车辆横向加速度为 $-0.25 \sim 0.2 \text{ m/s}^2$、纵向加速度为 $-0.16 \sim 0.4 \text{ m/s}^2$，横纵加速度的变化幅度明显减小，相比之前150 s的决策过程表现得更加稳定且更加贴合实际变化规律，说明此时做出了较为优秀的通行策略；而Q-Learning算法控制的车辆横向加速度在 $-0.6 \sim 0.4 \text{ m/s}^2$ 之间变化、纵向加速度为 0.4 m/s^2，虽然相对前150 s的结果有所优化，但依旧存在一定的波动并且与实际情况有所差距。

从上面的结果曲线对比分析得知，NQL算法在处理连续状态空间的问题上，其决策性能明显优于Q-Learning算法，将决策的误差量控制在更小的范围内，不仅体现出了自身算法的稳定性，同时，动作决策量的变化趋势更加符合经验驾驶员的行驶规律。反观Q-Learning算法，整个过程中的决策动作量变化幅度很大，动作决策量的波动明显，可能跟算法离散化状态空间的程度有关；并且不符合经验驾驶员的行驶规律，并不是最优的通行策略。

4. 试验车辆速度变化规律

本次试验研究试验车辆的速度也是从横纵两个方向上进行考量，在验证Q-Learning算法和NQL算法的稳定性和有效性的同时，也要考虑两种算法的优越性，要更加符合经验驾驶员的驾驶规律。本次研究的算法决策系统直接得到的是车辆横纵两个方向上的速度量，试验车辆的加速度是通过车辆底层控制得到的，并且横纵向的速度之间的变化关系能够反映出车辆左转过程中的航向角的变化。图6-61（a）和图6-61（b）所示分别为车辆的纵横向速度的变化规律。

图6-61中显示的曲线代表的物理量与图6-60中完全一样，从图中结果可知，试验车辆在仿真时间150 s之前，其纵向上的速度变化波动比较明显，这可能是处于穿越交叉口的前半段，此时还没与直行车辆发生交互，车辆给的指令是快速通过。在0到150 s的时间段内，Q-Learning算法与验证数据的变化规律类似，均为 $0 \sim 1.5 \text{ m/s}$（其中图中的负号与大地坐标系的方向有关）且幅度大小也相近；而NQL算法与前面两者不同，其值为 $0 \sim 1 \text{m/s}$ 且变化幅度相对较小。

仿真时间在150 s之后，三者的曲线规律都发生了变化，Q-Learning算法的动作量位于 $0 \sim -1 \text{m/s}$ 而NQL算法的动作量则在 $-0.3 \sim 0.75 \text{ m/s}$，此时发现试验车辆的速度量都很小，说明此时左转车辆已经与对向直行车辆发生了交

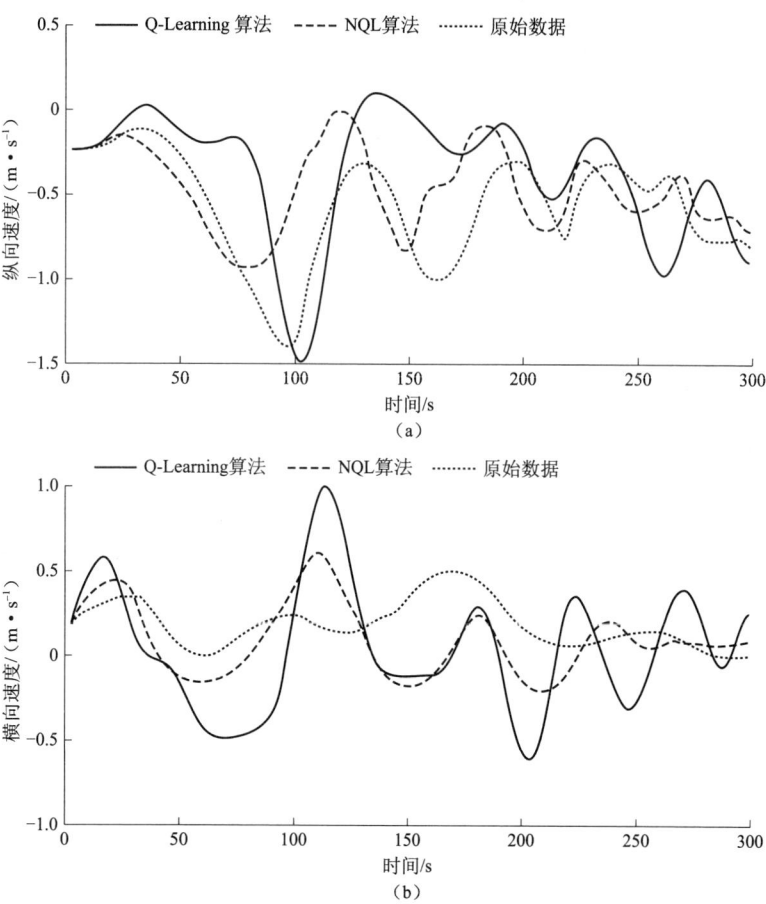

图 6-61　试验车辆速度仿真结果分析
(a) 试验车辆纵向速度变化结果；(b) 试验车辆横向速度变化结果

互且让行于直行车辆，决策出较为合适的间隙进行穿越行为。对比发现，此刻 NQL 算法决策的纵向速度更加符合经验驾驶员的行车规律，决策也更加贴合实际情况；而 Q-Learning 算法的动作量已经波动明显，存在速度的快速变化，在实际穿行过程中是很危险的，所以 Q-Learning 算法表现得没有 NQL 算法稳定有效。同样，分析横向速度的控制问题，横向速度的规划是为了更快地穿过间隙，NQL 算法的最后横向速度为 $-1\sim1.5\text{m/s}$，比 Q-Learning 算法的横向速度更大、更加稳定，同时，也更加符合经验驾驶员的行车规律，使车辆在良好的穿行间隙下更快速地通过，保证了通行的效率；而 Q-Learning 算法速度最后趋向于零，可能会导致试验车辆错过最佳的穿行时机从而去选择下一个间隙，进而影响通行效率。

综上所述，NQL 算法无论从速度控制和加速度控制上整体都优于 Q-Learning 算法，并且通过学习经验驾驶员的数据而更加贴合其驾驶习惯，说明其在此次设定的场景中具有一定的自我决策能力，但是 NQL 算法也有其局限性，通过结果不难看出该算法在部分时间内决策并不是当前最优的，其算法的自适应能力和泛化能力还有待进一步加强。

参 考 文 献

[1] 龚建伟，姜岩，徐威. 无人驾驶车辆模型预测控制［M］. 北京：北京理工大学出版社，2014.

[2] 陈慧岩，熊光明，龚建伟，等. 智能车辆理论与应用［M］. 北京：北京理工大学出版社，2018.

[3] Brusaglino G. Safe and effective mobility in Europe-the contribution of the PROMETHEUS programme［C］//IEE Colloquium on Prometheus and Drive. IET, 1992：1/1 – 110.

[4] Bertozzi M, Broggi A, Fascioli A. Vision-based intelligent vehicles：State of the art and perspectives［J］. Robotics and Autonomous systems，2000，32（1）：1 – 16.

[5] Jankov D, Sikdar S, Mukherjee R, et al. Real-time high performance anomaly detection over data streams：Grand challenge［C］//Proceedings of the 11th ACM International Conference on Distributed and Event-based Systems. ACM，2017：292 – 297.

[6] Conner D C, Willis J. Flexible navigation：Finite state machine-based integrated navigation and control for ROS enabled robots［C］//SoutheastCon, 2017. IEEE, 2017：1 – 8.

[7] Urmson Chris, Anhalt Joshua, Bagnell Drew, et al. Autonomous driving in urban environments：Boss and the urban challenge［J］. Journal of Field Robotics，2008，25（8）：425 – 466.

[8] 邓剑文，安向京，贺汉根. 基于道路结构特征的自主车视觉导航［J］. 吉林大学学报：信息科学版，2004（4）：415 – 419.

[9] 孙振平. 自主驾驶汽车智能控制系统［D］. 长沙：国防科学技术大学，2004.

[10] Treiber M, Hennecke A, Helbing D. Congested traffic states in empirical observations and microscopic simulations［J］. Phys Rev E Stat Phys Plasmas Fluids Relat Interdiscip Topics，2000，62（2 Pt A）：1805 – 1824.

[11] Hidas Peter. Modelling vehicle interactions in microscopic simulation of merging and weaving［J］. Transportation Research Part C：Emerging Technologies，2005，13（1）：37 – 62.

[12] 赵楠，陈文锋，褟宇明，等. 驾驶场景中视觉注意的聚焦和转移［J］. 人类工效学，2011，17（4）：85 – 88.

[13] Lemonnier S, Brémond R, Baccino T. Discriminating cognitive processes with eye movem-

ents in a decision-making driving task [J]. Journal of Eye Movement Research, 2014, 7 (4): 3.

[14] Tjolleng A, Jung K, Hong W, et al. Classification of a Driver's cognitive workload levels using artificial neural network on ECG signals [J]. Applied Ergonomics, 2017, 59 (Pt A): 326-332.

[15] Cooper J M, Medeirosward N, Strayer D L. The impact of eye movements and cognitive workload on lateral position variability in driving [J]. Human Factors: The Journal of the Human Factors and Ergonomics Society, 2013, 55 (5): 1001-14.

[16] Tran Q, Firl J. A probabilistic discriminative approach for situation recognition in traffic scenarios [C]//Intelligent Vehicles Symposium. IEEE, 2012.

[17] 吴佳芯. 多目标跟踪的数据关联算法研究 [D]. 西安: 西安电子科技大学, 2013.

[18] Welch G, Bishop G. An introduction to the Kalman filter [J]. University of North Carolina at Chapel Hill, 1995: 127-132.

[19] 高林杰, 隽志才, 张国林. 基于视频采集数据的跟车模型标定与验证 [J]. 系统仿真学报, 2009, 21 (21): 6978-6982.

[20] Calinon S. Continuous extraction of task constraints in a robot programming by demonstration framework [D]. école Polytechnique Fédérale de Lausanne, 2007.

[21] 朱峰, 罗立民, 宋余庆, 等. 基于自适应空间邻域信息高斯混合模型的图像分割 [J]. 计算机研究与发展, 2011, 48 (11): 2000-2007.

[22] 原春锋, 王传旭, 张祥光, 等. 光照突变环境下基于高斯混合模型和梯度信息的视频分割 [J]. 中国图象图形学报, 2007, 12 (11): 2068-2072.

[23] 李明, 赵勋杰. 改进的基于高斯混合模型的运动目标检测算法 [J]. 计算机工程与应用, 2011, 47 (8): 204-206.

[24] 杨澄宇, 赵文, 杨鉴. 基于高斯混合模型的说话人确认系统 [J]. 计算机应用, 2001, 21 (4): 7-8.